法學啟蒙叢書

行政法系列——

地方自治法

◎蔡秀卿　著

The Administrative Law
The Administrative
The
Administrative
The Administrative Law

三民書局

國家圖書館出版品預行編目資料

地方自治法／蔡秀卿著.－－初版一刷.－－臺北市：
三民，2009
　　　面；　公分.－－(法學啟蒙叢書)
參考書目：面
含索引
ISBN 978–957–14–5115–2　（平裝）
　1. 地方自治 2. 法規

588.22　　　　　　　　　　　　　　　　97019955

© 　地 方 自 治 法

著 作 人	蔡秀卿
責任編輯	高于婷
美術設計	郭雅萍
發 行 人	劉振強
著作財產權人	三民書局股份有限公司
發 行 所	三民書局股份有限公司
	地址　臺北市復興北路386號
	電話　(02)25006600
	郵撥帳號　0009998–5
門 市 部	(復北店)臺北市復興北路386號
	(重南店)臺北市重慶南路一段61號
出版日期	初版一刷　2009年3月
編　　號	S 585810

行政院新聞局登記證局版臺業字第○二○○號

有著作權·不准侵害

ISBN　978–957–14–5115–2　　（平裝）

http://www.sanmin.com.tw　三民網路書店
※本書如有缺頁、破損或裝訂錯誤，請寄回本公司更換。

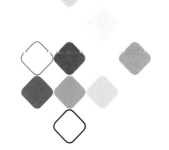

自 序

如果說臺灣法體系之建立，目前仍處於初創期者，則「地方自治法」可能連初創期都還未達到。因為地方自治法理論之議論才剛開始，理論之成熟度與深度，誠屬粗淺，地方自治相關裁判案例才剛零星出現，各直轄市、縣市、鄉鎮市以及中央行政機關對地方自治法之知識亦屬淺薄，地方自治法體系當然無法建立，「地方制度法」之實定法，雖然已存在，但可謂是在欠缺充分理論基礎下，形式上制度化之法規而已，與地方自治之理念等，相去甚遠。此當然與臺灣國內地方自治法之研究及教育極為不足有直接關聯。臺灣公法之理論與實務，近二十年來快速蓬勃發展，充滿活力，並已有相當之成果，公法學者增加不少，帶動了國內公法研究與教育之活力。但是整體而言，目前公法學者仍偏重於憲法或行政法之研究與教育，投入地方自治法研究及教育者，極為少數。因此，地方自治法在民主先進國之發展，已達數世紀，但對臺灣而言，還是新興法學。

作者於1997年回國以後即發現此一現象，萌生投入地方自治法研究之動機，又有幸接觸了一些地方自治之實務工作，更激發了此種衝動，多年來之鑽研，也有一些具體的研究成果，並擔任地方自治法課程之教育。這些年來有關地方自治法之教育，最令作者感到頭痛者，無非是欠缺適合法律學系學生研習之地方自治法教科書。作者多年來教授地方自治法課程，僅以自編之簡單教材及充分的口頭說明方式上課，一直讓學生作筆記，不免愧疚。但作者個人研究生涯規劃中，本來，撰寫教科書是研究生涯末期時之計畫，在個人研究經驗上，地方自治法理論之各種題目及具體論點全部深入鑽研後才預定撰寫深度及廣度俱全之教科書。

在此種矛盾心理下，幸會三民書局法學啟蒙叢書出版計畫，承蒙三民書局積極邀請寫作之盛情下，終於決定撰寫本書。於此，誠摯感謝三民書局提供寶貴機會。

其次，應感謝者，是作者研究地方自治法之啟蒙恩師——日本名古屋大學故室井力榮譽教授、福家俊朗榮譽教授、紙野健二教授、市橋克哉教授及其研究團隊之各大學教授。作者研究地方自治法及方法論之原點，均受教於恩師教授們，畢生難忘。

最後，更應值得一提者，衷心感謝外子，也是作者的精神伙伴，在撰寫前及撰寫過程中給予作者至大的支持與鼓勵。外子曾提及，南美洲民間有段佳話，人類在有生之年，至少應該做三件事：一為種樹。二為生育子女。三為著作，以留傳後人。這席話給予作者相當重大的啟示及省思，作者到目前為止，可以貢獻人類者，可能只有寥寥著作而已。在這樣的精神鼓勵下，也激發了作者寫一本可以留傳後人之教科書的動力。

在撰寫本書期間，作者轉任日本大學教職確定，未料作者在臺灣出版的這第一本教科書，很有可能也成為作者在臺灣出版之最後的教科書，而且出版時，作者已赴日本任教，難以傾聽各界之評價，深感遺憾。不過，若能帶給臺灣學界及實務界些微之回響，開始認知地方自治之意義及重要性，有助於臺灣地方自治深化者，作者即感欣慰。還有，近年臺灣與中國之法學交流頻繁，倘若這地方自治法理論也可以給予中國一些新的思維而帶動中國民主化者，更是欣喜。

蔡秀卿

2009 年 2 月於日本大阪

前　言

一、本書之定位及適合對象

　　本書之定位，基本上是法學教科書性質，適合已具備初步法學基礎之學生研讀，特別是對憲法及行政法已有基礎知識之學生及研究生較為適合。不過，由於地方自治法之教育，在我國尚屬初期階段，地方自治法教科書似又屬罕見，因此本書之適合對象，似乎可以再擴大，包括非法律學系學生，例如政治學系、行政學系、社會學系等其他社會科學科系之學生。又，本書在必要範圍內，亦有檢討我國法制及裁判實務（包括大法官解釋）之部分，故地方自治團體相關人員（包括地方議會議員及地方行政機關公務員）、中央行政機關公務員（特別是主管地方自治之內政部），亦是適合閱讀的對象。此外，鑑於我國司法實務上已漸漸產生地方自治之相關爭議，行政法院法官等亦適合閱讀。甚者，鑑於我國地方自治法制之不備，法理論之討論亦屬粗淺，本書融入不少對現行法制的批評意見，以及外國法（特別是日本法）之介紹，應該也可以提供學界討論之素材。最後，也許是作者的夢想，由於近年臺灣與中國之法學交流日益頻繁，對於中國之法治及民主自由之萌芽與紮根有重大影響的公法理論，包括地方自治法理論，若能為中國人民所接受，本書當然亦適合中國人民閱讀。

二、本書之特色

1.理論性——法理論為重

　　我國地方自治法研究及教育，在深度及廣度上極為不足，地方自治法理論體系，亦尚未建立，即使已有「地方制度法」之實定法存在，但地方自治法理論的討論，難謂充分，「地方制度法」的法解釋論，即有其極限。因此，為了要讓讀者有寬廣開闊的視野，不侷限於狹隘的實定法概念，理解更多地方自治法理論之精髓，資以強化及落實臺灣地方自治發展，本書

希望突破既有的實定法結構，尋求理念型的自治型態，基本上乃以地方自治法理論之介紹及檢討為核心內容，而不以「地方制度法」之實定法規定為前提，在相關議題上，略微提及「地方制度法」規定及提出問題，讓讀者瞭解現行體制及其問題而已，此亦為本書書名不使用「地方制度法」而使用「地方自治法」之理由之一。

2.歷史性

地方自治法理論，既然是公法性質，則與時代背景自息息相關，不同的經濟政治社會背景，或相異的人民法治及民主素養，地方自治法理論及其法制，自有不同。臺灣在「實踐重於理論」之觀念下，地方自治法理論之發展歷史相當淺短，而世界主要民主國家已有數世紀之發展經驗，且地方自治在各國發展之態樣非常繁多，因此，瞭解各國地方自治法發展之經過以及我國過去地方制度之問題，有助於思考我國未來地方自治之發展方向。本書乃在必要範圍內，提及地方自治法之理論及制度變遷，特別是日本地方自治法舊法與新法之變遷，與一般教科書以實定法之解釋及適用為主，大異其趣。

3.前瞻性──立法課題之參考

本書基本上不是僅為了現行實務界及學生而撰寫，更以將來我國地方自治發展之方向為思考重心，希望作為我國立法課題之參考。地方自治之發展，本來就是漸進的，故即使是現今實務界無法接受的理論，將來亦有可能成為大家肯定之見解，本書基本上以此種前瞻性的觀點撰寫，故提及地方自治之國際保障，且不免批評現行體制及實務之問題。因此，本書基本上雖係教科書，但不否認仍具有論文性質。

4.國際性──外國法之融入

地方自治之發展，由於係融合了文化、歷史、政治、社會、經濟、地理、環境等諸多領域背景之產物，自古至今，世界各國呈現多元多樣的類型及態樣，每一種地方自治之類型或態樣，皆有其種種背景為基礎。而我國地方自治法之發展，目前仍處於初創期，在思考未來究竟適合何種自治類型之問題，或是實務上發生地方自治問題時，外國地方自治法理論及制

度，則是可以參考之素材。因此，外國地方自治法之介紹，在我國現階段仍屬必要。本書乃介紹主要民主國家，特別是日本之地方自治法理論、制度及實務狀況。另外，地方自治已有漸漸成為國際間普遍價值之趨勢，本書乃提及地方自治之國際保障，以印證之。

三、本書之架構

　　本書內容大致上分為三大部分，一為地方自治之基礎概念，二為住民自治部分，三為團體自治部分。關於地方自治之基礎概念，包括第二章「地方自治的基本概念」、第三章「我國地方自治法制之歷史」、第四章「地方自治之國際保障」及第五章「地方自治團體」。關於住民自治部分，為第六章「住民之權利義務」。關於團體自治部分，包括第七章「地方自治團體之事務」、第八章「地方自治團體之自治立法權」、第九章「地方自治團體之自治組織權」及第十章「中央與地方及地方間之關係」。

地方自治法 目次

第五章　地方自治團體　*87*

第八章　地方自治團體之自治立法權　*185*

第一章

導　論

一、從臺北市里長延選事件談起

2002 年，臺灣發生了一件地方自治史上之重要事件——臺北市里長延選事件❶。此事件起源於 2002 年 6 月臺北市里長之任期屆滿，本應於屆滿前改選，惟臺北市議會於 2002 年 4 月通過行政區劃及里鄰編組自治條例，臺北市政府將依該自治條例重新調整里鄰區域，而由於此調整方案之實施耗費多時，無法在同年 6 月里長任期屆滿前完成，乃以依該自治條例重新調整之里鄰區域將有重大變動，且無法於原定 6 月之里長選舉前確定，應符合地方制度法第 83 條第 1 項所定里長延選要件之「特殊事故」事由，決定延後選舉並公告之。惟內政部及行政院均以該條「特殊事故」事由僅指天災事故等不可抗力之情形而已，里鄰調整並不符合該要件事由，乃函知臺北市政府撤銷該延選公告 (即否准延選)，臺北市政府不服對此聲請大法官解釋，並經大法官作成第 553 號解釋。

本件引起了地方自治法上諸多問題。首先，里長選舉及延後選舉事務之性質為何？如何判斷事務之性質？應考慮何種要素？在現行法制下，為自治事務？委辦事務？或是中央專屬事務？此為事務 (或權限) 劃分問題。其次，行政院對臺北市政府否准延選，此為中央對地方自治團體之行政干預，這種強烈的否准延選之行政干預手段，是否妥適？有無侵害地方自治之精神？此乃中央對地方自治團體行政干預手法及體制之問題。

對地方制度法第 83 條第 1 項「特殊事故」之解釋，行政院與臺北市政府持不同見解，此引起了中央法律之解釋權者，除了中央以外，地方自治團體是否也有對中央法令之解釋權的問題。當中央與地方自治團體對同一中央法令之解釋及適用有不同見解時，是中央解釋者有優先效力嗎？如果不是，如何解決紛爭？臺北市政府認為行政院之行政干預係違法時，有何救濟途徑？此為中央與地方自治團體因行政干預所生爭議之解決體制問題，

❶　蔡秀卿，〈台北市里長延選事件與地方自治〉，《地方自治法理論》，學林文化事業有限公司，2003 年 6 月初版，pp. 333～377。

包括向何機關提起救濟？爭議解決機關之組成為何？救濟程序為何？此等問題皆與中央與地方間之關係有密切關聯。

二、中央法規與地方法規之關係

再試想一個案例。中央法規之「電子遊戲場業管理條例」第 9 條第 1 項規定：「電子遊戲場業之營業處所，應距離國民中、小學、高中、職校、醫院 50 公尺以上。」地方法規之「都市計畫法高雄市施行細則」第 13 條第 11 款規定：「距離國民中、小學、高中、職校、醫院 1000 公尺以內，不得設置電子遊戲場業。」同樣是對電子遊戲業設置處所之限制，但中央與地方對於與國民中小學等距離之限制並不同，中央法規只有規定 50 公尺之限制，而地方法規卻規定 1000 公尺之限制。今有擬經營電子遊戲業之甲，向高雄市政府申請營業登記證，高雄市政府援用都市計畫法高雄市施行細則第 13 條第 11 款規定，以甲擬經營電子遊戲業之處所在學校 1000 公尺以內，不符合前揭規定，乃不予核發營業登記證。甲主張，中央法規只有規定 50 公尺之限制，而地方法規卻規定 1000 公尺之限制，地方法規之都市計畫法高雄市施行細則第 13 條第 11 款規定牴觸中央法規之電子遊戲場業管理條例第 9 條第 1 項規定而違法。惟高雄市政府主張都市計畫法高雄市施行細則第 13 條第 11 款規定，係考慮學校、醫院附近需要寧靜的環境而對處所設置之距離作更嚴格限制，擬維護教育環境及醫療環境之寧靜，並無違法。兩者之主張，何者為有理由？爭點為地方法規與中央法規之關係，尤其是地方法規之制定範圍為何？有何限制？如何認定地方法規是否違反中央法規？由何機關來認定？以如何之程序來認定？等問題。

三、地方議員、地方行政首長或公務員家常便飯式的浪費公帑

再想想你生活周圍常常發生的現象，某市議員團、市長或公務員團花費數十萬甚至是數百萬元，假借某施政考察的名義，實際上卻是與施政毫無關聯的觀光、吃喝玩樂，將市民之血汗稅金當流水使用，難道市民只能咬牙切齒，毫無辦法嗎？又，某市議會不顧市民之反對，議決某垃圾焚化爐興建之預算 2 千萬元，並交由市長執行，以一個市民，要如何制止該垃圾焚化爐興建？若已興建完成，是否能追回興建公費？此為市民監督地方自治團體財政之問題。

四、地方直接民主制度

最後關心一下我們後代子孫的教育問題，高雄市某市民為了提升教育品質，主張小學教育應以小班制為原則，希望聽取全體市民之意見，乃提出「是否贊成公立小學小班（每班不超過 25 人）上課？」的市民投票案，要求高雄市政府舉行市民投票。此為地方性公民投票之問題，涉及到教育（義務教育）事項是否適合成為市民投票之議題？倘若高雄市政府舉行市民投票，且投票結果是高比率贊成，市民絕大部分認為應採小班制上課，這種投票結果有無對高雄市政府產生拘束力？高雄市政府若以財政困難為由，無法採取小班制者，市民還有什麼方法可達到小班制理念？

以上所述四個導引的問題中，前兩者屬於團體自治問題；後兩者屬於住民自治問題。不論何者，都是如何理解及實踐「自治」及「地方自治」的重要問題。

第二章 ■□

地方自治的基本概念

第 一 節
為什麼需要地方自治?

一、地方自治是民主主義之小學,實踐民主,必須從實施地方自治開始

　　今日,在先進民主國家的憲法學、行政法學及地方自治法學上,雖然仍有少數見解質疑地方自治的意義及必要性,但整體而言,大致皆已肯定地方自治的意義及理念,只是考慮到現實之實施的可能性,關於保障地方自治程度之強弱及範圍,保障的方式,各國仍存有差異而已。而在說明保障地方自治的意義及必要性時,政治學上或憲法學上,經常提到一個很簡單的理由,也就是「地方自治是民主主義之小學」,這句話的主要涵義,就是實踐民主,必須從實施地方自治開始。為何實踐民主必須從實施地方自治開始呢?因為民主主義的內涵非常多元❶,會隨著政治、社會、經濟背景等之變化而有所修正,並非固定概念,而是流動的概念。而且,實現民主主義之手段亦非常多元,在不同價值觀下,為達到民主之目標,存有諸多不同實現民主之手段。因此,對於民主之涵義,以及如何實現民主,一般人難以了解其全貌,民主主義之落實,亦難一蹴可幾。而地方自治團體在統治團體規模上,一般而言,較中央為小,所處理之事務,亦與居民生活較具密切關聯性,居民對於地方自治團體之存在,比較容易近距離接觸而產生親近的感受及意識,進而對地方自治團體之公共事務產生關心及興趣,更進一步有參與處理公共事務之熱心及培養出能力。因此,民主主義之實現若從地方自治團體開始,居民對於與其生活息息相關之公共事務,比較容易產生關心而參與政治或行政活動,從其參與活動過程中,易於學

---

❶　例如在多元的民主主義論中,即強調民主主義之內涵不僅是多數決尊重之理論,亦應尊重少數者意見及權益,才是真正的民主主義。然而一般人無法了解如何調和多數者與少數者意見及權益,致使民主主義難以落實。

習民主主義之意義及素養，以及如何實現民主主義等，並學習如何作為一個主權者，培養如何監督權力機關及權力活動之意識及能力，也就是自治意識及自治能力。以此自治意識及自治能力為基礎，擴及到對國家權力活動與國家權力機關之監督，比較容易達到落實國民主權原理之目的。換句話說，民主主義之落實及深化，應由實施地方自治開始作起。

「地方自治是民主主義之小學」這句話，其實也說明了地方自治與民主主義之關係，也就是，地方自治是實現民主主義的重要手段。換言之，欠缺地方自治保障而沒有實施地方自治之經驗者，民主主義難以實現，或即使實現，亦難以落實。

二、地方自治之法理基礎

以前述一般說明為前提，若進一步以法理之觀點來整理者，實施地方自治之理由，可以整理成以下幾點❷：

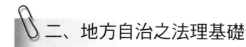

㈠實行地方自治，較容易實現「國民主權」的理念

實施地方自治之首要理由在於較容易實現國民主權的理念。若放眼觀察世界各國的政治制度，一般而言，除了極少數的直接民主制的國家外，在大多數的間接民主制的國家，不論政治體制係採單一國家制、聯邦國家制或其他，亦不論係採總統制、議會內閣制或半總統制（或半代表制），基本上，其中央政府政治既採代表制，則其本質即非人民直接主導政治或行政。雖然民主國家中採總統制之國家元首多由人民選舉產生，但終究僅為一人代表，且民主正當性基礎之廣度及周延度，與議會及國會相較，似仍有差距，本質上仍與人民直接參與政治及行政活動有別。也因此，多數民主法治國家才兼採包括公民投票或創制複決等直接民主制度❸，資以補充

---

❷　杉原泰雄，《憲法から地方自治を考える——地方自治こそ民主主義のかなめ》，自治体研究社，1993 年 10 月初版，pp. 9〜14。

❸　關於公民投票之理論，請參考蔡秀卿，〈從日本國民投票‧住民投票之理論與

間接民主制度的不足。這種間接民主國家兼採直接民主制度，正說明了以間接民主制為原則之政治體制下，人民參與中央政府政治之困難性，更可說明中央政治本身即為難以實現「國民主權」的理念，人民難以直接參與政治及行政，而政治及行政亦難以真正為人民而存在。

以臺灣為例，即使現今總統之產生由人民直選、人民對中央行政立法活動有法規命令提案權（參照行政程序法第 152 條）等，人民固有少數直接參與中央政治行政活動之權利，但整體而言，人民參與中央政治及行政活動，仍有其困難，實際上與國民主權不存在之事實，相去不遠。相對地，從保障人民權益之觀點而言，透過地方自治之保障，更容易獲得實質的保障。此乃由於中央政府政治體制及國家政策，本質上係綜合考量全國諸多情況之產物，在考量過程中，基本上即偏向統一性及一致性，自無法全面反映各地方不同要求；而且，從政策或事務性質以觀，各地方自治團體有其各自之問題與狀況，中央政府在擬定國家政策時，往往難以一一反映所有地區人民之意見；在法規範上，亦難以一中央法律因應所有地方自治團體及其住民的需求。相對地，若在地方自治團體上，由地域住民參與地方政治及行政活動，因地方自治團體的地域範圍較狹小，較容易掌握地域特性而因應住民細節性要求。且地域住民對政治之資訊、必要知識，亦容易取得，以及容易享有發表意見之管道及機會，除在正式的選舉外，亦可彈性地透過其他種種活動或方式表達。從而，在保障人民權益之技術層面上，於地方自治保障下之地方政治及行政，遠比中央政治及行政來得容易。也因此，為實現真正的國民主權政治，地方自治之保障，自屬必要。

㈡透過實行地方自治，以確保「全國國民代表」政治

實施地方自治之第二個法理上之理由為確保「全國國民代表」政治。理論上，民主政治的真正意涵，是中央民意代表，在採地區比例之選舉制度下，雖然由來自於各地選區之代表所組成，但一旦成為中央民意代表，

實踐檢討我國住民投票法制化之課題〉，《地方自治法理論》，學林文化事業有限公司，2003 年 6 月初版，pp. 31～66。

即屬「全國國民代表」，除了考量其選區及其居民之權益外，更須考量全國國民的權益。而地方自治與全國國民代表政治有何關係呢？例如，在理想的地方自治體制下，地方自治團體得處理之事務，盡量由地方自治團體處理，且地方自治團體為處理事務所必要之財源，亦有相當之保障，中央對地方自治團體之干預，亦盡量限定，則由各地選區之代表所組成之中央民意代表機關，在尊重地方自治的前提下，不會因為一特定地方之權益而產生對立，這種由地方自治團體之代表集合成為中央民意代表，較容易實現真正的「全國國民代表」政治，也就是真正的民主政治。但相反地，倘不尊重地方自治或無法落實地方自治者，例如屬於中央之事務比例偏高，地方之自治事務比例過低，或是地方之自主財源非常貧弱，不得不過度依賴中央之補助，或是在中央與地方為上下優劣的不對等關係下，中央對地方之干預過於強烈重大等，其結果，在各地方自治團體之自主性不被尊重下，由各地方選出之中央民意代表，僅考量其所屬地方之權益，無法考量其他地方甚至全國人民之權益，地方與中央之關係則易流於利益導向，陷於所謂「利益誘導政治」，中央民意代表，流於其選區之代表而已，無法成為「全國國民代表」，亦無法達成「全國國民代表」政治。

臺灣目前中央立法委員，即充滿其選區代表之色彩，尚非「全國國民代表」，此種與真正的民主政治脫離的現象，即來自於地方自治未落實之結果。因為地方自治團體之自主性未被尊重，本來地方得處理之事務，卻由中央處理，或是地方自主財政權未獲充分保障，處處仰賴中央補助，則中央立法委員，為確保自己選區選舉成功，熱心於其選區利益之爭取，更為公共事業或公共工程及其補助金等之爭取，積極依附中央而喪失地方之自主性，同時導致忽視其他選區甚至全國國民權益之結果，容易形成地方人民以對地方之貢獻度來衡量民意代表之能力及適性，而形成所謂「利益誘導政治」。其結果，立法委員僅有其所屬地區之「住民」代表之意識，而無「國民」代表之意識，真正的民主政治之全國國民代表政治，即難以實現。

㈢為培養地方自治團體及其住民之自治意識、自治能力及自律性，實行地方自治，應屬必要

實施地方自治之第三個法理上之理由，為培養地方自治團體及其住民之自治意識、自治能力及自律性。自治的意涵，如同後述，為自我統治之意，除有自治權或自主性保障之意義外，亦有自律性、自我解決責任之意。實施地方自治，猶如民主教育及民主經驗，必須長年一點一滴累積知識、技術及經驗，從其經驗中，讓地方自治團體學習如何自主及自律性地處理其區域內之公共事務，讓住民學習如何擔當地方之主權者，如何參與公共事務及監督公共事務等，進而培養出參與及監督公共事務之意識及能力，更以此為基礎進而培養出以一國民對中央政府之監督意識及能力。也就是，藉由實施及充實地方自治，提升住民的自治意識、自治能力及自律性。相對地，若限制地方自治，地方之自治事務將受到嚴重限制，其自主財源有其重大極限，不得不靠中央的財政補助，形成中央對地方以財政手段來支配地方之關係，致使中央與地方之關係呈現上下優劣之不對等關係者，地方自治團體及其住民則流於中央政府之手段或工具而已，在此環境下，地方自治團體無法學習如何自主及自律性地處理其區域內之公共事務，其住民亦難學習如何擔當地方之主權者,如何參與公共事務及監督公共事務等，自難以培養出參與及監督公共事務之意識及能力，更無法以此為基礎培養出國民對中央政府之監督意識及能力。意即，限制地方自治只會箝制住民的自治意識、自治能力而已。

這種理論，在臺灣也應有其該當性。臺灣地方自治法制，整體而言，仍在制度建立之初期階段，對於地方自治之基本原理原則之認識，尚未普及化，因此在法制建立時，可能出現兩個極端的不同見解及方向。一為以現在臺灣人民自治能力及自治意識不足為理由，擔心地方濫用權限，而對地方自治發展作種種之限制，例如不承認地方自治團體為統治團體，僅認為其為中央之下級機關，因而限制自治事務範圍及地方立法權、加強中央對地方之行政干預，且對於中央對地方之行政及立法干預，僅以中央之決

定認定其效力而不承認地方自治團體站在與中央對等之地位提起爭訟，或即使是承認其爭訟機會，卻在爭訟制度上作種種限制。

另外一種見解，則為積極肯定地方自治深化及發展之必要性，以尊重地方自治為前提，並以地方自治原理為基礎來建立地方自治法制。因此，不必以臺灣人民自治能力及自治意識不足為理由，擔心地方濫用權限而限制地方自治發展。

本書認為，地方自治之發展，與民主深化具密切關係，甚至是深化民主之基礎。因此，若堅持民主價值者，則應積極深化自治，有助於民主素質之提升。從而本書認為後者見解為宜，如同肯定民主價值一樣，堅持肯定地方自治深化及發展之必要性，於思考地方自治法制時，以尊重地方自治為前提，並以地方自治原理為基礎來建立地方自治法制，即使臺灣人民現在仍是普遍存在不成熟的自治能力及自治意識，就如同不成熟之民主一樣，需要讓人民累積經驗，從其經驗中學習及認知自治之意義，進而建立自治意識及培養自治能力。

三、否定地方自治之見解

必須附帶一提者，為否定地方自治之見解。以上所述，雖為肯定地方自治之理由，不過，在先進民主國家之地方自治發展過程中，並非無質疑地方自治意義之意見，其中，較值得注意的理論有三，其一為所謂「中央集權的民主主義論」，其二為所謂「新中央主權主義論」，其三為所謂「新中央集權論」。

㈠中央集權的民主主義論

此理論早在法國大革命以來即已存在，其主要的立論重點為地方自治與民主主義之關係，認為實現民主主義本有諸多手段，地方自治只不過為其中之一手段而已，並非唯一手段，民主主義為最終目標者，只要在中央政府能完全實現民主，則地方自治未必需要，且實施地方自治必須花費諸

多成本費用，卻少有收益，事務之處理亦無效率等，乃質疑地方自治之意義及必要性而主張應實現徹底中央集權的民主主義❹；第二次世界大戰後，此議論引發出的民主主義與地方自治之關係之論點，更成為國際間注意之焦點，其中最重要之理論爭點在於中央集權的民主主義能否成立？不過，不論持肯定與否定見解，皆未否定地方自治之意義❺。

㈡新中央主權主義論

此理論認為隨著國家角色之變化及國家財政之惡化，政府提供服務之主體呈現多元化，並企圖以最低成本提供住民最大效益之服務，地方自治團體（特別是基礎自治體）規模乃逐漸擴大，或是由兩個以上之自治體共同提供服務，形成所謂「廣域行政」，特別是與人民生活息息相關之交通、環境、民生能源等服務之提供，跨越地方自治團體之地域界限而展開廣範圍行政服務之廣域行政特別顯著，其結果，過去小規模的基礎自治體之意義被否定，甚至是地方自治之重要性亦被質疑。

㈢新中央集權論

此理論認為為促使經濟快速發展或回復經濟成長之需要，應實施中央集權體制。此種見解特別是在日本 1980 年代末以來經濟低迷時期受到注目，其主要意旨在於藉由中央強力主導經濟政策以回復經濟。此種見解，在臺灣過去威權體制時期也經歷過，也就是從經濟之觀點，藉中央集權制度來創造經濟業績。因為強烈的中央集權體制下，將所有資源、權限等集中於中央政府，較能統籌及整合運用，易發揮應有的功能，也就容易產生業績。

---

❹ 杉原泰雄，前揭註❷，p. 6。

❺ 肯定中央集權者，認為中央集權之問題，不在於權力集中於中央，而是中央集權下之官僚主義，即官僚主義的中央集權，才是問題所在，中央集權在本質上與地方自治並無矛盾，乃強調民主主義的中央集權。相對地，否定中央集權者，認民主主義非僅在中央實現，更應在地方實現，沒有地方自治之國家，即容易陷於官僚體制。鳴海正泰，《地方分権の思想》，学陽書房，1994 年，pp. 49～53。

四、從地方自治之國際保障趨勢肯定地方自治之意義

雖然「中央集權的民主主義論」、「新中央主權主義論」及「新中央集權論」曾出現，但整體而言，至今地方自治法學上仍普遍肯定地方自治之意義，認為沒有地方自治者，無法或難以實現民主主義，地方自治才是民主主義之核心此點，仍未動搖。而且，從地方自治之國際保障趨勢以觀，也可以肯定地方自治之意義。

關於地方自治之國際保障，最重要者有三：首先是 1985 年歐洲評議會 (Council of Europe, CE) 通過之「歐洲地方自治憲章」(European Charter of Local Self-Government)，其二為 1993 年國際地方自治團體聯盟 (International Union of Local Authorities, IULA) 通過之「世界地方自治宣言」(IULA World Wide Declaration of Local Self-Government)❻，其三為世界都市‧地方自治體協會 (World Associations of Cities and Local Authorities Coordination) 與聯合國人類住居中心 (United Nation Center for Human Settlement) 於 1998 年共同草擬完成之「世界地方自治憲章」(World Charter of Local Self-Government) 草案。關於此三個憲章（草案）及宣言之詳細介紹，留待第四章全面說明。

---

❻ 該憲章及宣言之介紹，請參考広田全男‧糠塚康江，〈「ヨーロッパ地方自治憲章」「世界地方自治宣言」の意義〉，《法律時報》，66 巻 12 号，1994 年 11 月，pp. 42～51。

第二節
地方自治之意義

 ## 一、自治之原點──個人自治

「自治」之英文原文為 self-government，或 autonomy，其一般之意義為「自行處理自己之事務」或「自主性地經營社會生活」❼，亦即，自己之事務由自己自主性地處理之意。自治之原點為「個人自治」，即從「個人自治」開始，其原始意涵為以自我規律為基礎，自行自主性地處理自己之事務，其自我也成為自治之主體，個人因而形成主體之定位。此種主體之定位，並非天生而來，而是靠後天漸漸形成之資質。

而個人成為主體之必要要件，必須具備「自我判斷」、「自我負擔」、「自我負責」之能力，此可合稱為「自治能力」或「自治意識」。所謂「自我判斷」之能力，係指個人對於種種客觀之現實，具有自由自主性地判斷能力而言，為了具備此種能力，個人必須具有基本之成熟度，判斷種種現實之價值尺度或價值觀，以及為確保正確判斷所必要之知識與資訊及其應用能力。

其次，個人透過自我判斷，對他人為種種行為，以實現自我價值及確立自我之定位，其過程當然須要耗費時間、費用、勞力等資源，此等資源必須自行負擔，即使未達預期之效果或產生問題，其結果亦必須自我負責、自行解決。

 ## 二、團體組織之自治

以前述個人自治為基礎，由主體之個人以自發性及自主性組成團體或

---

❼ 新村出編，《広辞苑》，岩波書店，1991 年 11 月第四版，p. 1142；松村明編，《大辞林》，三省堂，1995 年 11 月第二版，p. 1119。

組織，彼此間基於合意而形成共同意思，以此基礎來處理共同事務，即為團體或組織之自治。此種團體或組織之自治，其種類態樣非常多，例如大家耳熟能詳之「大學自治」、各種職業之公會，甚至是政黨，其原點都是來自於自治原理。

這種團體或組織之自治，係由其成員自主性地處理該團體或組織之公共事務，其所必要之費用及資源等，由該團體或組織自行負擔，倘若處理不當而發生問題時，亦由該團體或組織自行負責解決。通常為有效處理成員之公共事務，由成員自由選出代表組成一定之機關來處理之。也因此，為了維持該團體或組織之營運，成員必須不斷理解及參與公共事務，也應對於必要之費用及資源等作若干程度之貢獻，處理公共事務之代表機關的產生及營運，也應依民主程序為之❽。

📎 三、地方自治

以上述個人自治與團體組織之自治為基礎，在統治團體上，即形成「地方自治」。地方自治之英文原文為 local self-government 或 local autonomy，即地方自治團體或地方公共團體 (local government, local authority) 自治之意，其本質包含團體自治及個人（住民）自治，也就是一定地域之住民自主性地處理該地域團體之公共事務，為了有效處理該地域之公共事務，由主體之住民自由選出代表組成一定之機關，並依民主程序處理之。以住民與他住民之關係而言，是基於個人之自治而來；以地方自治團體或地方公共團體與其他統治團體或其他組織之關係而言，是基於團體或組織之自治而來。前者為「住民自治」，後者為「團體自治」，兩者形成地方自治之重要要素或本質。

---

❽　大森彌，《現代日本の地方自治》，放送大学教育振興会，1995 年 3 月初版，pp. 11～13。

(一)住民自治

　　所謂「住民自治」，為一定地域的公共事務，由當地住民依其自主意思自行規劃、決定、執行之意。前已提及，以「個人自治」為基礎要素，個人為自治的主體，為具備自治主體的要件，必須有自我判斷、自我負擔、自負責任的能力。而要強化自我判斷能力，則必須充分掌握資訊、充實知識及應用能力，並維持一定的判斷基準；在自我判斷下，為實現特定目標，自須耗費時間、勞力、資金等費用與資源，亦應由自己負擔；且即使得不到預期的成果，也必須自負責任。這種以「個人自治」為基礎要素的「住民自治」，係以民主主義為基礎，是一種具有政治意義的自治，成為以英國、美國為首的英美法系國家所發展出來的地方自治之特徵。不過嚴格來說，英國及美國之地方自治，並不完全相同。以下簡單介紹英國及美國之住民自治型的地方自治。

1. 英　國

　　首先，回顧英國地方自治歷史，可以得知英國地方自治之特徵。英國雖然在 11 世紀統一國家，但其住民自治之傳統，早在之前即已形成。中世紀以來，即有 county、town、borough 之地域共同社會單位及 parish 之教會單位之存在，這些地域共同社會單位及教會單位，由住民全體組成之住民大會決定公共事務，並由具有行政及司法權限的治安法官 (Justice of the Peace) 來掌理事務。治安法官雖然由大法官提名、國王任命，但不受中央政府之監督而得自主執行任務。這種並非由中央政府以行政觀點劃定區域，而係自然形成的具有地域性、歷史性、政治性的地域共同社會單位及具有宗教性的教會單位，可以說是一種「生活共同體」的概念及近代以後形成具有行政區域性質的地方自治團體的原點，也是住民自治之原始型態。

　　英國近代地方自治法制之建立，是在 19 世紀以後。1834 年救貧法修正 (Poor Law Amendment, 1834) 後，本法之執行機關地方救貧委員會 (local board of guardians) 之部分委員，由住民直接選舉產生，雖然選舉制度尚非

民主 (例如選票數由財產多寡來決定，並非由全部委員選舉產生)，但機關
成員由住民選舉產生之制度，正式確立。此法律也影響了其後諸多法律之
修正。1835 年都市團體法 (Municipal Corporation Act, 1835) 制定，將
borough 多元的組織予以統一，也設置了議會 (council)，其議員為選舉產
生❾。1888 年地方自治法 (Local Government Act, 1888) 制定，重新建立地
方制度，將行政區域劃分為 County、County Borough，其各設有議會
(Council)，部分議員 (councilor) 亦係選舉產生。英國之近代地方自治制度，
可以說是正式確立❿。

　　從以上英國確立地方自治制度之歷史過程來看，地方自治並非由中央
政府介入而形成，而是住民基於長年歷史、地域、參與之政治思想及宗教
等因素累積自然形成；地方自治單位亦非中央政府介入予以劃分形成，而
係自然形成的地域共同社會單位，且這種地域共同社會單位之議決機關(議
會) 之成員，係住民選舉產生。因此，這些近代地方自治制度之確立，可
以說是由住民自主性地主導所形成，也就是住民自治。

2. 美　　國

　　美國是由 50 州所組成之聯邦國家，各州有其主權，得制定憲法，地方
制度為何，自亦屬於各州之權限，也因此全國各州存在非常多樣的地方制
度，不過整體而言，仍有其共同的固有特色，且從其歷史發展過程來看，
亦有住民自治之特色。

　　美國在殖民地時期之地方制度，基本上承襲英國，因此與英國之地方
制度極為近似。關於 borough，係取得英國國王特許 (grant) 或憲章 (charter)
且具有法人格之自治體。關於 county，也與英國非常近似，其既為司法區

---

❾　嚴格來說，council 成員四分之三的 councilor，由有一定資產及納稅之住民選
　　舉產生，其餘四分之一，由被選出之 councilor 選舉產生，再由這些成員選出
　　首長。整體而言，尚非民主。

❿　關於英國近代地方制度之介紹，請參考岡村周一，〈イギリスの地方制度〉，阿部
　　照哉等編，《地方自治大系 1》所收，嵯峨野書院，1989 年初版，p. 189 以下。

劃單位，亦為行政區劃單位，主要行政機關為 county board，部分成員係由選舉產生。

　　與英國相較，最具特色者，應該是美國大都市之發展。多數大都市之產生，並非來自英國之特許，而是市民向州議會請求自主性處理 county 無法處理之事務，州議會同意後賦予市憲章 (city charter) 而成立。大都市制度，大致上可以分成三類型：一為市長・市議會型，市長及市議會議員，均由住民選舉產生；二為委員會型，委員會係立法機關，委員由住民選舉產生；三為市議會・首長型，市議會議員由住民選舉產生。這些自治體，均係州議會之產物，因此，州議會可以變更市之權限及組織，也就是州議會主導地方制度及地方自治。

　　不過，這種州議會主導地方制度及地方自治之現象，在獨立革命以後，發生了重大變化。主要背景是地方自治 (home rule) 運動。市民不滿州議會主導市之權限及組織，對州議會要求禁止特別立法對市之權限加以限制，並請求地方之事務應由市自主處理，這種市民主導推動自治之結果，形成自治憲章 (home rule charter) 制度。自治憲章制度，簡單來說，就是原來由州議會賦予之市憲章，改為由市民起草憲章案，經住民投票多數決同意，並以州議會或首長同意為條件，或是只要向州議會通知，即與州議會通過之憲章有同等效力。這種並非州議會主導，而係住民自主決定地方自治事務，將之定於自治憲章草案，並經住民投票多數同意而發生效力之自治形成，可以說是基於自治憲章制定權之住民自治型態❶。

　　看了英國及美國之住民自治型態，可以得知兩國住民自治之形成背景並不相同。英國是在歷史、地域、宗教背景下自然形成的；而美國則是地方對抗中央之產物。不過，兩國住民自治之形成，皆由住民主導決定及執行地方事務之原理基礎，則屬相同，這種住民自治型的地方自治，亦是地

❶　關於美國之地方制度，請參考澀谷秀樹等，〈アメリカの地方制度〉，阿部照哉等編，《地方自治大系 1》所收，嵯峨野書院，1989 年初版，p. 269 以下；下山瑛二・田村悦一編，《地方自治法を学ぶ》，有斐閣，1982 年 7 月初版，pp. 27～32。

方之直接民主制度。

㈡團體自治

　　所謂「團體自治」，本來是「個人自治」的延伸，以「個人自治」為前提，由個人為主體集合成團體，在該團體內，以自由意思決定政策，並相互遵守、執行該決定。這種自治的要件，是以團體的成員不借助外來力量，由自己處理公共事務，因處理所需的必要費用，由自己負擔，即使處理不當，亦不得影響危害他人。為維持這種任意團體的自治，成員必須不斷瞭解團體的公共事務，對公共事務有貢獻熱心，並以民主的程序自由選出議決及執行機關之成員。

　　地方自治上之團體自治，即來自於此種意義，也就是「地方自治團體之自治」或是「地方公共團體之自治」之意。更進一步而言，地方自治制度係在中央政府主導決定下形成，中央創設地方自治團體，賦予其自治權，該地方自治團體之公共事務，由該地方自治團體規劃、決定政策並執行。

　　這種「地方自治團體之自治」，係以自由主義或分權主義為基礎，為一種具法律意義的自治，成為以法國、德國為首的歐陸法系國家所發展出來的地方自治之特徵。

1. 法　　國

　　法國在 18 世紀大革命之前後，本來存在著地方具有自治固有權思想，認為鄉鎮市 (commune) 是獨立於國家之外之自然產物而有其固有權。1789年大革命之後，廢除以前的地方制度，將全國分為縣、郡及鄉（鎮市），實施濃厚的地方分權制度。但是這種思想只是暫時性的存在，在 1800 年拿破崙時代，加以改革，建立了強烈中央集權的地方制度，而成為以後法國地方制度之原型❷。

　　法國在 1982 年「鄉鎮市、縣、州之權利與自由法」（俗稱地方分權法）

---

❷　關於法國之地方制度，請參考滝沢正‧山岸敬子，〈フランスの地方制度〉，阿部照哉等編，《地方自治大系 1》所收，嵯峨野書院，1989 年初版，p. 139 以下。

制定以前，長年來是採取中央集權型的地方制度。1958 年現行憲法下之主要的地方公共團體為縣 (département) 及鄉鎮市 (commune)，但是此兩種地方公共團體，其地位兼具國家機關之性質，被視為國家行政之下級末端機關，且國家對於地方公共團體具有強烈的監督權，地方公共團體之執行機關的主要人事職位，均由國家派任（官派），地方公共團體之權限集中於官治色彩之執行機關，議決機關之立法機關之定位係位於執行機關之下位，在事務劃分上，國家委任地方處理之事務非常多，因此可以說是官治的中央集權體制，與同時代之英國及美國，形成強烈的對比。嚴格來說，1800 年至 1982 年間，法國只有地方制度，幾乎沒有地方自治，直至 1982 年才開始推動地方分權。這段 180 年左右之官治的中央集權體制，也常成為其他非民主國家否定地方自治理念之論據。

2. 德　國

德國在中世紀時雖然已有自治都市存在，但在近代以後形成的地方自治制度，與中央之關係上，基本上否定其自主性。地方自治團體之定位，既是中央行政之一環，也擔任地方性質的自治行政。

普魯士近代地方自治制度之形成，是從 1808 年「普魯士王國都市條令」開始，此條令也可以說是「普魯士自治法」。此自治制度，雖然建立了自治行政之原理，以市民參與為理念，近代民主原理為基礎所創設，而成為普魯士近代地方自治制度之原型，但是普魯士自治法之制定，原係與法國戰爭敗戰後，為重新建立強權的中央集權政府，透過地方自治法制培養住民對公共事務之關心及自由意識等國家政策之觀點而為，並非承認地方公共團體享有從國家獨立出來的固有自治權，而是透過國家委任事務，將地方公共團體定位在國家管制之架構內，此也是當時將地方自治權之性質定性為國家賦予或承認之產物之理由。因此，國家透過警察行政，對自治行政加以監督，地方公共團體難以掌有其自主性，只能在限定的範圍內才享有，自治參與也僅限於有一定資產之住民才有參與資格❸。

---

❸　關於德國近代地方自治制度，請參考三成賢次・阿部照哉，〈ドイツの地方制

簡單來說，德國近代地方自治制度之主要特徵，係以在地方為實現民主責任政治而保障市民自由為基礎，同時將地方自治制度作為統一國家之手段。從此意義來說，地方自治制度可以說是從國家而來，並非從住民本身之主導而形成，與英國及美國係從住民主導而形成之地方自治大不相同。也因此，在德國地方自治制度上，住民自治之要素較為薄弱，將地方自治定性為是從國家而來之地方公共團體之自治，即為「團體自治」。

㈢團體自治與住民自治之關係

從前述英國、美國、法國及德國地方自治之形成，可以得知，英國及美國之地方自治，在近代國家成立以前即已存在，且係地域社會共同體性質之自治，這種自治，在中央集權體制確立以後，為防止權力絕對化，也繼續存在。相對地，法國及德國之地方自治，係近代國家建立後，為維持其政治支配體制而創設。因此，英國及美國之地方自治，以住民自治為核心，具有濃厚的住民自治之色彩，而法國及德國之地方自治，住民自治要素較為薄弱，往往將地方自治定性為是從國家權力相對獨立之地方公共團體所處理之行政（自治行政）。因此，住民自治型的地方自治與團體自治型的地方自治，各有特徵。

從理念來看，住民自治是英國及美國等英美法系國家發展出來的，以民主主義為基礎，而團體自治是法國及德國等歐陸國家發展出來的，以自由主義或地方分權主義為基礎。其形成背景既然不相同，則對於自治之意義、自治之保障程度及範圍等，自亦不同。不過，兩者仍有共通處，即以民主主義及自由主義為根基，在一定地域之住民，以自由意思組成一定的團體，就該團體的公共事務，由住民規劃、決定與執行，成為一種自我統治及自我約束意義下的個人自治及團體自治。

至於住民自治與團體自治的關係如何，存有各種見解。在觀念上，有謂兩者係矛盾的。理由是團體自治係透過自由主義而與地方分權主義相通，

度），阿部照哉等編，《地方自治大系 1》所收，嵯峨野書院，1989 年初版，p. 85 以下。

而住民自治則是透過社會連帶主義思想而與中央集權相通，有可能形成中央集權，因此地方自治之內容包括團體自治及住民自治，在觀念上即包括地方分權主義與中央集權而形成矛盾❹。不過，在日本之通說，認兩者為並存、相互補充關係，「團體自治」只不過為落實地方自治的手段而已，地方自治的核心要素及最終目標是「住民自治」，如果只有前者而無後者，或後者不完備，地域共同體之自治理念則終難達成❺。

 ## 四、「地方自治」與其他類似概念之比較

地方自治之要素，既然包括住民自治及團體自治，則與下列概念並非相同，宜予以注意。

㈠「地方自治」與「地方分權」之不同

「地方自治」是結合住民自治與團體自治之概念所綜合而成，且「自治」，甚至是「住民自治」是終極目標。而「地方分權」之概念，著重於主權國家下，中央機關之權力或權限分散至地方機關或團體，其本身並非終極目的，只不過是達到地方自治之一手段而已，也就是「地方分權」概念，只重視「團體自治」部分，而忽視「住民自治」部分。

「地方分權」概念，是站在國家之立場所導出；「地方自治」概念，則是站在「住民」或「地方公共團體」之立場所導出，從此以觀，兩者雖然有重疊部分，但一般而言，「地方分權」概念較「地方自治」為狹隘。

而且，「地方分權」概念，是一主權國家之權限分散至地方之意，因此，

---

❹ 室井力，〈憲法・地方自治法と自治体・住民〉，室井力，《現代行政法の展開》所收，有斐閣，1978 年初版，p. 127。

❺ 室井力・原野翹編，《新現代地方自治法入門》，法律文化社，2000 年 9 月初版，p. 6；南博方・原田尚彥・田村悅一編，《行政法(3)地方自治法》，有斐閣双書，1996 年第 3 版，pp. 2〜3；芝池義一，〈団体自治と住民自治〉，《法学教室》，165 号，1994 年 6 月，pp. 15〜16。

一般而言,「地方分權」概念在單一國家之情形,常常集中在中央與地方關係之問題,在聯邦國家之情形,由於聯邦成員(州或邦)各有其主權,因此「地方分權」之意義,則並非為聯邦與其組織成員(州或邦)關係,而是在其組織成員(州或邦)內,其與地方之關係之問題。相對地,「地方自治」概念,則會出現在單一國家下中央與地方關係,及聯邦國家下聯邦與其組織成員(州或邦)關係,及其組織成員(州或邦)內,其與地方之關係之問題上。

㈡「地方自治」與「地方制度」之不同

「地方自治」既然是結合住民自治與團體自治的概念綜合而成,則核心概念是「自治」。而「地方制度」只是中央政治體制下之地方公共團體及其活動之體制而已,未必與「自治」聯結。換言之,「地方制度」之建立,與「地方自治」之建立甚至是落實,是兩件事情,並沒有直接的論理關係。「地方制度」之建立,未必等同於「地方自治」之建立。

本書之基本立場,在理念上,是贊成及肯定地方自治,因此,本書不贊成我國現行地方自治基本法之「地方制度法」之名稱,因為只有強調與中央政治體制下之地方自治團體及其活動之體制而已,並沒有以「自治」為主要理念,反映出法律整體架構及規範內容,實為中央集權體制,仍與「自治」理念差距甚大。期待將來法律修正時,考量以「自治」為主要目標,將法律名稱修正為「地方自治法」,且希望內容能更符合自治理念。

㈢「地方自治」與「地方政府」或「地方政治」之不同

「地方政治」或「地方政府」,通常是政治學上的概念,「地方政治」係指對於地域社會之紛爭或對立予以協調解決,藉以維持地域社會之秩序及安定活動而言。「地方政府」則與中央政府相對,指地方政治權力機構而言。因此,兩者偏重於政治權力之運作,未必與「自治」有直接之關聯,例如未必以團體自治或住民自治之觀點出發,自與「地方自治」不相同。

第三節
地方自治法學之定位

一、地方自治法學是地方自治團體法學，與國家法並立

若從肯定地方自治的觀點來說，地方自治法學的內容，應該是關於地方自治團體處理地方自治活動之法，在此意義下，可以說是「地方自治團體法學」，簡稱為「自治體法學」，是站在地方自治團體之立場架構而成，包括地方立法活動、地方行政活動及與此等相關之司法活動等，當然也包括地方自治團體之定位、地方自治團體之法令解釋權等。因此，地方自治法學或地方自治團體法學，本質上，並非國家法之一部分，更不是國家法之下級位階之法，而是與國家法並存而獨立之法，兩者有其獨立之存在意義。不過，仍有共同原理之部分，自不是相互排他的關係。

因此，在研究及教育上，地方自治法可以成為一獨立的法學領域，只不過地方自治法會與憲法、行政法、財政法、租稅法、資訊法、民事法等法學領域有密切關係，且與行政法也有諸多重疊部分。

二、地方自治法學不是地方行政法，也不是自治行政法

地方自治法學是否為地方行政法或自治行政法？是否為行政法之一部分？世界各國並非相同，因為地方自治類型或型態及憲法對地方自治團體之定位，會決定地方自治法學之定位，每個國家發展出來的地方自治型態不同，各國憲法對地方自治團體之定位及保障規範亦不相同，地方自治法學之定位，則有不同。

例如，前已提及，美國地方自治制度是住民自治型的地方自治，並非將地方自治法定位為行政法之一部分，在研究及教育上，也是與行政法區分開來，獨立成地方自治法。這是因為住民自治型的地方自治，重視直接

民主，在立法活動上，有直接立法；在行政活動上，有住民投票等，且地方自治團體有相當廣泛的自治立法權，這些部分，均非行政法可以涵蓋，早已超出行政法之範圍。

　　相對地，德國地方自治法制，一般而言，是將其定位為行政法之一部分，稱為自治行政法或地方行政法。這是因為地方自治團體之權限，原則上只有限定在行政權，即使是有限的地方法規，也被定位為行政活動，而且，地方自治團體之定位接近中央之下級行政機關，即中央行政組織之一環，地方自治法制自然被定位為行政法之一部分，只不過與中央行政法相較，有一些特殊部分而已。

　　至於我國地方自治法制之定位為何？可以從憲法找到答案。憲法第121條規定：「縣實行縣自治。」第124條第2項規定：「屬於縣之立法權，由縣議會行之。」憲法肯定了縣之自治權及自治立法權，至少可以說縣並非中央之下級行政機關，縣可以為自治活動，包括自治立法活動等，因此縣所為之自治活動，已超過行政活動，縣自治法及地方自治法，自非行政法所能涵蓋，應屬於獨立之法學領域。

　　甚者，從肯定地方自治之觀點來說，地方自治團體之定位是與中央對等的統治團體，享有概括的自治立法權及自治行政權等，地方自治團體不是中央之下級行政機關及下級立法機關，若將地方自治法定義為「地方自治團體處理地方自治活動之法」者，地方自治團體之地方自治活動，最重要者有立法活動與行政活動，關於後者，與中央行政活動會有部分重疊，也就是中央行政活動與地方自治行政活動有其共同原理原則之部分，例如民主主義原理、法治主義原則、人權保障原則等，適用在中央與地方自治團體，於原理上並無不同，但是從自治之觀點來說，兩者仍有諸多差異，例如法令解釋權，在中央及地方均有其獨立的法令解釋權，如果解釋結果有不同解讀者，中央之解釋未必具有優先效力，究以何者為斷，應由司法機關判斷解決。地方自治團體本於自治所為之法令解釋，形成地方自治法，此為行政法所無，已超出行政法之範圍。又例如地方自治團體對於有爭議性之議題，可以使用直接民主手段（住民投票）來決定公共政策，或是對

於具體個別的不利處分，踐行細膩多樣的聽證程序，這些地方自治行政活動往往不是中央可為，也就無法以行政法涵蓋。至於地方自治立法活動，更是超出行政法之範圍。尤其是直接民主手段中的直接立法，為中央所無，自無法納入中央行政法範圍。因此，我國地方自治法制之定位，並不是行政法，亦非自治行政法及地方行政法，而是獨立的地方自治團體法學。

第三章

我國地方自治法
制之歷史

臺灣地方自治制度的建立，嚴格來說，可以溯自日本殖民統治時期，當時已有近代地方制度，但關於該時期部分，屬於地方制度史範疇，本書不予介紹。以下介紹 1945 年以後至今我國地方自治法制之歷史演變過程❶。

第 一 節
1945 年至 1991 年

一、中華民國憲法上地方自治保障之特徵

以下介紹中華民國憲法上關於地方自治保障規定的特徵：

㈠地方自治保障體系、範圍與內容之完整性、充實性及具體性

中華民國憲法於 1946 年制定，1947 年施行，關於地方自治保障規範的主要架構有「中央與地方之權限」（第 10 章）及「地方制度」（第 11 章）兩大專章。在「中央與地方之權限」專章中，設有詳細的權限劃分的列舉規定（第 107 條至第 110 條），還有權限劃分原則及權限爭議解決機關之規定（第 111 條）。在「地方制度」專章中，採取「省」及「縣」兩層級制，並分別規定省（直轄市）自治及縣（市）自治之內容（第 112 條、第 113 條、第 118 條、第 121 條至第 124 條、第 126 條至第 128 條）、省法規及縣法規之位階及其效力（第 114 條至第 117 條、第 125 條）等❷。

這些規定，若與其他單一國家憲法法典之地方自治保障規定相較❸，

---

❶ 關於詳細的地方自治法體系變遷的介紹，亦請參考張正修，〈附錄二：地方自治法體系之變遷〉，《地方制度法理論與實用 2 本論》，學林文化事業有限公司，2000 年 9 月初版，pp. 775～807。

❷ 其中第 112 條至第 115 條及第 122 條，因增修條文第 9 條第 1 項而暫停適用。

❸ 在聯邦國家下，聯邦之成員（州、邦等）對聯邦而言，並非地方自治團體，聯

應如何評價呢？在單一國家中，例如日本憲法中，關於地方自治，設有專章（第8章）四個條文（第92條至第95條）予以保障，第92條規定地方公共團體之組織及營運的事項，應基於地方自治之本旨，以法律定之；第93條規定依法律設置地方公共團體議會、議員、地方公共團體行政首長及其他法定官員，由住民直接選舉產生；第94條規定地方公共團體之權能，特別是自治立法權、自治行政權、自治財政權之保障；第95條規定地方公共團體之平等性及特別法之住民投票制。

1948年義大利共和憲法，關於地方自治，設有專章（第5章「州、縣、鄉」）規定，包括地方公共團體之種類（州、縣及鄉）（第114條）、州之立法權（第117條）、州之執行權（第118條）、州之自主財政權（第119條）、州之機關（第121條、第122條）、州憲章（第123條）、縣及鄉（第128條、第129條）等規定。

1958年法國第五共和憲法，關於地方自治，設有兩專章（第11章「地方公共團體」及第12章「共同體」(De la Communauté)）規定。關於「地方公共團體」規定，也就是一般的地方公共團體之規定，其中最重要的地方公共團體之縣 (département) 及鄉鎮市 (commune) 之規定，只有一個條文（第72條）而已，其餘皆屬特別性質的地方公共團體的規定。

1987年大韓民國憲法，關於地方自治，設有專章（第8章「地方自治」）兩個條文（第117條及第118條）規定。

整體而言，與世界單一國家憲法法典之地方自治保障規定相較，中華民國憲法已規範一定之地方自治的重要原理原則事項，尚稱完整充實。在地方自治保障體系、保障範圍、保障內容上具一定之充實性、完整性及具體性，可謂相當先進的設計。

邦與其成員之關係並非中央與地方之關係，其成員間亦非地方自治團體間之關係，因此，聯邦憲法上有關聯邦與州、邦之權限規定，並非中央、地方自治團體之事務、權限規定，不得與單一國家相提並論，因此，於此可以比較的對象國家，只有限定在單一國家。至於如美國、德國、加拿大、瑞士、奧地利、澳洲、紐西蘭等聯邦國家，則無法比較。

㈡權限劃分（或事務分配）方式及權限爭議解決機關

中華民國憲法上關於權限劃分（或事務分配），設有第 10 章「中央與地方之權限」規定，以「立法權」與「執行權」的區分概念，將權限或事務（事項）區分為「中央立法並執行之事項」（第 107 條）、「中央立法並執行或交由省縣執行之事項」（第 108 條）、「省立法並執行或交由縣市執行之事項」（第 109 條）、「縣立法並執行之事項」（第 110 條），且各條規定之事項，採取詳細的列舉方式規定。這種將中央與地方之權限詳細劃分的規定，如果與世界單一國家憲法法典比較，就本書所知範圍內，除了 1948 年義大利共和國憲法第 117 條規定州立法權及第 118 條規定州之執行權，有詳細的列舉規定，及 1958 年法國第五共和國憲法第 34 條規定應以中央法律規定之事項❹，有詳細的列舉規定以外，其他單一國家憲法法典上對於權限劃分，則似無規定或詳細的列舉規定。

此外，關於不屬於憲法第 107 條至第 110 條列舉之權限，其爭議解決機關，第 111 條亦規定由立法院解決之。也對權限爭議之解決機關作了規定。同樣是單一國家的日本、義大利、法國及韓國憲法對此並無明文規定。因此，中華民國憲法上關於列舉方式之權限劃分（或事務分配）及權限爭議解決機關之規定，應屬於具有特色的規定。

㈢融入團體自治與住民自治之理念

中華民國憲法之地方自治保障規範中，融入團體自治及住民自治之理念，也可以說是一項特徵。

關於團體自治部分，例如有省之立法權（第 112 條及第 113 條）、縣之立法權（第 122 條、第 124 條第 2 項、第 126 條）等規定❺。

---

❹ 本條雖然是應以中央法律規定事項之規定，為法律保留之事項之規定，但同時也可解為屬於中央立法權之事項而不是地方公共團體立法權事項，因此可以作為權限劃分規定之一種態樣。

❺ 但是第 112 條、第 113 條及第 122 條因增修條文第 9 條第 1 項而暫停適用。

關於住民自治部分，例如有省議會議員、省長（第 113 條第 1 項第 1 款及第 2 款）之省民直選、縣議會議員、縣長之縣民直選（第 124 條第 1 項及第 126 條）、縣民就自治事項之直接民主權（第 123 條）等之規定。

㈣以「省縣自治通則」為地方自治之基本法

中華民國憲法上所設計之地方自治法制體系，係以「省縣自治通則」為地方自治之基本法，以此為前提，再細分為「省自治法」及「縣自治法」，作為省及縣自治之具體法據。而且，「省縣自治通則」為中央立法並執行或交由省縣執行之事項（第 108 條第 1 項第 1 款），省自治法之內容應包括省議會、省政府、省與縣之關係等（第 113 條第 1 項）❻。且省自治法不得牴觸憲法，省法規與國家法律牴觸者無效（第 116 條），省法規與國家法律有無牴觸發生疑義時，由司法院解釋之（第 117 條）；縣法規與國家法律或省法規牴觸者無效（第 125 條）。整體而言，在地方自治法制之架構上，尚稱完整。

二、中華民國憲法在臺灣施行後所衍生的問題，及臺灣之中華民國化對地方自治的影響

1949 年以後，中華民國憲法在臺灣施行，由於處於前近代的威權體制背景，以及對「臺灣」之歷史觀及定位的影響，換一個角度來看，「臺灣」被「中華民國化」後，在地方自治上產生了諸多與憲法規範嚴重乖離之現象：

㈠憲法上地方自治基本法之「省縣自治通則」遲遲未制定

本來中華民國憲法原來所設計之地方自治法制體系，係以「省縣自治通則」為地方自治之基本法，省及縣再依該通則個別制定「省自治法」及「縣自治法」，作為各省縣自治之具體法據。然而，長年來，在特殊的社會、經濟及政治背景以及在法治主義未落實的環境下，地方自治被視為分散權

---

❻　但第 108 條第 1 項第 1 款及第 110 條因增修條文第 9 條第 1 項而暫停適用。

限及資源之制度、不利經濟開發等,地方自治基本法之「省縣自治通則」一直無法制定,當然,「省自治法」及「縣自治法」亦無從制定。形成中華民國憲法在臺灣施行後欠缺地方自治基本法之重大問題。

　　另一方面,是更嚴重的問題,中華民國憲法草擬及制定時,原本係以在中國大陸施行為前提,並非以在臺灣施行為前提而設計,因此在地方制度上,包括省及縣之兩層制度,直轄市、省轄市制度、「省縣自治通則」及以此為基礎之「省自治法」及「縣自治法」整體地方自治法制度之設計,自然係以中國大陸之面積、文化、地理、人文等要素考量而設計,以此為前提設計的地方制度,自難以適用在此等要素完全不同的臺灣,亦形成中華民國憲法上之地方制度設計在臺灣格格不入的現象。因此,「省縣自治通則」及以此為基礎的「省自治法」與「縣自治法」之整體地方自治法制度之設計是否適合臺灣,長年來一直是地方自治上之重大問題。

㈡臺灣實施的地方制度為「行政命令之地方制度」及「官治制度」

1. 「行政命令之地方制度」

　　前已提及,中華民國憲法上之地方自治法制體系之設計,原以「省縣自治通則」為地方自治之基本法,但現實上1945年以後,長年來無法制定。

⑴國民政府時期地方制度法令

1945年以前,中華民國在國民政府時期,即已有如下諸多地方制度法令:

法令名稱	公布發布・廢止日期
省政府組織法	1927年7月8日國民政府制定公布,2000年4月5日公布廢止
省參議員選舉條例	1944年12月5日國民政府制定公布,2003年6月11日公布廢止
市組織法	1930年5月20日國民政府制定公布,2000年4月5日公布廢止

市組織法施行細則	1944 年 7 月 28 日國民政府行政院訂定發布，2001 年 6 月 13 日行政院發布廢止
市參議員選舉條例	1945 年 1 月 30 日國民政府制定公布，2003 年 6 月 11 日公布廢止
縣組織法	1929 年 6 月 5 日國民政府公布，2000 年 4 月 5 日公布廢止
縣組織法施行法	1929 年 10 月 2 日國民政府公布，2004 年 11 月 25 日公布廢止
縣長任用法	1932 年 7 月 16 日國民政府公布，2002 年 6 月 5 日公布廢止
縣參議員選舉條例	1941 年 8 月 9 日國民政府公布，2003 年 6 月 11 日公布廢止
鄉鎮組織暫行條例	1941 年 8 月 9 日國民政府公布，2000 年 4 月 5 日公布廢止
鄉鎮民代表選舉條例	1941 年 8 月 9 日國民政府公布，2003 年 6 月 11 日公布廢止

1945 年至 1947 年間，又歷經「行政長官公署時代」，國民政府於 1945 年 9 月 20 日發布「臺灣省行政長官公署組織條例」，成為首先適用於臺灣的地方制度法令，該條例於 1947 年經行政院廢止，並改制為臺灣省政府。其後，則開始地方自治綱要下之地方制度❼。

在國民政府制定之法令，嚴格來說，並非於 1947 年憲法施行後當然適用於臺灣，仍應經立法院重新制定並公布才可適用。因此，未經立法院重新制定，此等國民政府制定之法令，理論上，並不能成為臺灣地方制度之法令依據。

⑵以自治綱要為首之地方制度法令

A.臺灣省

1950 年，臺灣省政府發布「臺灣省各縣市實施地方自治綱要」(1950 年 4 月 24 日)，並以此為母法，發布了諸多法規，包括組織性質的法規及選舉法規。關於組織性質的法規，例如「臺灣省各縣市議會組織規程」、「臺

---

❼　張正修，前揭註❶，pp. 775～781。

灣省鄉鎮民代表會組織規程」、「臺灣省各縣市政府組織規程準則」、「臺灣省鄉鎮縣轄市公所組織規程準則」；關於選舉法規，例如「臺灣省各縣市議會議員選舉罷免規程」、「臺灣省各縣市縣市長選舉罷免規程」、「臺灣省鄉鎮民代表選舉罷免規程」、「臺灣省鄉鎮區長選舉罷免規程」、「臺灣省各縣市村里長選舉罷免規程」等。其後，1951 年，行政院發布「臺灣省議會組織規程」（1951 年 9 月 26 日）。

B.直轄市

臺北市於 1967 年升格為直轄市後，行政院發布「臺北市各級組織及實施地方自治綱要」（1967 年 6 月 22 日發布，2001 年 6 月 13 日發布廢止）、「臺北市議會組織規程」（1967 年 7 月 8 日發布）、「臺北市政府組織規程」；高雄市於 1978 年升格為直轄市後，行政院發布「高雄市各級組織及實施地方自治綱要」（1979 年 6 月 22 日發布，2001 年 6 月 13 日發布廢止）、「高雄市議會組織規程」（1979 年 6 月 25 日）、「高雄市政府組織規程」❽。

C.福建省

此外，中華民國實際上統治權所及範圍，除了臺灣省以外，尚有福建省金門縣及連江縣。1992 年，內政部發布「福建省政府暫行組織規程」（1992 年 11 月 5 日發布，1996 年 6 月 19 日廢止），行政院發布「福建省金門縣、連江縣實施地方自治綱要」，作為福建省地方制度的法令，福建省政府並以此為母法，發布「福建省金門縣政府組織規程」（1992 年 11 月 5 日發布，1993 年 1 月 27 日國防部發布廢止）以及「福建省連江縣政府組織規程」（1992 年 11 月 5 日發布，1993 年 1 月 27 日國防部發布廢止）。

綜上以觀，1950 年至省縣自治法及直轄市自治法制定公布（1994 年 7 月 29 日）之前，約 44 年期間，臺灣長年來實施之地方制度法令，均非以立法院通過的法律為依據，而係依據行政院、臺灣省政府、內政部、福建省政府之行政機關發布的命令而為，形成「行政命令之地方制度」。

⑶大法官釋字第 259 號解釋肯定「行政命令之地方制度」的合憲性

1990 年 4 月 13 日大法官釋字第 259 號解釋宣示如下：「直轄市之自

---

❽　張正修，前揭註❶，pp. 788～789。

治，以法律定之，為憲法第118條所明定。惟上開法律迄未制定，現行直轄市各級組織及實施地方自治事項，均係依據中央頒行之法規行之。為貫徹憲法實施地方自治之意旨，自應斟酌當前實際狀況，制定直轄市自治之法律。在此項法律未制定前，現行由中央頒行之法規，應繼續有效。」本號解釋對於直轄市自治法律未制定前行政院所發布的「臺北市各級組織及實施地方自治綱要」、「臺北市議會組織規程」及「臺北市政府組織規程」等行政命令之效力予以肯定，不認為違反憲法規定。而且，解釋標的雖然只有直轄市部分，但可以解釋為臺灣省、縣市、鄉鎮市、福建省之所有地方制度的行政命令，皆屬有效，並不違憲。

2. 「官治制度」

前述「行政命令之地方制度」下，雖然省議會議員、直轄市議會議員、縣市議會議員及鄉鎮市代表，係經選舉產生，但省政府首長（省主席）及委員，由行政院任命；直轄市長的產生，在直轄市自治法律未公布前，由行政院院長提經行政院會議議決，函請市議會同意後，提請總統任命（臺北市各級組織及實施地方自治綱要第17條）。再加上省議會、縣市議會並無立法權等，中央對省、直轄市具有強烈的監督權限，整體而言，此種「行政命令之地方制度」具有濃厚的「官治」的色彩。

(三)中央集權體制

中華民國憲法在臺灣施行後，雖然憲法上有保障「省立法並執行之事項」及「縣立法並執行之事項」之明文規定（第109條、第110條），但長年來，中央立法時，幾乎均無以此前提來考量事務劃分，而是以全部事項為中央事項為前提，只有考量係由中央立法並直接執行，或是由省（市）、縣（市）及鄉（鎮、市）執行而已，並沒有考量一部分事務由省（市）、縣（市）及鄉（鎮、市）立法及執行，換言之，以權限集中在中央為前提，並無權限或事務劃分的觀念，因此反映在中央法律條文上，只有中央主管機關權限及地方行政機關執行權限而已，並沒有分配給省（市）、縣（市）

及鄉（鎮、市）地方自治團體（請注意，不是沒有分配給地方行政機關，而是沒有分配給地方自治團體）的規定，特別是權力性事務，幾乎由中央立法及直接執行或地方行政機關執行，地方自治團體只有執行中央法律，及處理一些零星的非權力性事務而已。

再加上中央與省（市）、縣（市）及鄉（鎮、市）之間為上下、優劣及支配服從之不對等關係，中央對省（市）、縣（市）及鄉（鎮市）具有強烈的監督權限，整體的地方制度，呈現相當濃厚的中央集權體制。

㈣自治權空洞化

中華民國憲法在臺灣施行後，儘管憲法上定有保障團體自治及住民自治的原則，但現實上無法施行。例如憲法上保障的省縣自治權，尤其是明文保障的立法權，實際上，省及縣雖設有議會，但沒有立法權。

1990 年 4 月 19 日大法官釋字第 260 號解釋，明確否定省的立法權，理由為中央尚無得逕就特定之省議會及省政府組織單獨制定法律的依據。窺其意旨似為中央尚未制定特定省（臺灣省）之自治法，既然無中央法律依據，則臺灣省無立法權❾。若持此見解者，則所有地方自治團體，包括縣市、鄉鎮市皆無立法權。

這種立論是基於地方立法權是來自於中央法律創設賦予，中央若沒有法律創設賦予地方立法權，地方無法具有立法權之見解，但是本書不贊同。本書認為，地方立法權是本於憲法保障之自治權而來，不以法律授權為必要，只要是屬於地方自治團體之事務，理論上皆有立法權，只是在與中央立法權及其他地方自治團體立法權之關係上，會有一些限制而已，並不是全盤否定地方自治團體立法權。

此外，所謂省法規及縣法規，僅存在非權力事項，且僅限定在技術性及細節性事項而已。再者，省縣的自主財源，非常欠缺，地方財政主要收入係來自於財政收支劃分法之統籌分配款，其對地方財政的分配原則，根本毫無充分自主的財政權；且地方行政機關之人事制度，原則上與中央係

---

❾　參考大法官釋字第 260 號解釋。

一元化體制，對地方機關而言，毫無自主人事權；再者，地方機關組織，亦受中央嚴格控制，亦無自主組織權可言，再加上，中央對地方之嚴格監督，致使地方政府成為十足的中央的下級行政機關，自治權相當空洞，嚴格來說，充其量只能說是地方公共團體，但能否定位為地方自治團體，值得懷疑。

㈤地方制度層級問題——現實的三層級制度與憲法兩層級制之出入

中華民國憲法上設計之地方制度係採省及縣之兩層級制度，但或許是國民政府時期即已規劃鄉鎮，乃有「鄉鎮組織暫行條例」（1941年8月9日國民政府公布，2000年4月5日公布廢止）、「鄉鎮民代表選舉條例」（1941年8月9日國民政府公布，2003年6月11日公布廢止），或是承襲日本統治時期之「市町村」制度，臺灣實際上實施之地方制度，卻是省（市）、縣（市）及鄉（鎮、市）三層級制度，其中鄉（鎮、市）為憲法上所未規定，因此並非憲法上之地方自治團體，形成憲法上地方制度架構與實際之重大差異。鄉（鎮、市）雖然在其後之省縣自治法及地方制度法時代，正式被定位為地方自治團體，但仍止於「法律上之地方自治團體」，尚非「憲法上之地方自治團體」的定位，這種差異性仍然存在，也因此，鄉（鎮、市）之存在意義及定位，甚至是地方制度層級問題，一直是長年爭議之問題。

再者，如同後述，「臺灣省」之省的定位，雖然是對臺灣之法的定位及歷史觀之差異所產生之問題，但從地方制度層級之觀點來看，臺灣現實上採行省（市）、縣（市）及鄉（鎮、市）三層級制度，加上中央，即成四級體制，以臺灣人口、面積、教育程度、資訊狀況等而言，此種四級體制，是否適合於臺灣？從事務處理之效率性及合理性之觀點，深值懷疑。

㈥一級地方政府（臺灣省）與中央政府（中華民國）疊床架屋

原本以中國大陸為施行範圍之中華民國憲法，在臺灣施行後，造成地方自治法理上最重大問題者，莫過於臺灣省之定位。由於當時國民黨政策堅持之政治理念為「中華民國」為國家，而臺灣只是中華民國之一地方政

府而已，稱為「臺灣省」，並非主權國家。但在現實上，所謂中華民國與臺灣，在統治權所及範圍、面積及人口等方面，實際上兩者重疊部分高達98%，兩者雖然在政治意識型態上認為一為中央政府，一為一級地方政府，但卻出現中央政府與一級地方政府之統治權範圍、面積及人口上幾乎重疊之怪異現象，這種怪異現象，在世界地方自治史上似乎未曾出現過。臺灣之定位為何，乃成為政治之爭議焦點。因此，在臺灣實施之地方自治，由於中華民國化之結果，衍生出獨特的地方自治上之問題，當然，問題之根源在於臺灣之定位為何，以及對臺灣之歷史觀為何，已非單純地方自治法之問題。

(七)福建省之定位不明

由於中央政府之政治理念堅持中華民國為國家，而福建省僅為其一地方政府，但實際上福建省之所轄領土範圍僅有金門及連江，轄區相當限定。雖然有「福建省政府暫行組織規程」（1992 年 11 月 5 日內政部發布，1996 年 6 月 19 日廢止），「福建省金門縣、連江縣實施地方自治綱要」，「福建省金門縣政府組織規程」（1992 年 11 月 5 日福建省發布，1993 年 1 月 27 日國防部發布廢止）以及「福建省連江縣政府組織規程」（1992 年 11 月 5 日福建省發布，1993 年 1 月 27 日國防部發布廢止）。但是，長年來福建省屬軍事重地，且福建省沒有省議會，金門縣及連江縣亦無議會，且福建省政府之事務，多屬中央與地方之承轉事項，整體而言，福建省與臺灣省之差異甚大，其定位如何，難以確定。至少可謂並非地方自治團體，只是中央之下級行政機關而已。

福建省之定位問題，也當然直接影響到金門縣及連江縣之定位不明。長年來被劃為軍事用地，所處理之事務與臺灣之各縣差異甚大。

第二節
1992 年至 1996 年

一、1992 年憲法修正

1992 年 5 月 28 日憲法修正，增修條文第 17 條規定如下：

「省、縣地方制度，應包含左列各款，以法律定之，不受憲法第 108 條第 1 項第 1 款、第 112 條至第 115 條及第 122 條之限制：

一、一省設省議會，縣設縣議會，省議會議員、縣議會議員分別由省民、縣民選舉之。

二、屬於省、縣之立法權，由省議會、縣議會分別行之。

三、省設省政府，置省長一人，縣設縣政府，置縣長一人，省長、縣長分別由省民、縣民選舉之。

四、省與縣之關係。

五、省自治之監督機關為行政院，縣自治之監督機關為省政府。」

本條增修之意旨，有以下幾點：

㈠憲法創設地方自治之基本法之授權規定，以取代無法制定的「省縣自治通則」

鑑於中華民國憲法設計之地方自治之基本法之省縣自治通則，長年來在臺灣無法制定，而地方自治之基本法之制定，是地方自治法制化之第一步，自屬相當重要，乃增修創設地方自治基本法之授權規定，同時將無法制定之省縣自治通則及其相關條文予以凍結不適用。

㈡依據大法官釋字第 260 號解釋意旨，在憲法上另行創設地方自治團體之立法權

前已提及，大法官釋字第 260 號解釋否定省之立法權，其理由在於地

方之立法權是來自於中央法律創設賦予，中央若沒有法律創設賦予地方立法權，地方無法具有立法權，因此中央尚未制定特定省（臺灣省）之自治法，既然無中央法律依據，則臺灣省無立法權。本號解釋之意旨，亦可解為否定所有地方自治團體之立法權。所有地方自治團體，包括縣市、鄉鎮市皆無立法權。

然而，本於地方自治團體之立法權是自治權之核心部分，地方自治團體原則上應享有立法權，乃依據該號解釋之意旨，除創設地方自治之基本法授權規定以外，並具體規定該地方自治之基本法之內容應包括省及縣之立法權，因此，可以解為增修條文再次肯定省及縣之立法權。

㈢仍然維持省縣之二層級制度

本條文規定之地方制度層級，仍然採用憲法原來第 11 章之二層級制度架構，並沒有修正加入鄉（鎮、市）。因此，仍然維持既有的憲法上之地方自治團體僅有省（市）及縣（市）而已，至於鄉（鎮、市）仍然不是憲法上保障之地方自治團體。

二、地方自治二法（「省縣自治法」與「直轄市自治法」）之制定

㈠「省縣自治法」與「直轄市自治法」之制定

依據前揭憲法增修條文第 17 條規定，1994 年 7 月 29 日制定公布了「省縣自治法」與「直轄市自治法」。此二法之主要內容如下：

1. 「省縣自治法」

第一章總則：包括省、縣（市）、鄉（鎮、市）之法人賦予（第 2 條）、省、縣（市）、鄉（鎮、市）之立法機關及行政機關（第 5 條）、自治監督機關（第 6 條）等。

第二章省、縣（市）、鄉（鎮、市）民之權利與義務：包括省、縣（市）、鄉（鎮、市）民之定義（第9條）、省、縣（市）、鄉（鎮、市）民之權利（第10條）、省、縣（市）、鄉（鎮、市）民之義務（第11條）。

第三章自治事項：包括省自治事項（第12條）、縣（市）自治事項（第13條）、鄉（鎮、市）自治事項（第14條）等。

第四章自治組織：關於省、縣（市）、鄉（鎮、市）之立法機關，包括省議會、縣（市）議會、鄉（鎮、市）民代表會之職權（第18條至第20條），省、縣（市）、鄉（鎮、市）之立法機關與行政機關之關係（第21條至第25條）等。關於省、縣（市）、鄉（鎮、市）之行政機關，包括省政府、縣（市）政府、鄉（鎮、市）公所之組織（第35條至第40條）等。

第五章自治財政：包括省收入（第43條）、縣（市）收入（第44條）、鄉（鎮、市）收入（第45條）等。

第六章自治監督：包括對省政府、縣（市）政府及鄉（鎮、市）公所之事務處理之監督手段（第54條及第55條）等。

第七章附則：對於轄區不完整之省，其議會與政府之組織，由行政院另定之（第64條）。此係針對轄區只有連江縣及金門縣之福建省所為特別規定。

2.「直轄市自治法」

「直轄市自治法」之內容，大致上與「省縣自治法」相同，包括總則、市民之權利與義務、自治事項、自治組織、自治財政、自治監督等。

㈡「省縣自治法」與「直轄市自治法」之意義

此二法具有下列意義：

1.開啟臺灣法律自治的開端

前已提及，四十餘年來，臺灣實施之地方制度，並沒有法律依據，只是行政院、省政府、內政部之行政命令下之地方制度，可以說是地方制度

尚未法制化。因此，1994 年制定公布之「省縣自治法」與「直轄市自治法」，可以說是臺灣地方自治法史上最早的地方自治之基本法，終於開始進入地方自治法制化之時代。

2.將鄉（鎮、市）正式定位為法律上之地方自治團體

省縣自治法上雖然沒有關於地方自治團體之概念或定義之規定，但是從第 1 條規定鄉（鎮、市）自治、第 2 條規定鄉（鎮、市）為法人、第 14 條規定鄉（鎮、市）自治事項、第 17 條規定鄉（鎮、市）民代表會代表之選舉產生、第 20 條規定鄉（鎮、市）代表會之職權等，可以推知鄉（鎮、市）為地方自治團體。

3.二法後來成為「地方制度法」之雛形

「省縣自治法」與「直轄市自治法」之內容相當近似，其主要架構，也成為 1999 年 1 月 25 日制定公布之「地方制度法」之雛形。二法並於地方制度法制定公布後之 1999 年 4 月 14 日廢止。

㈢「省縣自治法」與「直轄市自治法」之問題

依 1992 年憲法增修條文第 17 條制定的「省縣自治法」及「直轄市自治法」，雖然為地方自治法制化之第一步，具有歷史意義，但是從地方自治之理念來看，此二法仍有諸多問題，成為其後之立法課題：

1.地方自治團體之概念及定位均無規定。

2.事務劃分並不明確，特別是自治事項及委辦事項之概念及其劃分，並不明確。

3.自治法規體系及其與中央法規之關係、自治法規之制定範圍等均未規定。

4.中央與地方之關係，除了中央對地方之撤銷、變更、廢止、停止執行、代執行之最強烈的權力性監督手段以外，欠缺體系性的自治干預手段之建立，也欠缺非權力性的自治干預手段，也沒有對自治干預之限制原則。

更沒有中央與地方間之自治干預所生爭議之解決體制之規定。

　　5.地方與地方間之關係均無規定。

　　6.福建省之定位仍然未明：雖然省縣自治法第 64 條對轄區只有連江縣及金門縣之福建省，作特別規定，其議會及政府之組織，授權給行政院訂定，行政院則於 1996 年 6 月 19 日發布「福建省政府組織規程」。但是沒有福建省議會組織規程，自沒有福建省議會及議員，省民則無法選舉福建省議員。這種對福建省之特別規定，有無違反平等原則，成為爭議。

　　1999 年 4 月 16 日大法官釋字第 481 號解釋認為此乃斟酌福建省之特殊情況所為之特殊規定，為事實上所必需，而宣示無違背憲法平等原則。該號解釋如下：「中華民國 81 年 5 月 28 日修正公布之中華民國憲法增修條文第 17 條，授權以法律訂定省縣地方制度，同條第 1 款、第 3 款規定，省設省議會及省政府，省置省長一人，省議員與省長分別由省民選舉之，係指事實上能實施自治之省，應受上述法律規範，不受憲法相關條文之限制。省縣自治法遂經憲法授權而制定，該法第 64 條規定，轄區不完整之省，其議會與政府之組織，由行政院另定之。行政院據此所訂定之福建省政府組織規程，未規定人民選舉省長及省議會議員，乃斟酌福建省之特殊情況所為之特別規定，為事實上所必需，符合母法授權之意旨，與憲法第 7 條人民在法律上平等之原則亦無違背。」

　　從該號解釋可以得知，大法官認為福建省事實上無法實行自治，因此人民無法選舉省議員組成省議會，而未設省議會，至於省政府，已有行政院依據省縣自治法第 64 條授權訂定「福建省政府組織規程」，作為省政府之組織依據，雖未規定省長由人民選舉產生，但亦係斟酌福建省之特殊情況所為之特別規定，為事實上所必需，而認定即使福建省民之參政權受到限制卻無違憲。

　　惟本書認為，所謂「斟酌福建省之特殊情況所為之特別規定」，意義不明，若是來自於福建省轄區過渡限定，亦屬不合理。蓋福建省民約有 8 萬人口，即使是轄區狹小，亦非不可能實行自治。福建省之省長及省議會議員之選舉產生，應屬必要。不過，其後隨著臺灣省之精簡及廢除，此種論

理，又不得不修正，因此，福建省之定位，一直處於未明狀態。

第三節
1997 年至 1998 年

 一、1997 年憲法修正

1997 年 7 月 21 日憲法修正，增修條文第 9 條規定如下：

「省、縣地方制度，應包含左列各款，以法律定之，不受憲法第 108 條第 1 項第 1 款、第 112 條至第 115 條及第 122 條之限制：

一、省設省政府，置委員九人，其中一人為主席，均由行政院院長提請總統任命之。

二、省設省諮議會，置省諮議會議員若干人，由行政院院長提請總統任命之。

三、縣設縣議會，縣議會議員由縣民選舉之。

四、屬於縣之立法權，由縣議會行之。

五、縣設縣政府，置縣長一人，由縣民選舉之。

六、中央與省、縣之關係。

七、省承行政院之命，監督縣自治事項。

第十屆臺灣省議會議員及第一屆臺灣省省長之任期至中華民國 87 年 12 月 20 日止，臺灣省議會議員及臺灣省省長之選舉自第十屆臺灣省議會議員及第一屆臺灣省省長任期之屆滿日起停止辦理。

臺灣省議會議員及臺灣省省長之選舉停止辦理後，臺灣省政府之功能業務與組織之調整，得以法律為特別規定。」

本條增修之意旨，有以下幾點：

㈠創設臺灣省精簡及廢除條款

前已提及，由於長年來在國民黨政策下堅持「中華民國」為國家，而臺灣只是中華民國之一地方政府之政治理念，但卻在現實上，所謂中華民國與臺灣，在統治權所及範圍、面積及人口等方面，實際上兩者重疊部分高達98％，其結果，產生了中央政府與一級地方政府之統治權範圍、面積及人口上幾乎重疊之問題，臺灣省之定位為何，再度成為議論焦點。

且從地方制度層級之觀點來看，臺灣現實上採行省（市）、縣（市）及鄉（鎮、市）三層級制度，加上中央，即成四級體制，以臺灣人口、面積、教育程度、資訊狀況等而言，此種四級體制，是否適合於臺灣？從事務處理之效率性及合理性之觀點，也值得懷疑。臺灣省之存廢，自成為憲法議題。

鑑此，此次修憲之意旨，即在於臺灣省之精簡及廢除。在憲法上必須創設精簡及廢除臺灣省條款，乃有增修條文第9條規定。

㈡臺灣省精簡及廢除後之定位及組織等之調整之法律授權

1. 臺灣省精簡及廢除後之定位為已非地方自治團體

臺灣省精簡及廢除後，其原先之立法機關之省議會，已沒有立法權，非立法機關，改為省諮議會，其成員之省諮議會議員之產生，已非省民選舉，而由行政院院長提請總統任命；而且，原來臺灣省之行政機關首長之省長係省民選舉產生，改為「省主席」並由行政院院長提請總統任命，已完全除去「住民自治」之性質。因此，臺灣省議會議員及臺灣省省長之任期及期限屆滿後停止直選。再加上精簡及廢除後之臺灣省，其處理之事務，只有「承行政院之命，監督縣自治事項」而已，已無處理自治事務之權能，更遑論自主立法權、自主行政權、自主組織權、自主財政權及自主人事權，連「團體自治」性質，亦已完全喪失，自已非地方自治團體。

2.臺灣省精簡及廢除後組織及業務調整的法律授權

臺灣省精簡後之組織，省府委員只有 9 人，省諮議會議員只有若干人，幾乎已達廢除。而省府公務員及省府業務及省營事業等如何處理，屬法律規定事項，乃在增修條文第 9 條第 3 項增列臺灣省政府之功能業務與組織之調整之法律授權條款，此即 1998 年 10 月 28 日公布之「臺灣省政府功能業務與組織調整暫行條例」之憲法依據。

㈢我國地方制度層級從三級變更為二級

由於將臺灣省精簡及廢除，臺灣省已喪失地方自治團體之地位，則實際上臺灣具有地方自治團體地位之地方制度層級從省、縣（市）及鄉（鎮、市）之三級，變更為縣（市）及鄉（鎮、市）之二級，但直轄市仍然維持。

不過，1998 年 10 月 22 日大法官釋字第 467 號解釋在宣告省之地位時，認為省為地方制度層級之地位仍未喪失。該號解釋如下：「中華民國 87 年 7 月 21 日公布之憲法增修條文第 9 條施行後，省為地方制度層級之地位仍未喪失，惟不再有憲法規定之自治事項，亦不具備自主組織權，自非地方自治團體性質之公法人。符合上開憲法增修條文意旨制定之各項法律，若未劃歸國家或縣市等地方自治團體之事項，而屬省之權限且得為權利義務之主體者，於此範圍內，省得具有公法人資格。」從其前後內容來看，本號解釋所指「地方制度層級」，不以具有地方自治團體地位為必要，也就是即使未具地方自治團體之地位，亦有可能成為地方制度層級，也因此，「省為地方制度層級之地位仍未喪失，惟非地方自治團體性質之公法人」。

這種將「地方制度層級」不以具有地方自治團體地位為必要之見解，可能是少見的見解。本書認為，通常能成為地方制度層級者，都是以具有地方自治團體或地方公共團體之地位為前提，若未具地方自治團體及地方公共團體之地位者，只不過為直屬該團體之行政單位而已，嚴格來說，不能稱為地方制度層級之一。倘若亦將不具地方自治團體或地方公共團體之地位者亦納入地方制度層級者，則會產生其本身不具地方自治團體或地方

公共團體之地位，但卻在其直屬團體之下層團體之上的怪異現象。例如臺灣省本身已非地方自治團體，但如仍為地方制度層級者，則縣（市）為地方自治團體卻在未具地方自治團體之地位之省下，形成「非地方自治團體在上，地方自治團體在下」之怪異現象。

再者，如同後述，依「臺灣省政府功能業務與組織調整暫行條例」第2條規定「臺灣省政府為行政院之派出機關」，臺灣省既然為行政院之中央行政機關之派出機關，則其本身即為中央行政機關，中央行政機關之臺灣省政府，更不是「地方制度層級」。足見前揭大法官解釋之意旨不無矛盾。

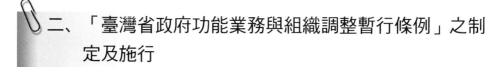

二、「臺灣省政府功能業務與組織調整暫行條例」之制定及施行

為達成精簡及廢除臺灣省之憲法意旨，依據憲法增修條文第9條第3項規定，1998年10月28日制定公布「臺灣省政府功能業務與組織調整暫行條例」（以下簡稱「條例」），成為精簡及廢除臺灣省之法律依據。

㈠條例之主要內容

1.臺灣省政府之定位（第2條）

首先應注意者，為「臺灣省」與「臺灣省政府」之定位，並不相同。前者是憲法層級的問題，並非法律問題，因此，屬於前揭憲法增修條文第9條之問題。臺灣省精簡及廢除後之定位，前已提及，理論上，已非地方自治團體，亦經1998年10月22日大法官釋字第467號解釋予以肯定，其後經1998年10月28日制定公布「臺灣省政府功能業務與組織調整暫行條例」第2條規定再度予以確認。而且臺灣省之精簡及廢除，致使我國地方制度層級從三級變更為二級。而後者是法律層級問題，由「臺灣省政府功能業務與組織調整暫行條例」規範。

理論上，臺灣省本來是具有地方自治團體之定位，其精簡及廢除後，

已無地方自治團體之定位及性質，則本來的行政機關「臺灣省政府」，隨著臺灣省去自治體化，成為如何之定位及性質？自成為問題。

關於臺灣省精簡及廢除後「臺灣省政府」之定位，「條例」第2條規定如下：

「臺灣省政府（以下簡稱省政府）為行政院派出機關。

省政府受行政院指揮監督，辦理下列事項：

一、監督縣（市）自治事項。

二、執行省政府行政事務。

三、其他法令授權或行政院交辦事項。」

「條例」第3條規定：「省政府置委員九人，組成省政府委員會議行使職權，其中一人為主席，特任，綜理省政業務；一人為副主席，職務比照簡任第十四職等，襄助主席處理業務；其餘委員職務比照簡任第十三職等，襄理主席督導業務；均由行政院院長提請總統任命之。」

從以上規定，可以得知，「臺灣省政府」之定位，為行政院之派出機關。「派出機關」，來自於日本「出先機関」，通常係指中央行政機關派駐至地方之末端行政機關而言，本來只是日本行政實務及學理上之用語，並非法律用語。因此，中央行政機關之「派出機關」，當然是中央行政機關，並非地方行政機關。因此，「臺灣省政府」為行政院之派出機關，則當然是行政院之機關，即為中央行政機關，並非地方行政機關。

臺灣省政府因為是行政院之末端行政機關，其必須受行政院指揮監督，且只有處理一些零星事務而已。

2.省政府之業務之移轉（第4條）

「條例」第4條第1項規定：「省政府與其所屬機關（構）或學校原執行之職權業務，依其事務性質地域範圍及興辦能力，除由行政院核定，交由省政府辦理者外，其餘分別調整移轉中央相關機關或本省各縣（市）政府辦理。」可以得知，精簡後之省政府之業務，原則上移轉給中央相關機關或縣（市）。

3. 省政府組織調整（第 5 條）

「條例」第 4 條第 2 項規定：「省政府與其所屬機關（構）或學校，依其職權業務調整情形，予以精簡、整併、改隸、改制、裁撤或移轉民營。」省政府組織之調整方式，包括精簡、整併、改隸、改制、裁撤或移轉民營。

第 5 條第 1 項並授權規定行政院訂定省政府暫行組織規程。行政院乃於 1998 年 12 月 19 日發布「臺灣省政府暫行組織規程」。

4. 省資產及負債之處理（第 8 條）

關於臺灣省資產及負債之處理，「條例」第 8 條第 1 項規定：「臺灣省省有資產及負債，由國家概括承受。」採取國家概括承受之方式。因此，第 2 項規定：「臺灣省省有財產移轉為國有，依國有財產法保管、使用、收益及處分。」第 9 條規定：「省之負債於國家承受時，公共債務法第 4 條第 1 項有關省政府之債務比例，併入中央政府計算之。」

5. 省政府公務員之處理（第 11 條至第 19 條）

關於省政府公務員之處理，「條例」第 11 條規定：「省政府與其所屬機關（構）或學校，因業務調整而精簡、整併、改隸、改制或裁撤，須移撥安置人員時，各業務承受機關應在其原有組織編制員額內容納，無法全部安置時，應報請權責機關另定暫行組織規程或編制表妥善安置，除業務必須留任之人員外，採出缺不補之方式處理。」此外，並有轉任或派職之原則規定（第 12 條至第 14 條）、退休之特別規定（第 15 條）、資遣之特別規定（第 16 條）。

6. 省諮議會（第 20 條）

臺灣省已非地方自治團體之地位，臺灣省議會自 1998 年 12 月 21 日裁撤（「條例」第 20 條第 1 項），並將省議會改為省諮議會，其定位及組織，「條例」第 20 條第 2 項規定：「臺灣省諮議會，置諮議會諮議員 21 人至 29

人，由行政院院長提請總統任命之，並指定 1 人為諮議長，任期 3 年，均為無給職，對省政府業務提供諮詢意見。」同條第 3 項並授權行政院訂定臺灣省諮議會組織規程，行政院乃於 1998 年 12 月 19 日發布「臺灣省諮議會組織規程」。

7. 限時立法

在前揭增修條文中，雖然沒有明文規定，但含有對精簡及廢除臺灣省政策限時立法授權之意旨，也就是，精簡及廢除臺灣省之政策實行，不宜遙遙無期，應在有限期間內完成。因此，在「條例」第 22 條規定有限的施行期間，即中華民國 87 年 12 月 21 日起施行，至中華民國 89 年 12 月 31 日止。但同條第 2 項有延長期間之規定，於到期前經立法院同意，得延長一年。

其後，2000 年 12 月 6 日「條例」修正公布，該條規定於到期前經立法院同意，得延長一年。因此，本來施行期間只能延長至 2001 年 12 月 31 日，但是，實際上，延長至 2005 年 12 月 31 日，並嗣後經立法院追認同意。其後，立法院則未決議延長。因此，「條例」於 2005 年 12 月 31 日當然廢止。總計施行期間約 7 年。

不過，由於其後 1999 年 1 月 25 日「地方制度法」公布，該法仍保留「省政府與省諮議會」，因此，省政府與省諮議會仍繼續存在，「臺灣省政府暫行組織規程」及「臺灣省諮議會組織規程」仍繼續有效，只是其法律依據，從「條例」改為「地方制度法」而已。此乃為處理省之零星殘餘業務的過渡時期而已，省之完全廢除，則有賴「地方制度法」修正刪除「省政府與省諮議會」及廢止「臺灣省政府暫行組織規程」及「臺灣省諮議會組織規程」。

㈡在「臺灣省政府功能業務與組織調整暫行條例」施行期間臺灣省之定位

前已提及，1998 年 10 月 22 日大法官釋字第 467 號解釋已認定精簡後之臺灣省，已非地方自治團體性質之公法人，但在「未劃歸國家或縣市等

地方自治團體之事項，而屬省之權限且得為權利義務之主體」之一定條件下，得具有公法人資格。也就是，精簡後之臺灣省，雖然喪失地方自治團體之定位，但法理上，在屬於省之自治事項範圍內，仍然透過立法創設賦予省具公法人資格，而成為地方自治團體以外之公法人。

本書認為，精簡後之省，若有處理省之特殊業務而須賦予公法人資格者，以當時狀況而言，立法政策上也許可以參酌日本特別地方公共團體中之財產區，對其創設與一般地方自治團體不同之特殊地方自治團體而賦予公法人，但最終仍未透過立法政策賦予公法人而走向廢除之路。

第 四 節
1999 年以後至今

一、地方制度法之制定及修正

臺灣省已非地方自治團體，為因應省改制為非地方自治團體之制度變革，並配合政府整體再造之規劃，通盤調整中央與地方之關係，乃檢討省縣自治法、直轄市自治法所規範之地方自治制度，並依憲法增修條文規定，重新規劃省之制度，另配合財政收支劃分法、預算法、訴願法、行政訴訟法之修正，調整中央與地方及地方自治團體間之關係❿，乃於 1998 年起草「地方制度法」草案。該草案於 1999 年 1 月 25 日公布施行。其後，於 2005 年 6 月 22 日、同年 11 月 30 日、12 月 14 日、2007 年 5 月 23 日、7 月 11 日，歷經五次修正。

㈠地方制度法之主要內容

關於地方制度法之詳細的檢討，留待後述各章討論，於此，僅介紹主

---
❿ 請參考 1998 年 12 月 3 日行政院第 2606 次會議通過之「地方制度法草案」總說明。

要內容如下：

1. 第一章——總則

包括「地方自治團體」、「自治事項」、「委辦事項」之定義規定（第 2 條第 1 款至第 3 款）、地方自治團體之層級（第 3 條）、地方自治團體之組織（第 5 條）等。

2. 第二章——省政府與省諮議會

包括省政府之職權（第 8 條）、省政府委員會之組織（第 9 條）、省諮議會之功能（第 10 條）、省諮議會之組織（第 11 條）等。而且，本章之「省」，包含臺灣省及福建省。

3. 第三章——地方自治

再分為五節：

(1)第一節——地方自治團體及其居民之權利與義務

包括地方自治團體居民之意義（第 15 條）、地方自治團體居民之權利（第 16 條）、地方自治團體居民之義務（第 17 條）等。

(2)第二節——自治事項

包括直轄市、縣（市）及鄉（鎮、市）之自治事項（第 18 條至第 20 條）等。

(3)第三節——自治法規

包括自治條例（第 26 條）、自治規則（第 27 條）、委辦規則（第 29 條）、自治條例制定事項（第 28 條）、自治法規之違法性（第 30 條）、自律規則（第 31 條）等。

(4)第四節——自治組織

再分為地方立法機關及地方行政機關。關於前者，包括地方議會之組織（第 33 條）、地方議會之集會（第 34 條）、直轄市議會、縣（市）議會及鄉（鎮、市）議會之職權（第 35 條至第 37 條）等。關於後者，包括直轄市首長、縣（市）首長、鄉（鎮、市）首長及人員（第 55 條至第 57 條）、

地方自治組織準則（第62條）等。

⑸第五節——自治財政

包括直轄市、縣（市）及鄉（鎮、市）之收入（第63條至第65條）等。

4.第四章——中央與地方及地方間之關係

包括對地方自治之監督（第75條、第76條）、中央與地方間及地方間權限爭議之解決（第77條）、地方首長之停職（第78條）、地方議員之解職（第79條）等。

㈡意　義

「地方制度法」可以說是整合「省縣自治法」與「直轄市自治法」而成為新的地方自治之基本法，因此，在基本結構上，承襲此二法之部分相當多，例如居民之權利義務、自治事項、自治組織、自治財政、中央與地方及地方間之關係（章名雖變更，但實質內容並無重大變化）。

屬於「省縣自治法」與「直轄市自治法」所無而係地方制度法新創設之規定者，為自治事項與委辦事項、自治法規、地方自治團體處罰權之明定等。

㈢問題及課題

雖然地方制度法已創設了不少新規定，但整體而言，仍有堆積如山之問題。理論上，可以分為下列幾個最重要的論點來說明，至於詳細的檢討，留待後述各章討論時提及。

1.地方自治團體之定位

在現行地方制度法下，關於地方自治團體之定位，並非明確，而應有更明確化之必要。尤其是統治團體、事業團體、獨立組織團體及參與主體之地位，應反映在整體制度上。從而，地方自治之基本法，以「地方自治法」為名稱為宜。

2.事務劃分

在現行法制下，不論是憲法、地方制度法或個別法律，事務劃分都不明確，無法解決事務歸屬的問題。因此，重要課題應為首先確立劃分原則，此際，得參酌本書第四章歐洲地方自治憲章、世界地方自治憲章草案等揭示的「接近性原則」、「補充性原則」、「效率性原則」等原則，作為事務劃分之依據。

3.自治法規

重新建立自治法規體系，尤其是地方議會之法規，得命名為條例，地方行政首長之法規得命名為規則，並檢討條例與規則之關係及範圍。

4.地方立法權之範圍

對於地方立法權之範圍，應盡量擴大。在解釋中央法令與地方法規之關係，判定地方法規是否合法時，應本於多種價值考量，例如不同的人權價值等而作彈性解釋，不應嚴格限制地方立法權之空間。

至於地方之處罰權，在地方自治團體種類上之限制，應無必要，且在處罰種類上之限制，亦無必要。

5.中央與地方及地方間之關係

以中央及地方自治團體均為統治團體為前提，其間之關係應為對等，而非上下不對等關係，以此為前提，兩統治團體之關係，自為相對且雙方，而非單方關係，因此，應可分為中央對地方、地方對中央及地方間之關係。

關於中央對地方之關係，應建立中央對地方之行政干預原則，包括法定主義、比例原則等都可資為依據。再者，應建立行政干預之方式，盡可能區分權力性干預與非權力性干預方式，並依事務之性質來區別，原則上，對自治事務之干預應使用非權力性干預方式，至於委辦事務（或其他）之干預，或可容許部分權力性干預，但仍應遵守前述原則等，至於代執行等

最強烈的干預手段，其適用範圍應嚴格限定，且要件應詳細規範。

關於中央對地方之立法干預，尤其是地方法規與中央法令之關係上，如何認定適法或違法之原則，亦宜明確化。

再者，對於行政干預及立法干預所生爭議，應建立超脫統治團體之中立性機關解決機制。

最後，地方對中央之關係上，應建立地方參與中央立法及行政決定過程之參與機制。

6.福建省政府雖已行政院派出機關化，但福建省定位仍然未明

由於福建省所轄區域僅有金門及連江，相當限定，實難成為一獨立之地方自治團體，在省縣自治法時代，即依據該法第 64 條規定，由行政院發布「福建省政府組織規程」，作為福建省行政機關組織之依據，但沒有省議會組織，其定位並不明確。隨著臺灣省之精簡及廢除後，行政院依地方制度法第 13 條規定訂定發布「福建省政府組織規程」，正式將福建省政府定位為行政院派出機關（同規程第 2 條）。此規程未規定人民直選省長及省議會議員，大法官釋字第 481 號解釋認為此乃斟酌福建省特殊情況所為之規定，為事實上所必需，而宣示無違背憲法平等原則。因此，福建省政府正式成為行政院派出機關。

但是，福建省政府為行政院之派出機關者，則為中央行政機關，而仍沒有議會，但其所轄之金門及連江為地方自治團體，究竟福建省之定位如何，仍然未明確。

二、相關中央法令

目前關於地方自治之中央法令，除了地方自治之基本法之地方制度法以外，尚有以下重要法令，其後，將在各章中相關部分提及。

(一)關於住民之權利

　　「公民投票法」、「公職人員選舉罷免法」、「行政程序法」、「政府資訊公開法」、「訴願法」、「行政訴訟法」等。

(二)關於地方自治團體之自主組織權

　　「地方行政機關組織準則」、「地方立法機關組織準則」等。

(三)關於地方自治團體之自主財政權

　　「財政收支劃分法」、「中央統籌分配稅款辦法」、「中央對直轄市及縣（市）政府補助辦法」、「地方稅法通則」等。

三、地方自治法規

　　地方制度法施行至今，已有 2 個直轄市（臺北市及高雄市）及 23 個縣（市）分別建立自治法規體系，此等自治法規，亦為地方自治法制之重要部分。

第四章

地方自治之國際保障

第一節
地方自治之國際保障的背景

在第二章已提及，在地方自治發展過程中，雖然存在有對地方自治質疑，甚至是否定地方自治之見解，但是在地方自治法學上，整體而言，仍普遍肯定地方自治之意義，認為地方自治仍是實現民主主義之核心手段。而且，從地方自治之國際保障趨勢以觀，也可以肯定地方自治之意義，本章即介紹地方自治之國際保障。

一般而言，地方自治，本屬一個主權國家內部之事務，其他國家無法干涉。因此，地方自治之實行及深化，若要跨越主權國家之範圍者，與人權保障一樣，必須國家與國家間之合意，也就是透過國家與國家間之條約予以保障。

而地方自治國際保障之歷史，比人權國際保障來得淺短。地方自治應受到國際保障之意識形成，其背景應該可以從諸多層面來探討，但最重要之原因及背景，應該是地方自治之意義，受到國際間普遍肯定所使然。如果擴大視野觀察世界發展趨勢，可以看到幾個重要現象，直接正面影響到對地方自治之肯定。

例如，1970 年代末以來，西歐社會面臨福利國家體制走入瓶頸之局面，東歐國家也面臨社會主義體制之動搖局面，再加上 1990 年代以後加速進行之經濟全球化，其結果，影響公法最甚者，可能是傳統的「國家」及「國家主權」概念下對「國家」的信賴感，已漸漸喪失，對「國家」之期待，也隨之漸漸消失，致使傳統的「國家」及「國家主權」概念，不得不重新定位及修正，國家之角色，又再重新調整。在這種對「國家」失望的情況下，公共事務何去何從，應由何種型態的組織來擔任，即成重要課題，人民因此轉而期待地方自治可以發揮應有的公共事務之角色，促使地方自治之意義受到肯定。

不過，形成地方自治國際保障具體的沿革，可以溯及至第二次世界大戰結束後歐洲之地方自治運動。其中，最先提倡地方自治應受到國際保障

者，是瑞士法制史學者 Adolf Gasser。在當時，由於歐洲歷經兩次世界大戰，尤其是飽受納粹及法西斯主義之虐，對於民主主義已喪失信心。Adolf Gasser 提出，民主主義有兩種類型，一為「強勢的民主主義」，一為「脆弱的民主主義」，而「強勢的民主主義」是以鄉鎮市之自由（亦即地方自治）為基礎之民主主義，如果沒有鄉鎮市自由（地方自治），則政治上及社會上之民主主義均無法持續。此乃強調地方自治，尤其是基礎自治體之自治重要性。

以此觀念為前提，Adolf Gasser 更提出推動地方自治國際保障的第一步，應先從地方自治團體之國際聯合組織的設立開始，乃提出「國際鄉鎮市聯盟」及「歐洲鄉鎮市評議會」組織之構想。

其後，1980 年代以後，歐洲共同體 (EC) 之中央集權化的現象益形顯著，連有關 EC 成員國之地方自治事務政策，亦由 EC 之中樞機關——歐洲委員會來決定，而地方自治團體卻無法參與。在此種背景下，地方自治團體開始透過自治體聯盟，進行種種對抗中央集權的活動，要求歐洲地方自治保障制度化。此也促使第一個地方自治國際保障之憲章——歐洲地方自治憲章 (European Charter of Local Self-Government) 之誕生❶。

第二節
歐洲地方自治憲章

「歐洲地方自治憲章」(European Charter of Local Self-Government) 於 1985 年 7 月 27 日經歐洲評議會（Council of Europe, CE❷，閣員委員會）

❶　広田全男，〈ヨーロッパ地方自治憲章と世界地方自治憲章草案——その意義・内容と各国の対応〉，比較地方自治研究会・財団法人自治体国際化協会，《平成 15 年度比較地方自治研究会調查研究報告書　世界地方自治憲章と各国の対応》，2003 年，pp. 1～2。另外，憲章與宣言之介紹，請參考広田全男・糠塚康江，〈「ヨーロッパ地方自治憲章」「世界地方自治宣言」の意義〉，《法律時報》，66 卷 12 号，1994 年 11 月，pp. 42～47。

通過，1988 年 9 月 1 日生效。2003 年 5 月，有歐洲評議會加盟國 45 國簽署，38 個國家獲得批准。

 ## 一、歐洲地方自治憲章之沿革

　　歐洲評議會於 1949 年設立，其設立目的為在民主主義及法之支配 (rule of law) 之理念下，實現保障人權，促進歐洲文化之認同感，並解決環境、差別待遇、組織犯罪、AIDS、麻藥等諸多社會問題。為推動民主主義、人權保障及地方自治，於 1957 年，設置附屬機關「歐洲鄉鎮市協議會」(Conference of Local Authorities of Europe)，由加盟國的鄉鎮市組成。1968 年，該協議會提出「地方自治原則宣言」。1970 年，歐洲評議會之諮詢會議以此宣言為基礎，對閣員委員會提出「九項地方自治原則勸告」，但是由於宣言規定未全面考量各國情形，且過於一般化，勸告終究無法實施。

　　其後，「歐洲鄉鎮市協議會」改制為常設性質的「歐洲鄉鎮市・縣市協議會」(Standing Conference of Local and Regional Authorities of Europe, CLRAE)，並考慮各國情況及可以拘束各國之方法。1981 年 10 月，該協議會決議採取對各國有拘束力之條約形式憲章，並由各國依其情況而可以選擇憲章規定中之模式，協議會以此為前提，開始起草憲章。憲章草案完成後，並經歐洲評議會之地方自治問題監視委員會予以修正，於 1985 年 7 月，該憲章草案經閣員委員會通過，於 1988 年 9 月 1 日生效。

---

❷　「歐洲評議會」，原文為 Council of Europe，亦可譯為「歐洲會議」或「歐洲審議會」，於 1949 年設立。設有「閣員委員會」、「議員會議」、「歐洲地方自治團體會議」、「歐洲人權法院」等機關。目前有 47 個國家加盟，包括土耳其、俄羅斯、烏克蘭、阿爾巴尼亞等泛歐洲國家。其與歐洲聯盟 (EU) 之首長會議之「歐洲理事會」(European Council) 及歐洲聯盟 (EU) 之執行機關之「歐洲聯盟理事會」(Council of the European Union)，係屬不同組織。

二、歐洲地方自治憲章之內容與特徵

歐洲地方自治憲章包括前言及 18 個條文。

㈠前　言

一般而言，「前言」係憲章最高指導原理原則之揭示，從前言所揭示之原理原則，可以得知憲章內容的中心思想。

在歐洲地方自治憲章之前言中，提及「地方自治是所有民主主義體制之主要基礎」、「市民參與公共事務營運之權利，是歐洲評議會加盟國家之共通的民主主義原理」，而且此種參與權利在「地方層級更容易直接行使」、「地方自治團體能有效處理公共事務者，可以對市民提供有效的行政服務」、「歐洲各國之地方自治之實行及強化，對民主主義及分權等原理具有重大意義」，可以得知前言之中心思想，為地方自治對參與民主主義，以及具效率的行政與分權，具有重大意義，也就是在實踐民主主義及分權上，肯定了地方自治之正面意義。

㈡地方自治之依據（保障基礎）——憲法及法律 (§2)

關於地方自治之法依據或保障基礎，歐洲地方自治憲章第 2 條規定：「地方自治之原則，因國內法律或實現可能範圍內之憲法而承認。」

由於地方自治之原則，已在各國憲法或法律上有諸多保障規定，或是以原理原則作為保障之基礎，因此，此條規定是結合各國保障地方自治原理之模式規定，而且綜合考量成文法及不成文法國家，以及單一國家及聯邦國家之差異而成。

㈢地方自治之概念 (§3)

關於地方自治之意義或概念，歐洲地方自治憲章第 3 條第 1 項規定：「所謂地方自治，係指地方自治團體在法律範圍內，以自我責任，為住民

之權益，管理及營運公共事務之基本部分之權利及權能。」第 2 項規定：「前項權利，應由住民以直接、平等、普通、秘密、自由投票之選舉方式產生成員構成議會行使之。議會之外，並設置對議會負責之執行機關。此項規定，在法律承認範圍內，並不妨礙住民集會、住民投票及其他住民直接參與之權利。」

第 1 項規定為團體自治之規定，應注意者為所稱「在法律範圍內」，並不是限制地方自治內容之意，而是在法律上可以規定更詳細的自治權利、權能等之意。而第 2 項為住民自治之規定，除了規定議會及執行機關之必要性以外，並肯定直接參與之直接民主制度。

㈣地方自治之事務（權限）(§4)

關於地方自治之事務（權限）及事務（權限）劃分原則，歐洲地方自治憲章第 4 條定有明文。第 1 項及第 2 項為事務（權限）內容之規定，也是事務（權限）劃分原則之規定，加上第 3 項至第 6 項，全部都是事務（權限）劃分原則之規定。

1.事務（權限）內容

關於事務內容，可以分為「法定自治事務」及「非法定自治事務」。

第 1 項規定：「地方自治團體之基本權限及事務，依憲法或法律定之。但依法律之特定目的而賦予地方自治團體之事務或權限者，不在此限。」本項規定，並不是限定自治事務只有在憲法或法律規定之前提才具有之意，而是自治事務可以憲法及法律作一般性的規定，而且也可以法律之特別規定劃為自治事務，不論何者，因為皆為法所賦予，故可稱為「法定自治事務」。

第 2 項規定：「地方自治團體，在法律範圍內，凡是未有明文排除屬於該地方自治團體之事務，或是未被劃為其他團體之事務，皆有以自主意思處理之權限。」

首先，所謂「在法律範圍內」，不是指限定在法律有明文規定，而是「在不違反法律範圍內」之意。

其次，本項規定除了含有後述之「概括性」劃分原則的意旨外，亦有雖然法律沒有明文規定賦予該地方自治團體，但只要法律沒有明文規定禁止該地方自治團體處理，或是只要不是其他團體處理之事務者，都是屬於該地方自治團體之自治事務，也就是沒有法律明文規定之自治事務，可以稱為「非法定自治事務」。換言之，地方自治團體之自治事務，不以法律明文規定者為限，即使沒有法律明文規定，本於公益考量以自主意思處理者，均得處理之，而稱為自治事務。

2.事務（權限）劃分原則

第4條第1項至第6項為事務（權限）劃分原則之規定。茲分別說明如下：

⑴事務（權限）法定原則

第1項規定：「地方自治團體之基本權限及事務，依憲法或法律定之。但依法律之特定目的而賦予地方自治團體之事務或權限者，不在此限。」本項規定意旨，係為確保自治事務之明確性，自治事務並不是個別處理時才賦予，而是以憲法或法律一般性之賦予為原則，且允許法律特別規定賦予之意。因此，不論一般性及特別規定，皆係自治事務明確化之要求所致。此即為事務（權限）法定原則。

⑵概括性原則

第2項規定：「地方自治團體，在法律範圍內，凡是未有明文排除屬於該地方自治團體之事務，或是未被劃為其他團體之事務，皆有以自主意思處理之權限。」本項規定意旨，為地方自治團體處理之自治事務，不以法律明文規定為限，只要在不違反法律範圍內，沒有法律明文規定禁止該地方自治團體處理，或是不是其他團體處理之事務者，都是屬於該地方自治團體之自治事務。換言之，地方自治團體之自治事務之範圍界定，不是從正面界定，而是以「除去法」之方式，即除去法律明文禁止處理或明文規定由他團體處理之事務之外，剩餘之事務，皆可概括性地處理之規定方式予以界定，這種界定方式，理論上，自治事務之範圍較為寬廣。

⑶補完性原則（基礎自治體優先原則）

第 3 項規定：「公共事務，由距市民最近之地方自治團體優先處理。若擬劃分給其他地方自治團體處理者，應考量事務之範圍，性質及效率及經濟之要素。」

本項規定事務劃分之三種基本原則，首先最重要的基本原則為「補完性原則」，在此也可稱為「基礎自治體優先原則」。

「補完性原則（原理）」(subsidiarity, subsidiarität) 之概念，係以個人為最重要的基礎，個人是所有社會組織之最基本單位，以個人為第一優先順位，其次為「家庭」、「地域社會」、再其次為「鄉鎮市」、「縣市」、「國家」等。距離個人越遙遠之組織團體，應屬於越劣位之地位，這種優位與劣位之相對關係，也是指在劣位之組織團體，只有在優位之組織團體已無法滿足時才有必要出現之意，若沒有此種需要，劣位之組織團體則沒有必要出現。因此，「補完性原則（原理）」，本來係規範個人與社會或是個人與社會各種單位間之關係的原理❸。

將此種原理適用到地方自治之事務劃分，即為「基礎自治體優先原則」，也就是在事務劃分上，距住民最近之組織團體──基礎自治體優先處理，只有基礎自治體無法處理或不適合處理時，其劣位之組織團體──廣域自治體，才有處理之必要，廣域自治體無法處理或不適合處理時，其再劣位之組織團體──國家，才有處理之必要。換言之，事務劃分，必須從基礎自治體第一優先考量。

在事務劃分上以「基礎自治體優先原則」作為劃分原則之意旨，在於融入住民自治之觀點，也就是強調以住民主導之自治之意。將事務第一優先劃分給基礎自治體處理，基礎自治體較容易充實住民自治，達到住民自治之理念。

⑷事務性質原則

第 3 項所定事務劃分原則中，第 2 種劃分原則為「事務性質原則」。也

---

❸　山内健生，〈グローバル化する「地方自治」㈠──「サブシディアリティの原理」・その理念と現実〉，《自治研究》，77 巻 6 号，2003 年 6 月，pp. 104～105。

就是依據事務之性質來劃分。所謂「事務之性質」為何？屬於抽象的概念，無法在條文上具體明文規定，委諸於學說之解釋。這種以事務性質作為事務劃分原則之規定，在我國憲法第 111 條也有相似的規定：「如有未列舉事項發生時，其事務有全國一致之性質者屬於中央，有全省一致之性質者屬於省，有一縣之性質者屬於縣。」雖然是針對憲法上沒有列舉之事項之劃分原則，但也不失為憲法上事務劃分原則之明文規定。

⑸事務處理之效率性原則

第 3 項所定事務劃分原則中，第 3 種劃分原則為「事務處理之效率性原則」。亦即從事務處理之效率性的觀點來劃分事務，若是基礎自治體處理較有效率者，則劃分給基礎自治體處理；若是由國家處理較有效率者，則劃分給國家處理。這種劃分之原則，屬於現實之考量，雖然並非原理面之原則，但為考量實現可能性，也將其納入劃分原則之內。

應注意者，倘若「事務處理之效率性原則」與「基礎自治體優先原則」衝突時，應尊重何項原則？也就是，若依「基礎自治體優先原則」者，應優先劃分給基礎自治體，但是若依「事務處理之效率性原則」而認為國家處理較有效率者，則究竟應該劃分給基礎自治體或國家？可能成為問題。關於此點，爭點為「事務處理之效率性原則」與「基礎自治體優先原則」之關係，何者優先之問題。若從第 3 項立法體例來看，「基礎自治體優先原則」是規定在前段，應可解釋為最優先的原則，「事務處理之效率性原則」是規定在後段，應可解為是其後之原則，因此，兩者之關係，應該是「基礎自治體優先原則」是最優先尊重。也因此，當事務之處理，雖然國家較有效率，但仍以基礎自治體優先為原則。

⑹排他性原則（不受侵害性原則）

第 4 項規定：「賦予地方自治團體之事務，應具有包括性及排他性。除法律另有規定者外，不論是中央政府或廣域自治體，均不得侵害或限制該事務。」此即為事務之「排他性原則（不受侵害性原則）」，凡屬於地方自治團體之事務，即得免於其他團體之侵害或限制，才能真正保障該地方自治團體自主處理事務。

⑺地方適合性原則

第 5 項規定：「中央政府或廣域自治體委任事務給地方自治團體處理時，應儘量賦予地方自治團體得依其地方之情況予以處理之自由。」即為「地方適合性原則」，此項規定意旨，在於國家或廣域自治體委任事務給基礎自治體處理時，亦應尊重地方之狀況，讓基礎自治體有更多自主處理之可能。

⑻正當程序保障原則

第 6 項規定：「與地方自治團體直接相關之事項，在計畫階段或決定過程，應儘可能在適當的時期，以適當的方法，賦予地方自治團體表示意見之機會。」此即地方自治團體之參與權利的保障規定，也是地方自治團體之正當程序的保障規定。在事務劃分上，若與地方自治團體直接相關之事務，在劃分過程中，應儘可能聽取地方自治團體意見之意。

㈤地方自治團體境界之變更 (§5)

第 5 條規定：「地方自治團體為境界變更時，應與相關地域團體為事前協議。法律允許住民投票者，在境界變更時，得以住民投票方式決定。」此為地方自治團體之境界變更時，涉及到相關地域團體之全體住民的權益，原則上應以事前協議，甚至是住民投票方式決定之。

㈥地方自治團體之自主組織權 (§6)

第 6 條第 1 項規定：「在不違反法律一般規定之範圍內，地方自治團體得就其地域之必要，為確保有效處理事務，有決定其內部行政機關組織之權限。」此即為地方自治團體之自主組織權規定。此外，第 2 項規定：「地方自治團體之職員之勤務條件，應依據勤務成績及能力，任用具高資質之職員。為達此目的，應提供適當的進修機會、俸給及晉升之條件。」此乃為有效處理事務，地方自治團體自應具有高資質之職員，除賦予地方自治團體之自主組織權以外，也賦予地方自治團體應該整備職員之任用、進修、晉升等之權能與義務。

㈦地方議會議員之地位及權益保障與義務 (§7)

第 7 條第 1 項及第 2 項規定地方議會議員之權益保障，第 3 項規定地方議會議員之義務。

第 1 項規定：「地方議會議員之執行職務之自由，應予以保障。」此為地方議會議員執行職務之自由保障。第 2 項規定：「為確保地方議會議員之地位，對於議員執行職務所須之財政基礎，必要時其收入之損失補償，或是專任議者，其適當的報酬及適當的社會福利，應予以保障。」此為地方議會議員之報酬、補償及福利之保障。第 3 項規定：「地方議會議員不得兼任之職務或活動，以法律或基本原則定之。」此為地方議會議員兼職禁止之義務規定。這種合目的性監督，當然會減損地方自治團體之自主性。

㈧行政干預（監督）原則 (§8)

第 8 條規定地方自治團體之行政干預（監督）之原則，分為三項，此三項原則均係限制對地方自治團體之干預（監督）之原則。

第 1 項規定：「對地方自治團體之行政監督，應依據憲法或法律明文規定之程序，及所定事項之範圍內，始得為之。」此為「干預（監督）法定主義原則」，亦即對於地方自治團體之行政干預（監督），應以法有明文規定者為限，且應依法定程序為之，並限定在法有明文規定之事項才可為之。此等規定，均是在限制對地方自治團體之干預（監督），以確保地方自治團體自主處理之空間。

第 2 項規定：「對於地方自治團體之事務處理之行政監督，僅得以確保法律及憲法原則之遵守為目的。但關於地方自治團體受任執行之事務，上級機關得為合目的性之監督。」此為「以適法性監督為原則，合目的性監督為例外」原則，對地方自治團體之干預（監督），既然係屬限定，則干預（監督）之程度或密度，自不宜無所限制，為確保法律執行之統一性，地方自治團體處理自治事務，亦不應容許其有違反中央法令之情形，因此，容許為確保自治事務處理之適法性得對地方自治團體予以行政干預（監督），此

即為適法性監督，也就是適法與否之監督，此乃對地方自治團體處理自治事務之行政干預（監督）的基本原則。不過，關於地方自治團體受任處理之事務，已非屬於該團體之自治事務，而是委任團體事務，為確保委任團體之目的，乃例外允許對地方自治團體之合目的性監督，即得監督地方自治團體有無符合委任目的或政策目的。

第3項規定：「對於地方自治團體之行政監督，應衡量因監督所保護之利益之重要性及以符合比例之方法為之。」此即為行政干預（監督）之比例原則。解釋上可以包含監督目的上之比例、監督手段上之比例及監督影響法益之比例。監督目的上之比例，係指監督所欲達到之目的應確實可以達到。監督手段上之比例，係指應選擇對地方自治團體之自治影響程度最輕手段為之。監督影響法益之比例，係指因監督所得之法益與因監督所失之法益（或價值），兩者間不得失之均衡。

㈨地方自治團體之自主財政權 (§9)

第9條規定地方自治團體之自主財政權，分為八項規定，第1項為固有財源保障規定，第2項為事務與財源之適正關係規定，第3項為自主課稅權規定，第4項為財政制度彈性化規定，第5項至第7項為財政調整制度規定，第8項為自主起債權規定。

第1項規定：「地方自治團體，在國家經濟政策範圍內，應享有得自由處分之充分的固有財源之權限。」此即為地方自治團體之固有財源及自由處分權的保障規定，地方自治團體在固有財源內，得決定費用支出之優先順位。

第2項規定：「地方自治團體之財源，應依憲法及法律所定權限事務比例定之。」此即事務與財源之適正關係的保障規定，避免中央對地方自治團體只移轉事務卻不移轉財源之窘境，對地方自治團體而言，也可以說是依事務比例獲得財源之保障。

第3項規定：「地方自治團體之財源，至少應有一部分係來自於地方自治團體在法律範圍內得自主決定稅率、費率之地方稅及費用。」此為地方自

治團體之自主課稅權的保障規定。為擔保地方自治團體之自主財源，地方
稅及費用課徵權之賦予，自屬必要。

第4項規定：「地方自治團體得使用之財政制度，應具多元彈性，得適
時充分因應處理事務所須費用之變動。」此為地方財政彈性化之保障規定。
地方自治團體提供服務，難免會受經濟因素影響，倘若地方財政受經濟影
響而影響到地方稅或費用之課徵者，可能致使服務無法提供，為避免此種
問題產生，地方財政制度應具彈性化，得適時因應經濟變動之影響。

第5項規定：「對於財政基礎不充分的地方自治團體，應設立改善地方
自治團體財政負擔之財政調整手段。此等財政調整手段，不得限制地方自
治團體固有權限之自主性。」第6項規定：「地方自治團體被分配之財源及
方式，應聽取地方自治團體之意見。」第7項規定：「對於地方自治團體之
補助金，應儘可能不限制其使用目的。補助金交付，不得因此而侵害地方
自治團體固有權限範圍內處理事務之自主性。」此三項為財政調整制度之保
障規定。基於補完性原則，地方自治團體優先被分配到事務，也有可能會
產生財政基礎不充分之問題，地方財政不充分，並非該地方自治團體本身
之問題而已，常常會影響到其他團體，基於此，改善地方財政不充分之財
政調整制度，自屬必要，且相關之程序保障及補助金，亦屬必要。

第8項：「地方自治團體，得在法律範圍內，以投資為目的之借款而加
入國家資本市場。」此為承認地方自治團體之自主起債權規定，不過，必須
在法律範圍內始可為之。

㈩地方自治團體之聯合組織權 (§10)

第10條規定地方自治團體之聯合組織權，分為三項，第1項為聯合組
織權之賦予，第2項為此種聯合組織權之性質，第3項為國際聯合組織權
之賦予。

第1項規定：「地方自治團體於處理事務，得協助其他地方自治團體，
且在法律範圍內，得為實現共同利益而與其他地方自治團體組成聯合組
織。」此為地方自治團體之聯合組織權的賦予，為使事務處理效率化，僅由

單一地方自治團體處理未必有效，乃有組成聯合組織共同處理之必要，不過，必須在法律範圍內始得為之。

第 2 項規定：「地方自治團體加入增進共同利益之聯合組織及國際組織，應經國家承認。」此種聯合組織權，並非得與國家對等交涉之組織之性質，仍須國家承認。

第 3 項規定：「在法律所定條件下，地方自治團體得與其他國家之地方自治團體共同合作。」此為賦予地方自治團體加入國際組織之聯合組織權。

㈠地方自治團體之司法救濟權 (§11)

第 11 條規定：「為確保地方自治團體得自主處理事務，及尊重憲法與法律保障之地方自治原理，地方自治團體應有司法救濟權。」此為賦予地方自治團體之司法救濟權之規定，地方自治團體之自治權受到侵害時，應有尋求司法救濟之權利。

第三節
世界地方自治宣言

一、世界地方自治宣言之沿革及影響

「世界地方自治宣言」(IULA World Wide Declaration of Local Self-Government) ❹ 係於 1985 年「國際地方自治團體聯盟」(The International Union of Local Authorities, IULA) 世界大會通過。宣言肯定歐洲地方自治憲章之理念及原則，並將地方自治之原理原則擴及到世界而通過不具拘束力之宣示。其後，為因應自治體在地球環境問題、經濟開發計畫上角色之重要性，中歐、東歐國家採用歐洲地方自治憲章作為國內地方自治制度之原理原則等國際情勢變化，於 1993 年 6 月宣言修正一次。而且，

❹ 宣言之介紹，広田全男・糠塚康江，前揭註❶，pp. 42～47。

波蘭、匈牙利、舊東德等東歐國家，因宣言之影響而舉行自由選舉，可以說宣言之意義受到極大的肯定。

二、世界地方自治宣言之主要內容

「世界地方自治宣言」有前言及 11 個條文，其內容大致上與歐洲地方自治憲章相同。不過，歐洲地方自治憲章係考量多國之法律、政治之特殊情況而成，但世界地方自治宣言則無此考量，且歐洲地方自治憲章有拘束力，而世界地方自治宣言則無拘束力，因此，整體而言，兩者之內容雖然大致上相同，但細節部分，世界地方自治宣言有不少較為理想的條文。以下僅就與歐洲地方自治憲章不同之部分加以說明。

㈠前　言

在前言中，宣示地方自治對參與民主主義，以及具效率的行政及分權，具有重大意義，也就是在實踐民主主義及分權上，肯定了地方自治之正面意義，此點與歐洲地方自治憲章相同意旨。此外並提及因應地球環境保護，人民居住條件和開發之參考，以及住民歸屬意識與責任感之地域共同體的意義，則為歐洲地方自治憲章所無。此乃係 1993 年修正宣言時之國際情勢，與歐洲地方自治憲章通過時並不相同，為反映此國際情勢之變化而加入。

㈡地方自治之依據（保障基礎）

關於地方自治之法基礎，歐洲地方自治憲章第 2 條規定：「地方自治之原則，因國內法律或實現可能範圍內之憲法而承認。」而世界地方自治宣言第 1 條規定：「地方自治之原則，應經憲法或國家統治機構之基本法予以承認。」地方自治之依據，只承認以憲法或基本法保障，而不承認法律保障，並且使用強制規範文字，沒有各國特殊狀況之考量。

㈢地方自治之概念

關於地方自治之概念，歐洲地方自治憲章第 3 條第 1 項規定：「所謂地方自治，係指地方自治團體在法律之範圍內，以自我責任，為住民之權益，管理及營運公共事務之基本部分之權利及權能。」第 2 項規定：「前項權利，應由住民以直接、平等、普通、秘密、自由投票之選舉方式產生成員構成議會行使之。議會之外，並設置對議會負責之執行機關。此項規定，在法律承認範圍內，並不妨礙住民集會、住民投票及其他住民直接參與之權利。」

而世界地方自治宣言第 2 條第 1 項規定：「所謂地方自治，係指地方自治團體以自我責任，為住民之權益，管理及營運公共事務之權利及義務。」與歐洲地方自治憲章不同者，為沒有「在法律範圍內」之限制，其範圍應屬較為寬廣。且事務之處理，不僅是權利或權能，也是「義務」。

第 2 項規定：「前項權利，應由住民以普通、平等之選舉方式產生成員構成議會行使之。議會之外，並設置行政機關，其主要人員以與議員相同之產生方式選出，或是由議會任命之。」兩者皆有住民自治之規定，不過有些許差異。世界地方自治宣言容許行政機關主要人員由住民直接選出，而歐洲地方自治憲章則無。而且，歐洲地方自治憲章有住民之直接參與規定，而世界地方自治宣言則無規定。

㈣地方自治之事務（權限）

世界地方自治宣言第 3 條規定地方自治之事務及其劃分原則，第 1 項規定「補完性原則」，第 2 項規定「概括性原則」，第 3 項規定「事務法定原則」，第 4 項規定「排他性原則」，第 5 項規定「地方適合性原則」，第 6 項規定正當程序保障原則。

其中第 2 項規定：「凡不屬於其他團體之事務，或並無明文規定排除地方自治團體處理之事務之全部，該地方自治團體皆得自主處理，具有一般性之權限。」此為「概括性原則」規定，與歐洲地方自治憲章不同者，為沒有「在法律範圍內」之限制，因此，可以解為地方自治團體之自治事務之

範圍較為寬廣。

(五)現行地方自治團體之保護

　　歐洲地方自治憲章第5條規定：「地方自治團體為境界變更時，應與相關地域團體為事前協議。法律允許住民投票者，在境界變更時，得以住民投票方式決定。」此為地方自治團體之境界變更時，涉及到相關地域團體之全體住民之權益，原則上應以事前協議，甚至是住民投票方式決定之。同時也是保護現行地方自治團體之意旨。世界地方自治宣言第4條第2項有相同意旨的規定。此外，同條第1項並規定：「憲法或法律承認地方議會之休會或解散，或地方自治團體行政機關主要人員之停職或解職者，應依正當程序為之。此等機關之功能，應儘可能在法定短時間內回復。」為確保議會及行政機關正常活動狀態之規定。

(六)地方自治團體之自主組織權

　　歐洲地方自治憲章第6條第1項規定「在不違反法律一般規定之範圍內，地方自治團體得就其地域之必要，為確保有效處理事務，有決定其內部行政機關組織之權限。」為地方自治團體之自主組織權規定。世界地方自治宣言第5條第1項有相同意旨的規定，不過，並沒有「不違反法律一般規定之範圍內」的限制，其組織自主權之範圍，可以解為更為寬廣。

(七)地方議會議員之地位及權益保障與義務

　　關於此點，世界地方自治宣言與歐洲地方自治憲章規定意旨相同。

(八)行政干預（監督）原則

　　關於對地方自治團體之行政干預（監督），歐洲地方自治憲章定有「干預（監督）法定原則」、「以合法性監督為原則，合目的性監督為例外之原則」以及「比例原則」。而世界地方自治宣言第7條只有規定「干預（監督）法定原則」、及「合法性監督」而已，並不承認例外之合目的性監督，也沒

有比例原則之規定。

(九)地方自治團體之自主財政權

關於地方自治團體之自主財政權，世界地方自治宣言第 8 條規定，大致上與歐洲地方自治憲章第 9 條意旨相同。只有其中關於固有財源保障規定，歐洲地方自治憲章規定「在國家經濟政策範圍內」，而世界地方自治宣言則沒有此項限制，可以解為固有財源之範圍較寬廣。

(十)地方自治團體之聯合組織權

關於地方自治團體之聯合組織權,世界地方自治宣言第 9 條及第 10 條定有明文，與歐洲地方自治憲章不同者，為歐洲地方自治憲章對於地方自治團體之聯合組織權，必須國家承認，而世界地方自治宣言則無規定。

(士)地方自治團體之司法救濟權

關於地方自治團體之司法救濟權，世界地方自治宣言第 11 條，與歐洲地方自治憲章第 11 條有相同意旨之規定。

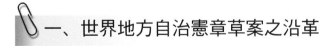

第四節
世界地方自治憲章草案

一、世界地方自治憲章草案之沿革

「世界地方自治憲章」(World Charter of Local Self-Government) 第一次草案，於 1998 年由世界都市‧地方自治體協會 (World Associations of Cities and Local Authorities Coordination) 與聯合國人類住居中心 (United Nation Center for Human Settlement) 共同草擬完成並公開，經聽取相關團體之意見後，2000 年完成第二次草案。原來計畫以 2001 年 6 月聯合國特別

總會決議為目標，但遭中國及美國反對，2001 年 2 月聯合國人類居住委員會未通過，且未採用「世界地方自治憲章」文字，至今仍為草案階段。

 ## 二、世界地方自治憲章草案之主要內容

世界地方自治憲章草案有前言及 23 個條文。以下僅就與歐洲地方自治憲章不同部分加以說明。

㈠前　言

在前言中所揭示之中心思想最具特色者有下列幾點：

1.引用與地方自治沒有直接關係之聯合國決議及世界人權宣言等，作為地方自治之重要性之依據

在前言中，強調地方自治之重要性時，揭示「如同 Agenda 21 及 Habitat Agenda 所揭示之全球化帶來的問題，必須在地方層級予以推動，且若國家與鄉鎮市之間沒有緊密對話及合作，則無法推動。……鄉鎮市是推動 Agenda21 及 Habitat Agenda 不可或缺之角色。」「如同世界人權宣言第 21 條所示，市民之意思，才是所有層級之行政之基礎。」

2.明確揭示「補完性原理」為地方自治之指導原理

在前言中，揭示「補完性原理是民主主義及市民參與發展之基礎。權限與責任之分配，應基於此原理為之。」

3.揭示鄉鎮市或地方自治團體之重要性

在前言中揭示「鄉鎮市對中央政府而言，是最具密切關係之伙伴。」「地方自治團體被賦予明確之角色及責任與適當之資源而成為強而有力之自治體者，可以有效地且便捷地提供服務給市民。」

㈡地方自治之依據

　　關於地方自治之依據，世界地方自治憲章草案第 2 條與歐洲地方自治憲章第 2 條相同。

㈢地方自治之概念

　　關於地方自治之概念中，世界地方自治憲章草案與歐洲地方自治憲章不同者，為歐洲地方自治憲章第 3 條第 2 項住民自治規定中有住民直接參與之規定，而世界地方自治憲章草案則無。

㈣地方自治之事務（權限）

　　關於地方自治之事務（權限）及其劃分原則，世界地方自治憲章草案第 4 條與歐洲地方自治憲章第 4 條，大致上意旨相同，但有一點值得注意，即歐洲地方自治憲章第 4 條第 3 項規定：「公共事務，由距市民最近之地方自治團體優先處理。」此乃基於「補完性原理」，在此也可稱為「基礎自治體優先原則」，不過條文上，並沒有「補完性原理」之明文規定；而世界地方自治憲章草案第 4 條第 3 項明文規定「補完性原理」，是「補完性原理」成為地方自治之指導原理之明文規定。

㈤地方自治團體境界之變更

　　關於地方自治團體境界之變更或現行地方自治團體之區域之保護，世界地方自治憲章草案第 5 條與歐洲地方自治憲章第 5 條，大致上意旨相同。

㈥地方自治團體之自主組織權

　　關於地方自治團體之自主組織權，世界地方自治憲章草案第 6 條與歐洲地方自治憲章第 6 條大致相同，但世界地方自治憲章草案第 6 條第 2 項規定：「為使鄉鎮市能因應住民之付託而履行其責任，並提升組織、技術及管理能力，鄉鎮市得接受上級政府之支援。」為歐洲地方自治憲章所無。

㈦地方議會議員之地位及權益保障與義務

關於地方議會議員之地位及權益保障與義務,世界地方自治憲章草案第 7 條與歐洲地方自治憲章第 7 條,大致相同。

㈧行政干預（監督）原則

關於對地方自治團體之行政干預（監督）三項原則——「干預（監督）法定主義原則」、「以適法性監督為原則,合目的性監督為例外」原則及比例原則,世界地方自治憲章草案第 8 條與歐洲地方自治憲章第 8 條,大致相同。但世界地方自治憲章草案有增設一項「依憲法或法律,得對鄉鎮市議會停止職權或解散,或對鄉鎮市行政機關停止業務執行或解職者,應依法定程序為之。」為歐洲地方自治憲章所無。

㈨地方自治團體之自主財政權

關於地方自治團體之自主財政權,世界地方自治憲章草案第 9 條與歐洲地方自治憲章第 9 條,大致相同。但世界地方自治憲章草案第 9 條第 7 項,增設有「在可能範圍內,對鄉鎮市之財源之分配,應尊重該鄉鎮市之政策上之優先度。」之規定,為歐洲地方自治憲章所無。

㈩鄉鎮市與市民參與

世界地方自治憲章草案第 10 條規定鄉鎮市與市民參與,為歐洲地方自治憲章所無。該條第 1 項規定:「鄉鎮市於擴充意思決定及主導地域社會之機能時,應賦予其要求市民參與及提昇參與興趣之手法之決定權能。」第 2 項規定:「對於鄉鎮市,應賦予其與民間活動主體,特別是 NGO 等草根組織、私部門及其他利益團體建立合作關係之權能。」

㈡地方自治團體之聯合組織權

　　關於地方自治團體之聯合組織權，世界地方自治憲章草案第 11 條，與歐洲地方自治憲章第 10 條，文字繁簡雖有不同，但意旨大致相同。

㈢地方自治團體之司法救濟權

　　關於地方自治團體之司法救濟權，世界地方自治憲章草案第 13 條與歐洲地方自治憲章第 11 條之意旨，大致相同。

第五章

地方自治團體

　　地方自治團體，係指以國家領土之一部分的區域為基礎，依其區域內住民的自治意思而處理區域內公共事務之統治團體。這種統治團體或團體之名稱，日本憲法及地方自治法上稱為「地方公共團體」，但在日本學界，稱為「地方自治團體」者不少，另外，實務上，亦有簡稱為「自治體」或「地方自治體」。在行政學或政治學上，通常稱為「地方政府」。而我國憲法上並沒有明文規定團體之名稱，在地方制度法上則使用「地方自治團體」。

　　本書採用「地方自治團體」之名稱，理由是「地方自治團體」較能突顯出地方自治之涵義，本書係肯定地方自治之意義的立場，故用語以「地方自治團體」為宜，但有時亦使用「自治體」之簡稱。

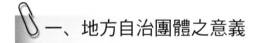

第 一 節
地方自治團體之意義、性質及地位

一、地方自治團體之意義

㈠學理上之意義

　　從上述地方自治團體之概念可以得知，學理上，地方自治團體之基本要素，至少有下列三項，即地域或區域、住民及自治權。

1.地域或區域

⑴地域或區域之概念

　　地方自治團體是以地域或區域為基礎，地域或區域自為地方自治團體之構成要素，因此，地方自治團體也可以說是一種地域團體，與其他不以地域或區域為基本要素之公法性質（例如行政法人）或私法性質的團體（例如社團法人、財團法人）不同。

　　地域或區域，係指地方自治團體處理公共事務之統治權所及範圍而言，

其概念，不僅是區域內之陸地而已，亦應包括區域內的水面、鄰接陸地的海面、上空及地下。不過，地方自治團體之區域範圍，應該只有國家領土之一部分而已，而且，通常這「一部分」應是小部分，不是大部分，更不可能與國家領土相同或近似。因此，我國政府過去長年來堅持中華民國是國家，而臺灣不是國家，只是一級地方政府的意識形態，但實際上中華民國與臺灣之統治權所及範圍幾乎相同，造成中央政府與一級地方自治團體之區域（統治權所及範圍）幾近相同，與原來地方自治團體之區域意義，大相逕庭。

(2)地域或區域之形成、劃分及決定

地方自治團體之地域或區域是如何形成的？如何劃分其範圍？以及應考慮什麼因素予以劃分？一般而言，地域或區域的形成，劃分及考量因素，大致上有兩種類型，其一，不論是基礎自治體或廣域自治體（後述），其區域或地域，多半是以河川、湖泊、山脈、丘陵等自然條件、地理條件及歷史、文化等為劃分界線，尤其是以住民自治型態發展出來的地方自治團體，這種情形更加明顯。其二，在廣域自治體之劃分上較為常見，除了上述條件外，透過國家權力之立法，考量政治、經濟、社會等因素劃分而成，這種類型，也是以團體自治型態發展出來的地方自治團體最為常見。

(3)地域或區域之變更

不論是以自然條件形成，或是經國家權力考量政治、經濟、社會等因素而劃分，一旦形成地方自治團體之地域或區域，經過數十年以上，通常政治、經濟或社會等人文環境會改變，甚至是河川、湖泊、丘陵等自然條件也有可能會產生變化，致使原來形成的地域或區域可能會產生更多問題，而面臨地域或區域不得不重新劃分之問題。此即為地方自治團體之地域或區域之變更。

地方自治團體之地域或區域之變更，可以分為「置廢分合」及「境界變更」兩種情形。

A.置廢分合

所謂「置廢分合」，係指因地方自治團體之設置、廢止致使法人格產生

變動而牽動其地域或區域之變更而言。常見的變更類型，有「分割」、「分立」、「合併」及「編入」四種。「分割」，係指廢止一地方自治團體，將其分割創設新的兩個（或以上）地方自治團體（A → B+C）；「分立」，係指一地方自治團體之一部分分立出去創設一新的地方自治團體（A → A+B）；「合併」，係指廢止兩個（或以上）地方自治團體，將其合併成為一個新的地方自治團體（A+B → C）；「編入」，係指廢止一地方自治團體，將其編入成為他地方自治團體之區域（A+B → A）。

B.境界變更

所謂「境界變更」，係指地方自治團體內之區域變更而已，地方自治團體之法人格並不產生變化。

⑷置廢分合及境界變更之程序

上述置廢分合及境界變更，都對相關地方自治團體的住民權益產生重大影響，也與國家有密切關係，因此，法制上關於置廢分合及境界變更，應有嚴謹的程序規定，尤其是應該踐行民主程序，汲取相關地方自治團體住民的意見。

A.日　本

日本地方自治法上，對於廣域自治體（都道府縣）及基礎自治體（市町村）之置廢分合及境界變更，有詳細的明文規定。前者之變更，原則上，必須以法律規定之（同法第 6 條第 1 項），而且，此種都道府縣之置廢分合及境界變更的法律性質，屬於日本憲法第 95 條特定地方公共團體之特別法❶，因此必須依該條規定，舉行住民投票。但有以下三種情形之一者，得不經此項制定特別法律及住民投票的嚴謹程序。

a.因都道府縣內的市町村之設置或境界變更而牽動到都道府縣之境界變更時。

b.將原來不屬於地方公共團體內的區域編入市町村之區域而牽動到都道府縣之境界變更時。

---

❶ 日本憲法第 95 條規定，只適用於特定地方公共團體之特別法，非依法律規定，經該地方公共團體住民投票過半數同意，不得制定。

c.兩個以上都道府縣的廢止及合併創設成一個新的都道府縣，或廢止都道府縣及編入成為其他都道府縣之區域時。

其中 a 及 b 之情形，若有處分財產之必要者，應由相關地方公共團體協議之，此項協議，必須經相關地方公共團體議會議決之（同法第 6 條第 3 項及第 4 項）。c 之情形，屬於都道府縣合併的特別規定，得經相關都道府縣之申請，經國會承認而由內閣定之，不須制定特別法律及住民投票，但該項相關都道府縣之申請，必須經該相關都道府縣議會之議決，始得為之（同法第 6 條之 2）。

至於市町村的置廢分合及境界變更，原則上得由相關市町村申請，經都道府縣議會議決後，由都道府縣知事核定之，並通知總務大臣。此外，市之置廢分合，都道府縣知事必須事前與總務大臣協議，並得總務大臣之同意（同法第 7 條第 1 項及第 2 項），且經相關都道府縣議會議決（同法第 7 條第 6 項），始可為之。因都道府縣之境界變更而牽動到市町村之置廢分合或境界變更時，相關地方公共團體之申請，由總務大臣核定之（同法第 7 條第 3 項），並經相關地方公共團體議會議決之（同法第 7 條第 6 項）。

B.我　國

我國法制上關於地方自治團體之置廢分合及境界變更之規定，只有地方制度法第 7 條。該條第 1 項規定：「省、直轄市、縣（市）、鄉（鎮、市）及區之設置、廢止與該行政區域之劃分、調整，依法律規定行之。」此乃因為我國憲法第 108 條第 1 項第 2 款規定，行政區劃事項，屬於由中央立法並執行，或交由省縣執行之事項，因此「行政區劃」，必須由中央法律定之。

但目前，此「行政區劃」之立法，只有「行政區劃法」草案，僅止於草案階段，尚未通過。2007 年 9 月 26 日行政院送至立法院之草案重要規定如下：

a.行政區劃之定義、主管機關、行政區劃原因及考量因素（草案第 2 條及第 4 條至第 6 條）。

b.行政區劃由主管機關提出或由直轄市、縣（市）政府向主管機關提出。人民或團體亦得向主管機關或直轄市、縣（市）政府提出建議（草案

第 7 條)。

　　c.主管機關或直轄市、縣（市）政府提出行政區劃前，應就相關行政區域社會文化、國土環境、財經產業等面向，進行詳盡具體數據分析，並考量相關因素與未來發展方向，研擬具體計畫書表及圖說（草案第 8 條）。

　　d.主管機關或直轄市、縣（市）政府應於相關行政區域內，就研擬之計畫書表及圖說，辦理公民民意調查，舉行公聽會，並應參酌公民民意調查及公聽會之意見，擬定行政區劃計畫（草案第 9 條）。

　　e.行政區劃計畫由主管機關擬定者，應徵詢地方政府之意見；由直轄市、縣（市）政府擬定者，應經地方議會及相關地方政府及其議會同意（草案第 10 條）。

　　f.行政區劃計畫之內容（草案第 11 條）。

　　g.主管機關為審議行政區劃計畫，應邀集學者、專家、社會公正人士及相關行政機關之代表，以合議制方式辦理（草案第 12 條）。

　　h.行政區劃計畫報核之程式（草案第 13 條）。

　　i.行政區劃計畫經核定後，主管機關應發布行政區劃計畫，並公告其實施日期（草案第 14 條）。

　　j.主管機關應會同相關行政區域之直轄市、縣（市）政府、目的事業主管機關及有關機關辦理有關業務及財產之改隸，並明定移轉、交接事項及有關財產移轉劃分原則（草案第 15 條）。

　　k.行政區劃計畫實施後，由相關直轄市、縣（市）政府依行政區劃計畫，豎立界標、測繪界線等事項，報主管機關備查（草案第 16 條）。

　　l.行政區劃計畫實施後，原行政區域所屬機關（構）、學校之組織法規，應由原行政機關或改隸後之行政機關修正或廢止（草案第 17 條）。

　　m.行政區劃計畫實施後，相關機關（構）、學校之預算執行及處理程式（草案第 18 條）。

　　n.原住民族自治區行政區域範圍之劃設、變更及廢止，以法律定之（草案第 19 條）。

　　o.鄉（鎮、市、區）之新設、廢止或調整，由直轄市、縣（市）政府

擬定自治條例，經直轄市、縣（市）議會同意後，報主管機關核定（草案第 20 條）。

上述行政區劃法草案，本書認為，雖然在行政區劃計畫之程序上，有不少正當程序規範，值得評價，但下列事項似宜再考量：

a.「行政區劃」用語之當否

「行政區劃」用語，可能是來自於憲法第 108 條第 1 項第 2 款「行政區劃」，以及地方制度法第 7 條第 2 項「行政區域之劃分」而來，但是所謂區域，並非只有「行政上」之區域而已，區域亦有立法活動，也有「立法上」區域之意義，使用「行政區劃」，容易被誤解為只有行政上而沒有立法上之區域之意。因此，本書認為不宜使用「行政區劃」用語，似宜使用「地方自治團體區域」。

b.立法體例

也許是行政區劃法草案是來自於憲法第 108 條第 1 項第 2 款規定，地方制度法第 7 條第 2 項亦有行政區劃之法律創設授權規定，關於地方自治團體區域之立法，在地方制度法以外，另外立一新法。但是，「地方自治團體區域」本屬地方自治團體之一要素，自為地方自治團體問題之一環，不須要與地方制度法分別立法，在地方制度法或將來修正之地方自治法內規範，立法體例上較為完整。

2. 住　民

地方自治之概念包括「團體自治」及「住民自治」，而且「團體自治」為「住民自治」之手段，「住民自治」是「團體自治」之終極目標，「住民自治」為地方自治之核心，「住民」當然是地方自治團體之要素。我國憲法上亦有不少保障住民地位之規定，例如省民可以選舉省議會議員及省長（第 113 條第 1 項第 1 款及第 2 款），縣民可以選舉縣議會議員及縣長（第 124 條第 1 項及第 126 條），縣民關於自治事項，依法律行使創制、複決之權（第 123 條）。這些規定都是以「住民自治」為基礎，保障住民地位之規定。

但是,「住民」之概念或意義為何? 一般而言,憲法上未有規定,我國憲法也沒有「省民」及「縣民」之意義的規定。若從「住民自治」之理念來說,只要是在地方自治團體區域內具有住所者,應該都是該地方自治團體之「住民」,而且,不論是自然人、法人或非法人團體,凡是權利義務主體,都包括在內;甚者,即使是自然人,也不論其種族、國籍、性別、年齡、行為能力等為何,都應該包括在內。日本地方自治法第 10 條規定「住民為在市町村區域內有住所者」即為此意義。

至於「住所」,我國民法第 20 條規定:「依一定事實,足認以久住之意思,住於一定之地域者,即為設定其住所於該地。」第 29 條規定:「法人以其主事務所之所在地為住所。」因此,住所之要件有二,一為「客觀之事實」,即一定事實;二為「主觀之意思」,即久住之意思。也因此,只要依一定事實,足認有久住之意思,住於地方自治團體之區域者,均可認為係該地方自治團體之住民,不論其國籍、種族、年齡、性別等為何,也不以設有戶籍為必要要件,均可為該地方自治團體之住民,即使是外國人,或是未達民法上之成年年齡,或是未設戶籍,亦可成為該地方自治團體之住民。

但是我國現行地方制度法對於住民之意義,作了相當狹隘的定義規定。地方制度法第 15 條規定:「中華民國國民,設籍在直轄市、縣(市)、鄉(鎮、市)地方自治區域內者,為直轄市民、縣(市)民、鄉(鎮、市)民。」對於直轄市民、縣(市)民、鄉(鎮、市)民之意義,以具中華民國國籍及設有戶籍為條件,排除了外國籍人、無國籍人及未設戶籍者,並不合理。此種狹隘的住民概念,也許是考慮行使選舉權及罷免權,甚至是公民投票權之要件而對住民之概念加以限制,但是住民之概念與住民之權利(詳後述),應該是不同層次問題,為落實住民自治之理念,住民概念不需要與住民權利之要件一致,即使是外國人,亦得為住民自治之主體,參與公共事務;即便未設籍,只要有一定事實,足認有久住之意思,住於地方自治團體之區域者,即可為住民自治之主體,參與公共事務。

3. 自治權

「團體自治」為地方自治概念之一，因此，「團體自治」自為地方自治團體之要素，而「團體自治」之內容即為自治權，因此，自治權自為地方自治團體之要素。自治權，嚴格來說，至少包括自主立法權、自主行政權、自主組織權、自主人事權及自主財政權在內，即為自主處理事務之權能，簡單而言，也可以說是具有處理公共事務之概括權能。此點意義，與其他公法人（例如農田水利會、行政法人或日本獨立行政法人及特殊法人）通常只有特定、限定或具體的權限者，並不相同。也因此，如果未具備自治權或是自治權不充實之團體，嚴格來說，不能稱為地方自治團體。

(二)我國地方制度法上地方自治團體之定義規定之問題

我國地方制度法第 2 條第 1 款關於地方自治團體之定義，規定為「係指依本法實施地方自治，具有公法人地位之團體。」其中，賦予地方自治團體公法人之地位，並無疑義。但是，與學理上之意義相較，顯然不充分，理由如下：

1.此定義規定，並無明示地域或區域之要素，難以表現出地方自治團體是地域團體的特性。

2.此定義規定，並無明示住民之要素，致使實施地方自治之意義，只有限定在團體自治，不及於住民自治。

3.此定義規定，將地方自治團體限定在「依本法實施地方自治」，即依地方制度法實施地方自治之團體，至於依其他法令、甚至依憲法實施地方自治者，皆被排除在外，甚至是不依法令而事實上實施地方自治者，皆無法認定為地方自治團體。這種定義，過度狹隘，不利地方自治發展。如同後述，地方自治團體處理之自治事項，理論上，不應限定於法定自治事項，亦應包括非法定自治事項，即使沒有法令明定，只要在不違反中央法令之前提下，本於公益或住民權益保障之考量而處理自治事項，並非不許。因此，地方自治團體之定義，自不宜限定在處理法定自治事項之團體而已。

二、地方自治團體之性質

一般而言，地方自治團體由立法賦予公法人資格。此乃係地方自治團體具有自治權或處理公共事務之概括權能，當然需要為種種法律行為，其法律行為之效果理應及於該地方自治團體才有意義，因此賦予地方自治團體具公法人資格，即賦予其權利義務主體之地位，法律行為之效果才會及於該地方自治團體。也因此，地方自治團體被賦予公法人資格者，即為一獨立之權利義務主體，又有概括的統治權能及自治權，即非中央之派出機關，其與中央之關係，係對等關係，並非上下、優劣、支配服從之關係，自不須受中央之指揮監督，中央對地方自治團體之關係，是一種自治干預或介入，不能說是指揮監督地方自治團體。

日本地方自治法第 2 條第 1 項規定，地方公共團體為法人；我國地方制度法第 2 條第 1 款亦有規定，地方自治團體為具公法人地位之團體，均是其例。

三、地方自治團體之地位

地方自治團體，從地方自治之理念來說，應具有下列地位：

㈠統治團體之地位

地方自治團體具有概括的統治權能，此種統治權能，在單一國家下，除了司法權以外，享有概括的立法權及行政權，因此，地方自治團體不是單純地僅具行政權之行政機關，而是具有概括的、一般性的立法權及行政權之統治團體，具有統治團體之地位。此種統治權，通常以管制等權力性之手法為主，故也可以稱為高權主體或公權力主體。

關於我國憲法是否承認地方自治團體具有統治團體之地位？本書認為是肯定的，此可從憲法賦予地方自治團體有概括的行政權（例如第 108 條、

第 109 條、第 110 條），以及概括的立法權（第 113 條第 2 項、第 124 條第 2 項），可以得知。

㈡服務提供主體之地位

除了前述高權性活動或公權力活動外，地方自治團體也得為種種非權力性活動，例如提供教育、住宅、社會福利、民生必要能源等服務，因此，也具有服務提供主體之地位。

㈢獨立組織主體之地位

前已提及，地方自治團體應該具有自治權，而自治權之內容，包括自主組織權，其應該包括兩個涵義，一為地方自治團體對於其行政機關組織之構成及權限，具有自主決定權能；另一為地方自治團體對於其行政機關人員之任免、權利義務等事項，亦具有自主決定權能，此點也可以說是地方自治團體之自主人事權。再加上立法機關之議會議員，係由住民選舉產生而組成，自應具有獨立組織主體之地位。

㈣國政參與主體之地位

從地方自治之理念而言，中央與地方自治團體之間，應該為對等之關係，而不是上下、優劣、支配服從之不對等關係。若以此對等關係為前提者，地方自治團體對於中央之立法活動及行政活動，應該享有參與權，也就是中央立法，特別是與地方自治團體有關之立法，應賦予地方自治團體參與之機會，中央之行政活動，特別是對地方自治團體有關之行政決定等，應賦予地方自治團體參與之機會。因此，地方自治團體應該具有國政參與主體之地位。

關於我國憲法如何定位中央與地方自治團體之關係？有無賦予地方自治團體之國政參與主體地位？並不明確。但是大法官釋字第 550 號解釋及第 498 號解釋，可以解為賦予地方自治團體國政參與權。

大法官釋字第 550 號解釋，明確指出中央法律之實施須由地方負擔經費者，於制定過程中應予地方政府充分之參與，行政主管草擬此類法律，應與地方政府協商，立法機關修訂相關法律時，應予地方政府人員列席此類立法程序表示意見之機會❷。可謂明確賦予地方自治團體在立法及行政上參與主體之地位。不過，關於參與之範圍，由於本號解釋之標的是全民健康保險法第 27 條第 1 款第 1、2 目及第 2、3、5 款關於保險費補助比例之規定，涉及中央法律中由地方負擔經費之規定而已，因此本號解釋意旨僅限定在地方自治團體負有財政負擔之立法及行政活動，至於其他不涉及地方自治團體負有財政負擔之立法及行政活動，是否有參與權，則不明確。但本書認為，從地方自治之理念以觀，得解為賦予地方自治團體對所有與中央有關之立法活動及行政活動參與權之意。

又，大法官釋字第 498 號解釋，亦指出地方自治團體行政機關人員未到立法院各委員會備詢時，立法院不得因此據以為刪減或擱置中央機關對地方自治團體補助預算之理由❸。雖然與直接肯定地方自治團體參與立法活動之意旨，尚屬有別，但至少可解為否定地方自治團體行政機關人員到立法院備詢僅為對立法院之義務而已，或可認為間接肯定地方自治團體到立法院各委員會參與法案等審議過程之地位。

儘管上述大法官解釋賦予地方自治團體之國政參與權，但是現行地方制度法，基本上將中央與地方自治團體之關係定位為上下、優劣、支配服從之不對等關係，中央對地方自治團體有強烈的權力性監督手段（第 75 條及第 76 條），因此，否定了地方自治團體之國政參與權，此等規定，有無違反上述大法官解釋意旨，值得討論。

---

❷ 參考大法官釋字第 550 號解釋。
❸ 參考大法官釋字第 498 號解釋。

第二節
地方自治團體之種類

一、常見之分類

前已提及，地方自治團體之形成，有從歷史、文化、地理等自然及人文環境下形成者，也有透過國家權力考量種種政治、經濟、社會等要素而設置形成者，因此，世界各國之地方自治團體種類，非常多元多樣。以下，先說明法理及法制上常見之分類，然後，再介紹日本及我國地方自治團體之種類。

㈠憲法上之地方自治團體與法律上之地方自治團體

1. 以保障基礎來區分

以地方自治之保障基礎為著眼點，可以將地方自治團體分為憲法保障之地方自治團體與法律保障之地方自治團體，前者保障者，稱為憲法上之地方自治團體，後者保障者，稱為法律上之地方自治團體。

一般而言，憲法之法位階及規範力，皆較法律為高位及強烈，地方自治團體之地位受憲法保障，當然較受法律保障為高位及強烈，在地方自治立法時，就必須受憲法保障之意旨所拘束。因此，理想的保障模式，應在憲法保障地方自治團體之地位，對於地方自治之重要原理原則，作詳細的規定。第二次世界大戰後，成文憲法國家皆將地方自治或地方制度列入憲法，聯邦國家憲法，更是對聯邦與邦（州）間之權限作細膩的規定（例如瑞士聯邦憲法）。但是由於各國對地方自治之價值觀念不一，即使將地方自治列為憲法保障事項，亦未必對地方自治之原理原則有所規定，即使有地方自治原理原則之規定，至多僅為抽象性的規定而已，至於具體的保障方法、範圍、程度等細節事項，並未在憲法規定，而委諸法律作細節性的規

定（例如日本憲法只有一專章四個條文（第 92 條至第 95 條），而且其內容
僅止於地方自治之原則規定而已；1987 年大韓民國憲法只有兩條規定（第
117 條及第 118 條））。因此，地方自治之立法有其廣泛的裁量空間，地方
自治保障之範圍、方式、程度等，實質上由法律作決定，也就是立法政策
問題。

　　比較特殊者，為英國。英國是不成文憲法國家，在議會主權原則下，
關於地方自治，全部以議會法律定之，而且，就地方自治之原理原則、事
務劃分、保障程序、保障範圍等具體事項，作非常詳細的規定，甚至比成
文憲法國家之憲法及法律保障更具體細膩。

　　因此，嚴格來說，只有在成文憲法國家下，才能說憲法保障比法律保
障更具高位階及高規範力，至於不成文憲法國家，則不可相提並論。

2. 憲法保障與法律保障

　　歐洲地方自治憲章第 2 條與世界地方自治憲章草案第 2 條規定：「地方
自治之原則，因國內法律或實現可能範圍內之憲法而承認。」係綜合考量成
文法與不成文法國家以及單一國家與聯邦國家之差異而成，解釋上，成文
憲法國家者，仍以憲法保障為理想，只有在不成文憲法國家者，才承認法
律保障。

3. 日本憲法上與法律上之地方自治團體

　　日本憲法上，雖然有地方自治原理原則之規定（第 92 條至第 95 條），
但並無地方自治團體（地方公共團體）種類之規定，也就是並無特別明定
各種地方自治團體之原理原則。關於地方自治團體之種類及其細節性的事
項，全部由地方自治法規定，因此，解釋上，地方自治法上所有地方自治
團體（地方公共團體）之地位，皆應受憲法保障。則憲法上與法律上地方
自治團體之區分，則無意義。不過，如同後述，日本地方公共團體之種類，
除了普通地方公共團體之外，尚有特別地方公共團體，特別地方公共團體
則不受憲法保障，非憲法上之地方自治團體。

4.我國憲法上與法律上之地方自治團體

在我國，則有區分憲法上與法律上之地方自治團體的意義。

我國憲法上，在 1997 年修憲以前，地方自治團體之種類為省（直轄市）、縣（市），在 1997 年修憲以後，地方自治團體之種類為直轄市、縣（市），因此，憲法上之地方自治團體有直轄市及縣（市）。但地方制度法上之地方自治團體為直轄市、縣（市）、鄉（鎮、市），因此，法律上之地方自治團體有直轄市、縣（市）、鄉（鎮、市）。其中，直轄市及縣（市），既是憲法上之地方自治團體，又是法律上之地方自治團體，並無問題，但鄉（鎮、市）是法律上之地方自治團體，不是憲法上之地方自治團體。換言之，鄉（鎮、市）之地位，只受法律保障，而不受憲法保障，憲法上關於縣之種種原理原則（例如縣議會之立法權、縣議會議員及縣長之直選產生、縣民之創制複決權），是否在鄉（鎮、市）亦有相同保障？則成問題。

從地方自治之理念，特別是住民自治之理念而言，屬於基礎自治體的鄉（鎮、市），是住民自治之基礎，理論上應該受到憲法保障，前述歐洲地方自治憲章、世界地方自治宣言及世界地方自治憲章草案上規定之地方自治團體，原則上皆以基礎自治體為中心，所定之原理原則，亦類皆為基礎自治體之原理原則，足見基礎自治體具有地方自治最重要的地位。而現行法制下，鄉（鎮、市）只有受到法律保障，其地位不如直轄市、縣（市），是其問題。本書認為，鄉（鎮、市）是基礎自治體，是住民自治之基礎，是地方自治落實之根基，應將其提升至憲法保障，始稱合理。

㈡基礎自治體與廣域自治體

1.概　念

「基礎自治體」與「廣域自治體」，皆非實定法用語，而是學理用語。基礎自治體，係指地方制度中具基本地位的自治體而言。廣域自治體，係指包含基礎自治體之廣域的自治體而言。

2.兩者區分的意義

兩者區分之意義，在於角色的不同，基礎自治體是地方自治團體之基本，尤其是住民自治之基礎，最具共同生活體之性質，並具共同社會基盤及共同體意識，適合處理與住民生活最具密切關係之事務；而廣域自治體，是立於中央與基礎自治體之間，適合處理協調中央與基礎自治體間之事務、屬於地方自治團體之事務但不適合由基礎自治體處理之事務。

3.兩者的關係

關於兩者之關係，由於基礎自治體與廣域自治體皆具法人格，從地方自治之理念而言，並非上下關係，而是對等關係，廣域自治體對基礎自治體，並無指揮監督權。因此，理念上，廣域自治體不得透過立法及行政之監督來統制基礎自治體，例如將廣域自治體法規定位為基礎自治體法規之上位法規，而規範基礎自治體法規不得牴觸廣域自治體法規；或是對於基礎自治體事務之處理，廣域自治體對之予以行政上之監督等，都應該避免。

4.我國現制的問題

我國現行地方制度法下，鄉（鎮、市）屬於基礎自治體，縣（市）屬於廣域自治體。至於直轄市，沒有包含的基礎自治體（其所設之區、里，均非自治體），其地位特殊，既非基礎自治體，亦非廣域自治體。

關於縣（市）與鄉（鎮、市）之關係，地方制度法以兩者為上下之不對等關係為前提，設有縣（市）對鄉（鎮、市）之立法及行政上強烈的監督。在立法監督上，將縣（市）法規定位為鄉（鎮、市）法規之上位法規，鄉（鎮、市）法規牴觸縣（市）法規者，無效（第30條）；鄉（鎮、市）法規對於住民違反行政義務者無處罰權，不得制定處罰規定（參照第 26條）。在行政監督上，縣（市）政府得對鄉（鎮、市）為強權性的監督（第75條及第76條）。此等立法政策，均與地方自治之理念不符。

㈢普通地方自治團體與特別地方自治團體

1. 概　念

若依地方自治團體之要素的重點或性質來區分者，可以將地方自治團體區分為普通地方自治團體與特別地方自治團體。普通地方自治團體，係指具有前述地方自治團體之要素，即地域或區域、住民及自治權之地方自治團體，這三大要素，均不可或缺。而特別地方自治團體，則是從自治政策等特殊目的考量，而由立法創設之地方自治團體，由於其組織、權能等特殊，稱為特別地方自治團體，與普通地方自治團體加以區別。應注意者，此種特別地方公共團體，既然是地方自治團體，則普通地方自治團體必須具備之地域或區域、住民及自治權的要素，當然亦必須具備，只是有些特別地方公共團體，其區域或地域、住民之概念略為修正而已。而且，立法創設特別地方自治團體者，通常亦會賦予其法人資格。

2. 日　本

日本憲法規定之地方自治原理原則，一般而言，只適用於普通地方自治團體，但地方自治法上，另外創設了「特別區」、「地方公共團體公會」、「財產區」及「地方開發事業團」之四種特別地方自治團體，且均賦予其法人資格。此外，市町村合併特例法創設「合併特例區」，賦予其法人資格，亦屬於特別地方公共團體。

3. 我　國

我國現行憲法及地方制度法下，只有承認普通地方自治團體，並無特別地方自治團體。在臺灣省精簡階段時，當時之「臺灣省」，大法官釋字第467號解釋亦曾指出可藉立法創設公法人資格，倘若對當時之「臺灣省」，透過特別立法賦予其公法人者，即屬於特別地方自治團體。

二、日本地方公共團體之種類

日本地方公共團體之種類，可分為普通地方公共團體與特別地方公共團體。

㈠普通地方公共團體

普通地方公共團體，除具有地域或區域、住民及自治權之要素外，其設置目的、組織、權能等，具有一般性，且於全國普遍存在。在現行法制下，普通地方公共團體有「市町村」與「都道府縣」之二層，計七種類，均有法人資格。

1.市町村

市町村是基礎自治體，是地方自治之基礎，處理與住民生活具密切關係之事務。地方自治法上對於市町村之三種普通地方公共團體，皆一體規定，市町村相互間之組織、權能等，基本上並無差異。但是，考量市町村人口、規模等之差異，制度上予以略作區分，特別是規模較大之「市」，另外設置「指定都市」、「中核市」及「特例市」，在事務劃分上作特殊處理，也因此，在「市」之間差異較大。

2.都道府縣

都道府縣是廣域自治體，所有都道府縣均包含市町村（東京都亦包含特別區）。其中「府」與「縣」，除歷史沿革外，實質上並無差異。而「都」為東京都，為首都，係包含中心之特別區及其週邊市町村的大都市。其為廣域自治體（地方自治法第281條之2第1項），在角色與機能上，與「府」及「縣」有同質性及異質性，同質性者，為東京都對市町村之關係上，與「府」及「縣」一樣，且所處理之事務，與「府」及「縣」有相同之部分，但與「府」及「縣」不同者，為東京都另外具有對特別區之關係，且處理

之事務，尚有屬於大都市之事務（同法第281條之2第1項），因此具有兩重性之事務或權限。至於「道」，為北海道，是歷史沿革下之名稱。

㈡特別地方公共團體

日本地方自治法上創設了四種特別地方公共團體。此外，市町村合併特例法亦創設了「合併特例區」，賦予其法人資格，亦是特別地方公共團體。

1.特別區

特別區（同法第281條至第283條），是指東京都23個區。1998年地方自治法修正、2000年施行後，特別區成為基礎自治體，並為特別地方公共團體。特別區，原則上地方自治法有關普通地方公共團體之市的規定，除有特別規定外，皆適用之（同法第283條第1項），其他法令關於市之規定，屬於特別區之事務者，亦適用之。不過，特別區與一般之市町村不同者，為事務及稅制。在事務方面，特別區處理之事務較市為少，除法令規定屬於都處理者外，屬於地域之事務、法令規定屬於市處理之事務、法令規定屬於特別區處理之事務（同法第281條第2項），由特別區處理。在稅制方面，例如特別區有所謂法定外普通稅之徵收權，此稅之徵收原須東京都的同意始可為之，但為強化特別區的自主課稅權，此同意制度已廢除；泡湯稅、高爾夫球場使用稅交付金、航空器燃料讓與稅之徵收權，已移轉給特別區。

2.地方公共團體公會

地方公共團體公會（同法第284條至第293條之2），係指兩個以上地方公共團體為共同處理其事務，或是事務有廣域處理之必要，而由兩個以上地方公共團體綜合性及計畫性地處理，經該等地方公共團體協議，以規約約定共同處理事務之複合性地方公共團體。此種地方公共團體公會，相較於地方公共團體，係獨立存在，且具法人格，為特別地方公共團體。其種類，法制上有「部分事務公會」（個別事務之共同處理）、「複合性部分事

務公會」（兩種以上個別事務之共同處理）、「廣域聯合」（廣域性之共同處理）、「全部事務公會」（全部事務之共同處理）及「町村事務公會」（町村事務之共同處理），但實際上，1959 年以後，「全部事務公會」及「町村事務公會」已不存在。

必須注意者，為地方公共團體公會之構成員為相關之地方公共團體，若以公會形式而言，住民不是構成員，似乎沒有住民之要素。但是，共同處理之事務，原來係各該地方公共團體應處理之事務，且拘束各該地方公共團體之住民，而改由該等地方公共團體之公會共同處理後，實質上當然亦拘束各該等地方公共團體之住民，因此，實質上，住民亦為地方公共團體公會之要素，故應賦予住民積極參與之權利❹。

3. 財產區

財產區（同法第 294 條至第 297 條），係指為管理、處分或處理市町村及特別區之部分財產或公共設施者，或是因市町村及特別區之置廢分合或境界變更而涉及財產處分之必要，經協議為管理、處分或處理市町村及特別區之部分財產或公共設施者，經立法賦予之特別地方公共團體。

此種財產區之區域，只有市町村及特別區之一部分，其處理之事務或權限，亦只有在其所有之財產或設置管理之公共設施的範圍內而已。財產區，亦沒有固有之組織，原則上以其所屬之市町村及特別區之議會及行政首長，作為財產區之議會及行政首長。不過，有必要時，得設置財產區議會或總會（同法第 295 條），議會或總會無法設置時，得設置財產區管理會（同法第 296 條之 2）。

4. 地方開發事業團

地方開發事業團（同法第 298 條至第 319 條），係指兩個以上普通地方

---

❹　室井力・原野翹編，《新現代地方自治法入門》，法律文化社，2000 年 9 月初版，p. 64；塩野宏，《行政法 III 行政組織法》，有斐閣，2006 年 4 月第三版，pp. 142～143。

公共團體，為實施綜合開發計畫，將其事務之一部分委託處理之特別地方公共團體。地方開發事業團得處理之事務，只有限定於地方自治法第298條第1項之事業（住宅、工業用水道、道路、港灣、水道、下水道、公園綠地等之建設及其土地、土地區劃整理事業）而已，且必須在綜合開發計畫下為之，故受到相當大之限制。

地方開發事業團設置時，必須經各該地方公共團體議會議決，且以協議方式訂立規約；若為都道府縣設置時，必須經主管大臣同意，若為市町村設置時，必須經都道府縣知事（縣長）同意。

地方開發事業團，設有執行機關（理事長、理監事），但無設置議會，理事長及理事組成之理事會，具有議決機能。

5.合併特例區

合併特例區，係依市町村合併特例法創設之特別地方公共團體，指在合併之相關市町村之區域內，以一或二個區域為單位設置而成，並處理該等合併市町村之一定事務。

合併特例區之設置，必須經合併相關市町村之議會議決，且以協議方式設置之，但必須經都道府縣之認可。

合併特例區處理之事務，亦以規約定之。其行政首長係由合併市町村長選任之。合併特例區並設置合併特例區協議會，有反映住民意見之設計。

合併特例區，雖然被定位為特別地方公共團體，但此制度係為推動市町村合併政策之產物，故其設置依據，並非地方自治法，而是依據市町村合併特例法而設，且設置期間最長為五年，屬於限時性之特別地方公共團體。

 ## 三、我國地方自治團體之種類

我國法制下，因有憲法上與法律上之地方自治團體之別，因此，地方自治團體之種類，必須區分說明之。

㈠憲法上之地方自治團體

1997 年憲法修正以前，憲法上地方自治團體之種類有省、直轄市、縣（市），但 1997 年憲法修正，增修條文第 9 條凍結有關省之相關規定之效力，其結果，只剩下直轄市及縣（市）而已。

直轄市，原來在憲法上即已明定（第 118 條），其具體的條件，在直轄市自治法時期，以「人口聚居達 150 萬以上，且在政治、經濟、文化及都會區域發展上，有特殊需要者」為條件（第 2 條），但在地方制度法施行以後，條件緩和至「人口聚居達 125 萬以上，且在政治、經濟、文化及都會區域發展上，有特殊需要。」目前有臺北市及高雄市兩個直轄市。

直轄市之地位，在憲法下，原係與省相當，與縣（市）係不同層之地方自治團體，而在現行地方制度法下，直轄市與縣（市），除了在財政上有差異外，至於事務、組織等方面，與縣（市）之差異較少。而且，實際上，也有人口大於直轄市之縣（臺北縣），但在財政等地位上不如直轄市。因此，1997 年修憲後，直轄市之地位如何？尤其與縣（市）之關係如何？應該是立法課題。

縣（市），亦係憲法保障之地方自治團體，而且，其保障之內容，遠比直轄市詳細具體，例如有團體自治規定（第 124 條第 2 項），更有住民自治規定（第 124 條第 1 項、第 123 條、第 126 條），是我國目前受憲法保障最詳實之地方自治團體，理論上，在自治保障之內容、範圍、程度等上，皆應最為豐富、廣泛、深厚等。但現行法制下，尤其是財政保障上，縣與直轄市之差異甚大。如同前述，甚至有人口多於直轄市之縣（臺北縣），或接近直轄市（高雄市）之縣（桃園縣、臺中縣、彰化縣），在各縣之間，人口分布之差異甚大，因此，縣（市）與直轄市之關係為何？應是檢討課題。

㈡法律上之地方自治團體

現行地方制度法承認之地方自治團體種類，則有直轄市、縣（市）及鄉（鎮、市），其中直轄市、縣（市），已如前述，不再重述。鄉（鎮、市）

則只是受法律保障之地方自治團體。

　　鄉（鎮、市），是基礎自治體，其存在歷史至少可溯及至日本統治時期。理論上，係地方自治之基礎，但現行地方制度法下，對於鄉（鎮、市）之自治保障相當薄弱，不但處理之事務，相當有限，且鄉（鎮、市）沒有對違反行政義務之住民之處罰權等，阻礙地方自治之落實及深化。

第三節 地方自治團體之規模

 ## 一、地方自治團體之最適規模

　　地方自治團體，包括基礎自治體及廣域自治體，應該有多大之規模？人口應有多少？也就是，地方自治團體之最適規模為何？此問題，非常複雜，也很困難，答案也有很多。理由是地方自治團體之最適規模，從不同之觀點分析，會有不同之結論。

　　首先，地方自治團體之形成，若是來自於歷史、文化、地理等自然及人文環境形成者，具生活共同體意義之地方自治團體，係自然形成，因此，無法論斷規模之適當與否。

　　其次，若單純從法學之觀點而言，規模大之自治體，一般而言，對住民之距離過遠，住民對於公共事務之參與困難化，參與公共事務之意願及關心則降低，不利於住民自治之實現。規模小之自治體，對住民而言，係近距離之存在，由於接近，易於接觸及參與公共事務，住民意見較容易反映在公共政策及法規上。因此，僅就法學或住民權益之觀點而言，自治體之規模愈小愈理想，討論自治體之最適規模，並沒有實質意義。

　　因此，通常討論地方自治團體之最適規模時，除了法學及住民權益之觀點外，更從經濟學及財政學之角度來分析，即多少人口之自治體規模，平均一人歲出額最小，且產生對住民最大服務效益？

二、影響地方自治團體最適規模之原因

若從經濟學及財政學之觀點，檢討地方自治團體之最適規模，基本上是站在地方自治團體為財貨之供給者之立場，以經濟學之觀點，檢討歲出負擔及平均一人歲出額為若干時，得產生高效率之服務。

而人口規模，與平均一人歲出額，兩者並無必然關係，也就是，人口少規模小之自治體，其平均一人歲出額，常會高於人口多規模大之自治體，但這種大規模自治體之平均一人歲出額少之情形，通常是規模大到一定程度時，才會顯現出來，也就是，自治體規模沒有擴大到一定範圍，其平均一人歲出額難以降低，即難產生高效率服務。

而且，會影響地方自治團體之歲出結構因素❺，主要有兩者，一為地方自治團體處理何種事務？即提供何種服務？如果地方自治團體提供所有屬於公共財及準公共財，甚至是私財貨者，必然大幅度擴大歲出，倘若稅收等財源減少時，即無法支應，因此財源基礎薄弱時，則必須調整地方自治團體處理之事務，例如私財貨或準公共財，移由民間提供，而屬公共財之事務，涉及到公共性問題，不宜由民間處理，仍應由地方自治團體處理。也因此，處理事務之調整，會影響到歲出結構及平均一人歲出額，自會影響地方自治團體之最適規模。

另一為地方自治團體之服務提供體制，也會影響地方自治團體之最適規模。例如服務提供之方法，若由地方自治團體直接提供者，會產生大量歲出，而改以行政委託等方式，委由民間提供者，較能減少歲出及提升效率。因此，地方自治團體如何提供服務，也會影響到歲出結構及平均一人歲出額，自會影響地方自治團體之最適規模。

---

❺ 斉藤慎，〈行政規模と経済効率性〉，《都市問題》，90 卷 3 号，1999 年 3 月，pp. 32～35。

📎三、基礎自治體之世界比較

㈠世界各國基礎自治體之個數與平均人口

　　首先，先概觀世界 22 個國家（包括臺灣）之基礎自治體的個數與平均人口❻。表一是單一國家，表二是聯邦國家。兩表並載有國土面積、基礎自治體平均面積及全人口。其國名之排序，是依照基礎自治體平均人口排列。時點是 1996 年（但日本及臺灣為 2007 年）。

---

❻　以下表一及表二之數字，來自於岩崎美紀子編著，《市町村の規模と能力》，ぎょうせい，2000 年 7 月初版，p. 294。但本書將國家順序予以調整及加入基礎自治體平均面積，且日本及臺灣部分係本書調查結果。

國　名	基礎自治體平均人口	基礎自治體個數	國土面積（平方公里）	基礎自治體平均面積（平方公里）	全人口（萬人）
英　國	119,831	484	244,100	504	5,849
日　本	71,073	1,798	377,819	210	12,779
臺　灣	49,756	319	36,188	111	22,879
紐西蘭	47,100	74	270,534	3,656	355
愛爾蘭	38,554	92	70,284	764	357
瑞　典	30,805	284	449,964	1,584	890
荷　蘭	19,122	800	40,844	51	1,557
丹　麥	18,976	273	43,094	158	525
芬　蘭	10,989	460	338,145	735	511
挪　威	9,596	448	323,877	723	438
義大利	7,054	8,074	301,268	37	5,746
西班牙	4,842	8,027	505,992	63	3,918
盧森堡	3,136	126	2,586	21	42
希　臘	1,710	6,022	131,990	22	1,054
法　國	1,565	36,664	551,500	15	5,804

表一： 單一國家基礎自治體之個數與平均人口

國　名	基礎自治體平均人口	基礎自治體個數	國土面積（平方公里）	基礎自治體平均面積（平方公里）	全人口（萬人）
澳大利亞	26,617	678	7,741,220	11,418	1,826
比利時	17,093	589	30,519	52	1,017
美　國	7,100	35,962	9,363,520	260	26,556
加拿大	6,467	4,238	9,970,610	2,353	2,882
奧地利	3,284	2,374	83,859	35	802
德　國	4,977	16,127	356,733	22	8,354
瑞　士	2,100	3,000	41,284	14	721

表二： 聯邦國家基礎自治體之個數與平均人口

1.首先觀察單一國家基礎自治體之情形，基礎自治體平均人口最多者為英國（約 11 萬 9 千人），其次為日本（約 7 萬 1 千人）、臺灣（約 4 萬 9 千人）、紐西蘭（約 4 萬 7 千人）、愛爾蘭（約 3 萬 8 千人），最少者為法國（1,565 人）、其次為希臘（1,710 人）。若以平均面積來看，紐西蘭及瑞典，是基礎自治體平均面積最大及次大，愛爾蘭、芬蘭及英國，也不小。而最小者為法國，其次為盧森堡、希臘。

若綜合各項以觀，法國、希臘、盧森堡之基礎自治體，不論在人口、面積上，均屬極小規模。而英國、日本、臺灣、紐西蘭之基礎自治體，都是大規模。

2.至於聯邦國家基礎自治體之情形，基礎自治體平均人口最多者為澳大利亞（約 2 萬 6 千人），最少者為瑞士（2,100 人）。若以平均面積來看，最多者仍然是澳大利亞，最少者仍為瑞士。

若綜合各項以觀，瑞士、奧地利、德國等歐陸之基礎自治體，比新大陸之澳大利亞、加拿大、美國之規模為小。但比利時為例外。

必須注意者，為聯邦國家之基礎自治體之多樣性。由於聯邦係由邦（州）構成，其邦（州）各有其主權，當然有各自之憲法及其下之立法權等，故各邦（州）之地方制度當然多元多樣，基礎自治體之規模當然也就多元多樣。

㈡基礎自治體之規模與政治制度之關係

從表一及表二以觀，基礎自治體之規模，與政治制度採單一國家或聯邦國家，並無關聯，通常是歷史、地理等因素使然。不過，如同後述，例如法國採小規模分立型基礎自治體，主要來自於對基礎自治體高度期待而具政治意義❼。

㈢基礎自治體規模之四大類型

從表一及表二以觀，基礎自治體之規模，大致可分為四大類型❽：

---

❼　請參考岩崎美紀子編著，前揭註❻，p. 310。

❽　請參考岩崎美紀子編著，前揭註❻，pp. 299～300。

1.多元多樣之地方制度下，基礎自治體規模大而個數少，屬於多元地方制度之大規模統合型基礎自治體，以英國為代表。

2.單一地方制度下，基礎自治體規模大而個數少，屬於單一地方制度之大規模統合型基礎自治體，以北歐國家為代表。

3.多元多樣之地方制度下，基礎自治體規模小而個數多，屬於多元地方制度之小規模分立型基礎自治體，以美國為代表。

4.單一地方制度下，基礎自治體規模小而個數多，屬於單一地方制度之小規模分立型基礎自治體，以法國為代表。

第六章

住民之權利義務

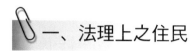

第一節
住民之意義

一、法理上之住民

㈠住民自治下之住民

在第五章已提及，「住民」是地方自治團體之要素。但是，「住民」之概念或意義為何？一般而言，憲法上未有規定，我國憲法也沒有「省民」及「縣民」之意義規定。因此，關於住民之意義，除請參考第五章所提住民自治觀念及我國民法第 20 條規定外，民法第 22 條及第 23 條以居所視為住所之規定，亦可參考。民法第 22 條及第 23 條規定了三種情形，可以其居所視為住所。一為住所無可考者，二為在我國無住所者。但依法須依住所地法者，不在此限。三為因特定行為選定居所者，關於其行為，視為住所。也因此，外國籍人或無國籍人，在我國無住所者，可以其居住之地方自治團體之居所視為住所。

㈡地方自治團體的住民與國家國民之異同

主權國家內之人民，至少同時具備兩種地位，一為國家之國民，另一為地方自治團體之住民。地方自治團體之住民與國家之國民，從民主主義、法治主義等原理以觀，具有相同性質及地位，但再從地方自治之理念以觀，則有其不同處，亦具有不同之性質及地位。

從民主主義以觀，不論是地方自治團體之住民或國家之國民，兩者對統治團體而言，都是主權者，只是住民對地方自治團體之主權者地位所及範圍，僅限定於地方自治團體之立法及行政活動而已，而國家國民之主權者地位所及範圍，可達中央之立法、行政及司法活動全部。法治主義之精神，在於法支配權力活動，若結合民主主義者，這種權力活動之權源來自

於人民（包括地方自治團體之住民與國家之國民），以人民合意形成之法，支配中央與地方權力活動，因此，法治主義原理之適用，除了中央權力活動外，自亦應包括地方權力活動（地方自治團體之立法及行政活動）。在此意義下，民主主義與法治主義，在中央與地方皆應適用，兩統治團體之人民對其統治團體之地位，自無不同。

但是，畢竟中央與地方自治團體，在統治權所及範圍、統治權之內容、處理之事務、立法權所及範圍與行政權所及範圍等，皆不相同，地方自治團體之住民與國家之國民，對其統治團體之地位，自有差異。而且，地方自治團體之地方自治理念，除了團體自治以外，更有住民自治之意義。從住民自治之理念以觀，在民主主義甚至是法治主義之實踐上，地方自治團體較中央容易實現，地方自治團體之住民則較國家之國民容易具有更強烈的主權者地位。尤其是在直接民主制度上，中央層級常有全國一致性、現實資源之考量等而不容易實現，而地方自治團體則較容易實現，換言之，地方自治團體層級較容易透過住民自治實現直接民主，其主權者地位自較為強烈。

㈢外國人也是地方自治團體之住民

在法理上，外國人是否得為地方自治團體之住民？為一論點。第五章已提及，從住民自治之理念以觀，外國人也是地方自治團體之主權者，應為該地方自治團體之住民。既為住民，則與本國人之住民一樣，應享有權利及負擔義務。

二、憲法上之住民

我國憲法上亦有不少保障住民地位的規定，例如省民可以選舉省議會議員及省長（第 113 條第 1 項第 1 款及第 2 款），縣民可以選舉縣議會議員及縣長（第 124 條第 1 項及第 126 條），縣民關於自治事項，依法律行使創制、複決之權（第 123 條）。這些規定都是以「住民自治」為基礎，保障住

民地位之規定。本書亦認為，這些以住民自治為基礎之住民地位保障規定，都可以作為住民直接參與權之依據。以此為依據，導出住民在行政上之正當程序保障、在立法上（包括立法及立法原則）之直接參與權（即直接立法），甚至我國目前不存在之司法上直接參與制度（例如後述日本住民訴訟制度）的肯定。

 ## 三、地方制度法上之居民

　　而我國現行地方制度法對於住民之意義，作了相當狹隘之定義規定。地方制度法第 15 條規定：「中華民國國民，設籍在直轄市、縣（市）、鄉（鎮、市） 地方自治區域內者，為直轄市民、縣（市）民、鄉（鎮、市）民。」對於直轄市民、縣（市）民、鄉（鎮、市）民之意義，以具中華民國國籍及設有戶籍為條件，排除了外國籍人、無國籍人及未設戶籍者，並不合理。此種狹隘的住民概念，也許是考慮行使選舉權及罷免權，甚至是公民投票權之要件而對住民之概念加以限制，但是住民之概念與住民之權利（詳後述），應該是不同層次問題，為落實住民自治之理念，住民概念不須要與住民權利之要件一致，即使是外國人，亦得為住民自治之主體，參與公共事務；即使未設籍，只要有一定事實，足以認久住之意思，住於地方自治團體之區域者，即可為住民自治之主體，參與公共事務。

 ## 四、公民投票法與住民

　　我國公民投票法之適用對象，包括全國性及地方性公民投票（第 2 條第 1 項）。因此，公民投票法賦予國民及住民之公民投票權，住民對地方自治團體自有直接民主參與權之地位。

　　但是公民投票法上對於公民或住民之概念或要件之界定，非常嚴格。同法第 7 條規定：「中華民國國民，年滿 20 歲，除受禁治產宣告尚未撤銷者外，有公民投票權。」同法第 8 條更規定，有公民投票權之人，在各該直

轄市、縣（市）繼續居住 6 個月以上，得分別為各該直轄市、縣（市）公民投票之提案人、連署人及投票權人。且繼續居住 6 個月以上，係以戶籍登記資料為依據。以上述住民或公民之概念之界定規定來看，直接民主參與權者之條件，必須具備國籍、成年、6 個月繼續居住及戶籍登記之要件，也是對住民或公民之概念之限制，但此等條件，並不合理，且排除鄉（鎮、市）住民之直接民主參與權，亦不合理。茲分別說明如下：

㈠公民投票權之要件限制

1. 國　籍

具公民投票權人，以國籍為必要要件，必須是中華民國國民，而排除了外國人。這種狹隘的住民或公民之概念，不利於住民自治，也與人權國際化之價值觀背道而馳，更與地方自治之國際化之趨勢逆向而行。

本國國籍之要求，在國家層級之直接民主參與權上，因涉及到國家主權及國際地位，對於外國人之直接民主參與權，也許以限制為宜。但是，在地方自治團體層級，與國家主權及國際地位均無涉，久住或永住之外國人已有稅賦之義務，且對地方公共事務，已有一定程度之認知，甚至可能具有地方自治之經驗，排除久住及永住外國人之直接民主參與權，並不合理。特別是近年來，臺灣社會已漸漸形成所謂新移民社會，久住或永住之外國人人數已漸增，再加上社會之老齡化及少子化，外國人在我國勞動市場上漸漸有其重要地位，在家庭結構上，亦為重要之成員，為使地方自治團體之活動更能反映住民而深化住民自治，久住或永住外國人之直接民主參與權的賦予，應有其必要性。

2. 成　年

具公民投票權人，以年滿 20 歲之成年為必要要件，此種立法政策，推知是與各種公職人員及總統副總統選舉權要件作相同設計。但是公民投票權之實質內容，與公職人員及總統副總統選舉權，並不完全相同，選舉權

之行使，是間接民主制度，選舉權人雖為主權者，但不直接行使主權，而由其選出之代表代為行使而已，被選舉人及當選人必須對主權者負責，因此選舉權之行使，是對人之判斷，也是民主程度之指標，如何之選民就會選出如何之代表，為提升民主程度，選舉權行使者，不宜毫無限制而踐踏民主，適合由對一般事物已有充分之判斷能力及對民主之意義具一定程度瞭解之人民行使，較為理想，而民法以 20 歲為成年，係推斷 20 歲以上者已有足夠之事物判斷能力而賦予其完全之行為能力，得自為法律行為。同樣地，20 歲以上者應該也有充分的事物判斷能力及對民主之意義具一定程度之瞭解，亦得自行判斷選出適當之人選。

但是公民投票權，是直接民主制度❶，由主權者直接行使主權，沒有對人之判斷，並非透過代表，而是住民直接對行政、公共政策及立法活動之意思表示行為。理念上，最容易反映住民意見，尤其是當代議制度功能不彰而無法正確反映住民意見時，公民投票具有補充代議制度之功能，藉以正確有效反映住民意見。因此，公民投票之意義在於直接反映住民意見。在資訊、傳播媒體發達、教育普及甚至是高學歷化之今日，即使是 20 歲以下之青少年，對於公共政策，應該有一定程度之判斷能力，且也應該賦予其對公共政策、行政活動及立法活動直接表達意見的機會，尤其是與青少年有關事務之政策、行政或立法，青少年既為住民，也應該賦予其公民投票權，始稱合理，也更能深化住民自治。

因此，公民投票權之年齡限制，不須與各種公職人員選舉權要件相同，可以寬鬆化而降至 20 歲以下。例如日本地方公共團體之住民投票制度，其年齡通常是滿 18 歲即可，較選舉權年齡 20 歲為低。

3. 6 個月繼續居住

公民投票法要求公民投票權人必須在地方自治團體繼續居住 6 個月以

---

❶ 蔡秀卿，〈從日本國民投票‧住民投票之理論與實踐檢討我國住民投票法制化之課題〉，《地方自治法理論》，學林文化事業有限公司，2003 年 6 月初版，pp. 31～66。

上，此條件與總統副總統選舉罷免法對選舉人要求（該法第 12 條第 1 項第 1 款）之要件相同，但與公職人員選舉罷免法對選舉人要求繼續居住 4 個月之要件（該法第 15 條第 1 項）相較，則較為嚴格。為何對投票權人居住期間之要求，在選舉總統副總統及公民投票之要求較公職人員選舉為嚴格？特別是對公民投票權人之要求較公職人員選舉為嚴格，是否合理？深值討論。

本書認為，直接民主制度之公民投票權，旨在直接反映民意，藉以彌補代議制度之缺失，而且，從住民自治之理念以觀，住民直接主導之自治有助於民主深化，公民投票之條件上，不宜作嚴格限制，尤其是不宜較選舉權條件更為嚴格。倘若對直接民主制度之公民投票條件作嚴格限制，無非是限制直接民權的行使，卻對間接民主採較寬鬆條件，就民主深化係屬論理顛倒之設計。更何況現行公民投票法並沒有賦予住民直接立法權（參酌該法第 2 條第 2 項及第 3 項），住民無法提出法案主導立法，已在公民投票之事項及範圍上作重大限制，若再對公民投票權之要件作嚴格之限制，可以說是與民主背道而馳。

4. 戶籍登記

公民投票法上對 6 個月繼續居住之計算基礎，以戶籍登記資料為依據，與選舉權要件一樣。戶籍登記，是推定的住所，雖然會有與實際之住所有出入之情形，但考慮實際住所之證明相當困難且耗費相當資源，退而求其次而以推定之住所為住所。

㈡排除鄉（鎮、市）住民之直接民主參與權之不當

其次，現行公民投票法對住民直接民主參與權作最不當之重大剝奪者，為只有賦予直轄市、縣（市）住民直接民主參與權，而排除鄉（鎮、市）住民直接民主參與權。

鄉（鎮、市）雖然不是憲法保障之地方自治團體，而是法律保障之地方自治團體，但是，從地方自治之理念，尤其是從住民自治之理念而言，鄉（鎮、市）是基礎自治體，是住民自治之基礎，理論上應受到憲法保障，

在第四章所述歐洲地方自治憲章、世界地方自治宣言及世界地方自治憲章草案上所規定之地方自治原理原則，基本上是以基礎自治體為前提所定者，足見基礎自治體具有地方自治之最重要地位。再者，直接民主參與權又是住民自治之核心，自亦應賦予鄉（鎮、市）住民之直接參與權。

第二節
住民之權利

一、我國現行法制上住民之權利

(一)憲法賦予住民之權利

我國憲法上已有不少保障住民地位及權利之規定，不過，都是限定於直接民主參與權。例如省民可以選舉省議會議員及省長（第 113 條第 1 項第 1 款及第 2 款），縣民可以選舉縣議會議員及縣長（第 124 條第 1 項及第 126 條），縣民關於自治事項，依法律行使創制、複決之權（第 123 條）。這些規定都是以「住民自治」為基礎，保障住民地位而賦予其直接民主參與權利之規定。

(二)地方制度法第 16 條賦予住民之權利

地方制度法第 16 條賦予直轄市民、縣（市）民及鄉（鎮、市）民如下之權利：

1.對於地方公職人員有依法選舉、罷免之權。 2.對於地方自治事項，有依法行使創制、複決之權。 3.對於地方公共設施有使用之權。 4.對於地方教育文化、社會福利、醫療衛生事項，有依法律及自治法規享受之權。 5.對於地方政府資訊，有依法請求公開之權。 6.其他依法律或自治法規賦予之權利。

必須究明者，為本條賦予住民五種權利之性質及意義為何？理論上可能有兩種解讀。一為一般規定說，此為將地方制度法第 16 條解為僅為賦予住民權利之一般性規定而已，具確認性質規定，非創設性質規定，若住民擬就特定事件及法律關係主張權利時，不得以地方制度法第 16 條作為請求依據，必須以其他個別法規為請求依據。

另一為具體規定說，此將地方制度法第 16 條解為創設性質規定，得作為住民就特定事件及法律關係主張權利時之請求依據，不須再以其他個別法規為請求依據。

若從現行法規整體以觀，住民對於地方公職人員有依法選舉、罷免之權，已有「公職人員選舉罷免法」為依據；對於地方自治事項，有依法行使創制、複決之權，已有「公民投票法」為依據；對於地方政府資訊，有依法請求公開之權，已有「政府資訊公開法」為依據，這些權利，並非是地方制度法創設賦予住民，而是由此等個別法賦予住民。至於住民對於地方公共設施有使用之權，對於地方教育文化、社會福利、醫療衛生事項，有依法律及自治法規享受之權，亦有其他個別法為依據。而且，第 6 款亦規定「其他依法律或自治法規賦予之權利」，足見本條立法意旨似乎僅係確認性質規定而已，並非創設性質規定。也因此，究竟住民有如何之權利？無法僅以地方制度法第 16 條論斷之。

㈢其他中央法令賦予住民之權利

至於其他中央法令賦予住民權利之情形，非常繁多，此乃由於中央立法時，其規範及賦予權利之對象，常常不限定於中央，亦包括地方自治團體，住民成為中央法令之規範對象及賦予權利之對象的情形，非常普遍。其中，對住民自治最具意義者，至少有下列法律賦予住民之權利：

1.公民投票法賦予住民之直接參政權

本法適用對象包括全國性及地方性公民投票，自是賦予國民及住民直接民主參與權之法律，賦予住民對地方自治法規之複決權、地方自治法規

立法原則之創制權、地方自治事項重大政策之創制及複決權（同法第 2 條第 3 項），係對住民自治最具意義之法律。但是，本法仍有下列問題，值得再討論：

⑴地方性公民投票之事項，過於限定

同法第 2 條第 3 項規定，地方性公民投票之事項如下：一、地方自治法規之複決。二、地方自治法規立法原則之創制。三、地方自治事項重大政策之創制或複決。且第 4 項有排除規定，預算、租稅、投資、薪津及人事事項不得作為公民投票之提案。

此條規定，並無賦予住民對地方法規之法案提出權，排除住民直接立法權。此種限制，實屬不當。固然直接民主制度之公民投票對間接民主之代議制度為補充地位及功能，但是現今臺灣資訊發達，教育普及，甚至是法學教育普及，住民已有立法意識，且漸漸具有立法能力，賦予住民直接立法權，更能反映住民意見，落實住民自治。

此外，租稅、投資、薪津及人事事項被排除在公民投票事項之外，固然可以推知係此等事項，有屬於不適合取決於住民直接意思表示之情形，例如租稅事項，對課徵者之中央及地方自治團體而言，稅收愈多愈好，而對被課徵者之國民及住民而言，稅負則愈輕愈好，兩者之立場為對立，以這種權力者與人民間之對立事項作為公民投票之事項，由於人民及住民間並沒有對立之情形，卻取決於國民及住民之意思者，其投票結果，當然可預見偏向人民及住民之立場（稅負則愈輕愈好），則公民投票實施，則無意義。

但是，其實，並非所有租稅事項都不適合公民投票，倘若國民或住民間有重大對立見解時，仍有公民投票取決於國民或住民意思之必要。例如之前曾喧嚷一時之中小學教師薪資應否免稅之爭議，此為租稅事項，但此問題涉及全體納稅義務人之稅賦公平性問題，在國民或住民間存有不同意見，並非不宜實施公民投票。

可以參考的是日本地方自治法上的規定，該法關於住民之條例制定修廢請求權事項之規定，雖亦排除地方稅、分擔金、使用費及手續費之條例制定修廢（地方自治法第 12 條第 1 項及第 74 條第 1 項），但其理由並非係

基於原理上不適合直接請求，而是來自於財政上之考量，擔心住民直接請求此等稅費之條例制定或修廢而危及財政基盤，而予以排除適用❷。可知租稅事項，在法理上，並非不得作為公民投票之事項。

投資事項，被排除在公民投票之外，似無正當理由。而薪津及人事事項，若為公務員之薪津及人事，亦非合理，例如以公務員薪津之計算基礎及方式，從現行之年資基礎改為以業績績效為基礎，其他人事考績、懲戒等事項，並非不宜以公民投票取決於國民及住民意思。

⑵公民投票權人要件過於嚴格

此點前已提及，不再贅述。

2.公職人員選舉罷免法賦予住民之參政權

公職人員選舉罷免法之適用對象，包括縣（市）議會議員、鄉（鎮、市）民代表會代表、縣（市）長、鄉（鎮、市）長、村、里長之選舉，因此，賦予住民對地方自治團體之立法機關成員（議會議員）及行政首長之直接選舉權、被選舉權及罷免權，均屬於住民自治之重要參政權。

3.行政程序法賦予住民之行政上正當程序權利

我國現行行政程序法之適用範圍，採取中央與地方行政活動一體適用之立法政策，地方行政活動也適用中央行政程序法（該法第2條第2項），行政程序法，對住民而言，自亦屬於賦予住民對地方行政活動之正當程序權利之依據。

行政程序法是依行政行為之屬性，分別規定不同之正當程序，有屬於權利利益保護型的正當程序（例如關於第 102 條及第 107 條行政處分前之意見陳述及聽證），有屬於公正公開及國民參與型的正當程序（例如第 138 條競爭型契約之公開及競爭程序、第 152 條法規命令案之提議權、第 155 條法規命令之聽證、第 164 條計畫之聽證）❸。這些規定都是保障住民對地

---

❷ 室井力・原野翹編，《新現代地方自治法入門》，法律文化社，2000 年 9 月初版，p. 106。

方行政上正當程序權利之規定。

4. 政府資訊公開法賦予住民之資訊公開請求權

我國政府資訊公開法之適用範圍，與行政程序法一樣，採取中央與地方一體適用之立法政策，地方行政機關亦有適用之餘地（第 4 條第 1 項），因此，對於住民而言，政府資訊公開法，亦賦予住民對地方行政機關之資訊公開請求權。

5. 訴願法及行政訴訟法賦予住民之爭訟權

訴願權與行政訴訟權，均為憲法保障之人權，訴願法及行政訴訟法，即為人權具體化之主要法律。我國訴願法及行政訴訟法之適用範圍，亦採取中央與地方一體適用之立法政策，因此，與中央一樣，依爭執之地方行政行為之屬性，有各種類型之爭訟權。如為地方行政機關之行政處分，對之不服者，得提起訴願及撤銷訴訟，在訴願程序上，除訴願管轄機關及審查內容有特殊規定外（訴願法第 4 條第 1 款至第 5 款、第 79 條第 3 項），其主要審理程序，均與對中央行政機關行政處分之訴願一樣。又如為地方行政機關之不作為者，得提起申請型之課予義務訴訟（行政訴訟法第 5 條），至於直接型之課予義務訴訟，得否提起？尚有爭議，不過，本書認為行政訴訟法第 5 條條文雖然不明確，但從保障人民有效爭訟權之觀點，在訴訟類型及範圍之認定，應從寬解釋而可解為肯定。至於其他地方行政機關之行政行為，如有不服者，得提起確認訴訟及給付訴訟。

此外，請願及陳情，亦屬於人民對行政機關之不服權利，關於請願，有請願法，關於陳情，有行政程序法上陳情規定，兩法均適用於中央及地方，因此，對於地方行政機關如有政策上之建言、有無違法不當之查詢，或行政上之違失之舉發等情形，皆得陳情或請願。

---

❸　請參考蔡秀卿，〈多元價值與行政程序〉、〈行政程序法制定之意義與課題〉、〈行政程序價值體系〉，《現代國家與行政法》，學林文化事業公司，2003 年 6 月初版，pp. 113～191。

㈣地方法規賦予住民之權利

　　我國 1992 年憲法修正以後,地方自治團體正式具有立法權,至此之前,長年來, 地方自治團體依賴中央立法之情形非常普遍, 因此, 賦予住民權利之法規, 往往是中央法規為多, 地方法規較少。不過, 目前, 已可看到地方自治法規漸漸完整, 其中亦有值得注意之重要地方法規如下:

　　1.關於賦予住民之直接民主參與權, 最重要者有公民投票自治條例, 目前已有金門縣、桃園縣、澎湖縣、高雄市、臺中縣、臺中市、臺南市、苗栗縣及屏東縣已公布公民投票自治條例, 並有多數自治體相繼草擬中。

　　2.關於賦予住民之社會福利上之權利者, 例如臺北市有「臺北市立托兒所收託自治條例」, 賦予住民 (兒童及家長) 受保育之權利。「臺北市兒童福利機構設置標準與設立自治條例」, 則賦予住民 (兒童及家長) 因透過管制兒童福利機構設置而獲得高品質之保育之權利。

　　3.關於賦予住民之消費者保護權利, 例如臺北市有「臺北市消費者保護自治條例」。

　　4.關於原住民權利,例如臺北市有「臺北市促進原住民就業自治條例」、「臺北市原住民婦女扶助自治條例」。

　　5.透過行政管制而保護住民之各種權利, 例如「臺北市資訊休閒業管理自治條例」、「臺北市舞廳舞場酒家酒吧及特種咖啡茶室管理自治條例」、「臺北市道路挖掘管理自治條例」、「臺北市公園管理自治條例」、「臺北市營業衛生管理自治條例」、「臺北市都市更新自治條例」、「臺北市建築管理自治條例」、「臺北市競選廣告物管理自治條例」。

 二、 我國現行法制尚未承認之住民權利

　　雖然前述各項法規已有不少保障住民權利之規定, 但至少仍有下列重要權利, 在我國現行法制下尚未被承認, 自為今後之立法課題。

㈠直接立法權

此為住民得直接提出法案，經議會同意後生效之直接立法權。我國目前公民投票法雖然賦予住民地方自治法規之立法原則之創制權，但未賦予住民對地方自治法規之創制權，即直接立法權。住民對地方法規之直接立法權，法理上，係直接民主制度最核心的部分，即使是採間接民主之我國，亦不宜排除，不過，可在程序上作若干限制，例如高比率的連署人數，或須經議會同意等，可防免住民之非理性的直接立法。

㈡事務監查請求權

我國目前法制下，對於中央及地方行政活動，尤其是公費支出之財務活動之監督體制，只有監察院審計部而已，但是審計部之功能有其極限，人民直接監督公費支出之體制，尚不存在，此也是公務員或利用公務職權者濫用公費現象非常普遍之主因之一。人民直接監督公費支出體制，自有檢討之必要。

而人民直接監督公費支出，在地方自治團體層級上，可以參考日本地方自治法上有事務監查請求制度及住民訴訟制度。前者為住民向監查委員請求監查地方公共團體事務及行政首長與其他行政機關事務（日本地方自治法第 242 條）。後者為住民監查請求而未獲滿足時，向法院提起之訴訟（後述）。兩者皆為住民本於納稅主體之地位，直接監督地方行政機關公費支出之有利手段。且前者為後者之必要前置程序。

㈢議會解散請求權

當議會功能不彰，而與住民意見差距甚大或侵害住民權益時，自應由主權者之住民直接監督議會，議會解散權，即為住民直接監督議會之直接民主制度。但在我國現行法制下，尚不承認此制度，與住民之民主素養及法治意識不足有直接關聯。

可以參考的是日本地方自治法上設有住民之議會解散權，住民得向選舉管理委員會請求所屬之地方公共團體的議會解散（第 13 條第 1 項），不過，有若干要件之限制。首先，必須由選舉權人三分之一以上之連署（第 76 條第 1 項）；請求解散後，必須付諸投票，投票者中同意解散者過半數者，則議會解散（第 78 條）；此外，尚有請求解散之時間上之限制，在議員一般選舉日起 1 年內，以及議會解散投票日起 1 年內，均不得請求解散議會，因此必須在議員一般選舉日起 1 年後，或議會解散投票日起 1 年後，始可為之（第 79 條）。

㈣重要行政人員解職請求權

1. 住民對其直接選舉產生之地方議會議員及地方行政首長之解職請求

住民直接選舉產生之地方議會議員及地方行政首長，若有不適任之情形，在我國現行法制下，有下列兩項監督機制：

一為罷免制度。此為住民直接請求經選舉產生之人員之解職。本於參政權之意旨，賦予住民選舉權，當然亦應賦予其罷免權，始能有效監督。我國公職人員選舉罷免法上亦有罷免制度（同法第四章），設有罷免案之提出、罷免案之成立以及罷免案投票之相關要件及程序規定。

另一為自治監督機關之解職。我國地方制度法第 79 條規定，直轄市議員、直轄市長、縣（市）議員、縣（市）長、鄉（鎮、市）民代表、鄉（鎮、市）長及村（里）長有下列情形之一者，直轄市議員、直轄市長由行政院分別解除其職權或職務；縣（市）議員、縣（市）長由內政部分別解除其職權或職務；鄉（鎮、市）民代表、鄉（鎮、市）長由縣政府分別解除其職權或職務；村（里）長由鄉（鎮、市、區）公所解除其職務：

一、經法院判決當選無效確定，或經法院判決選舉無效確定，致影響其當選資格者。二、犯內亂、外患或貪污罪，經判刑確定者。三、犯組織犯罪防制條例之罪，經判處有期徒刑以上之刑確定者。四、犯前二款以外

之罪，受有期徒刑以上之刑判決確定，而未受緩刑之宣告或未執行易科罰金者。五、受保安處分或感訓處分之裁判確定者。但因緩刑而付保護管束者，不在此限。六、戶籍遷出各該行政區域四個月以上者。七、褫奪公權尚未復權者。八、受禁治產之宣告尚未撤銷者。九、有本法所定應予解除職權或職務之情形者。十、依其他法律應予解除職權或職務者。

2.住民對其他重要行政人員之解職請求

在我國現行法制下，住民對於地方行政機關之重要行政人員，如認有不適任之情形者，如何監督並無相關規定。可以參考下列日本法的規定。

日本地方自治法及其他個別法上設有住民或選舉權人對重要行政人員之解職請求之規定，類型上，依其人員產生方式，大致可以分為下列兩種：⑴由住民或選舉權人選舉產生之人員：例如選舉管理委員會委員，係住民選舉產生（地方自治法第182條第1項），故賦予住民對選舉管理委員會委員之解職請求權（同法第13條第1項），解職請求權者之連署，必須選舉權人三分之一以上（同法第86條第1項）；⑵由地方公共團體行政首長經議會同意後任命之人員：例如地方公共團體之副行政首長或秘書長（地方自治法第162條）、會計長（同法第168條第7項準用第162條）、監查委員（同法第196條第1項），均係該地方公共團體行政首長經議會同意後任命，乃賦予住民對之解職請求權（地方自治法第13條第1項），解職請求權者之連署，必須選舉權人三分之一以上（同法第86條第1項）。

我國現行法制下，只有賦予住民對地方議會議員及地方行政首長之罷免權而已，至於副行政首長、秘書長、重要會計人員等重要行政人員，皆掌有重要權限或公費支出之決定權限，住民對之卻均無解職請求權，無法監督。因此，在立法課題上，重要行政人員，與行政首長一樣，也應由住民直接監督。

此外，選舉委員會委員，在我國現行法制下，不論是中央及地方層級，均非由人民選舉產生，民主正當性薄弱，應改為由人民直接選舉產生，較具民主正當性，且亦應賦予人民對之解職請求權。

　　至於其他日本之公安委員會、教育委員會、農業委員會、漁業委員會、監查委員，皆屬於獨立機關（行政委員會），委員由地方行政首長經議會同意後任命，在產生上既具有民主正當性基礎，自應賦予住民之解職請求。但我國地方行政機關上，目前並無行政委員會之組織，產生方式只得由行政首長任命，因此，若擬全面強化民主正當性者，必須先從組織之民主化著手，設置獨立機關（行政委員會），其成員之產生方式具民主正當性之同時，則亦應賦予住民解職請求權。

(五)住民訴訟

　　一般國民或住民，對於違法或不當之中央及地方行政活動之司法監督手段，為行政爭訟，我國亦有訴願及行政訴訟制度，其爭訟類型依其爭訟標的之行政行為屬性，分別有撤銷爭訟、課予義務訴訟、確認訴訟及給付訴訟。此等爭訟，在性質上均為主觀訴訟，即原告必須是與系爭標的有法律上利益關係而滿足原告適格要件者，始得提起。而原告適格要件所必須滿足之「法律上利益」要件，在諸多兩重效果的行政行為之情形，若採取「嚴格的法律保護利益說」（即將法律上利益解為只有限定在系爭法規明文保護規定之情形，若系爭法規無保護利益之明文規定者，則原告即不適格。）者❹，第三人往往無法滿足原告適格要件而無法提起主觀訴訟，但若系爭行政行為為違法，則將造成並無適格的原告得以起訴糾正該違法的行政行為之結果，且雖然行政機關可以依職權撤銷該違法行政行為，但以一般行政文化而言，行政機關依職權撤銷該違法行政行為之「自認錯誤」行為，難以期待。其結果，違法的行政行為永遠存在，法治主義即受殘害。也因此，主觀訴訟有其功能上之極限，沒有原告適格要件拘束之客觀訴訟，即具有存在意義。

　　住民訴訟，即是不要求起訴原告之法律上利益之要件，而是為確保地方自治團體之行政及財政活動之適法性，由住民直接對地方自治團體之行政及財務活動予以監督，而向法院提起之訴訟。與其近似的制度，在美國

❹　請參考蔡秀卿，〈原告適格論——日本法之現況〉，前揭註❸，p. 390。

各州有所謂納稅者訴訟 (taxpayer's suit)。而在我國目前尚未有此種訴訟類型，以下，簡單介紹日本住民訴訟制度。

1. 日本住民訴訟之理念及目的

住民訴訟制度設立當初，原來係以財務監督（統制）為主要目的，住民起訴之目的，並非為其個人之利益而提起，亦非為地方公共團體本身之利益而提起，而是為住民全體之利益，以公益代表者之地位而提起，監督財務活動適法性之訴訟❺。

此處必須注意幾點❻：其一，住民訴訟是為公益而提起之訴訟，但若其起訴目的除公益外，亦含住民個人之利益者，換言之，住民亦為確保其自己之權益而提起者，尚非不適法。

其二，住民訴訟之範圍，原係限定於財務會計活動，即針對財務會計活動之適法性監督，但實務上卻大量出現與財務會計活動僅些微之關係，實質上係對一般行政活動適法性監督之爭訟，而擴大了住民訴訟之範圍，對於此種住民訴訟範圍擴大至非財務會計活動之監督，甚至代替抗告訴訟之功能之現象，有諸多評價❼。

其三，住民訴訟係以公益代表者之地位而提起監督財務活動之訴訟，如何解讀此涵義，直接攸關住民訴訟要件。理論上可再細分為以「公益代表者之地位」及「監督財務活動適法性」兩點，前者係強調「代表」，故以對住民或地方公共團體財產上之損害或有損害之虞為前提，始可提起，凡是對住民之利益，或是對地方公共團體財產上未造成損害或未有損害之虞的行政行為，不得成為住民訴訟之對象。後者則強調監督財務會計活動之適法性，故不以對住民之利益有損害或有損害之虞，或對地方公共團體財產上損害或有損害之虞為要件，即使是對住民利益沒有損害，或是對地方

❺ 參考日本最高法院昭和 53 年 3 月 30 日判決。

❻ 碓井光明，《要說住民訴訟と自治体財務》，学陽書房，2000 年 2 月改訂版，pp. 10～12。

❼ 曾和俊文，〈住民訴訟制度改革論〉，《法と政治》，51 卷 2 號，2000 年，p. 159。

公共團體財產無損害或無損害之虞，亦得成為住民訴訟之對象。不過，學說上認為現行法下之住民訴訟之四種類型中（後述），(1)禁制訴訟、(2)撤銷訴訟、無效確認訴訟及(3)不作為事實之違法確認訴訟，屬於強調財務會計活動適法性監督之目的，而(4)損害賠償或不當得利返還請求權行使請求訴訟，則屬於強調「代表」之訴訟。因此，可謂包含此兩種目的❽。

2.日本住民訴訟之意義及性質

住民訴訟之原告是住民，並無特別要件之限制，只要是住民，皆可提起。但是，住民提起此訴訟，並非僅因其權益受害或有受害之虞而提起，而是透過監督違法的財務會計活動及行政活動，以維護地方自治團體之權益進而還原至全體住民之權益。因此，住民訴訟，並非主觀訴訟，而是客觀訴訟之一種，在日本行政事件訴訟法上，屬於民眾訴訟（第5條）。

住民訴訟，是以司法監督手段，直接監督地方自治團體之財政及行政活動，屬於住民參與制度之一環，也是直接民主參與制度之一環。但是，與其他直接民主參與制度仍有差異。其他直接民主參與制度，由於考慮到間接民主之原則下設有議會等代表機關，直接民主只是補充代表機關功能之存在而已，通常會對參與人作一定比率人數之要求，不容許1人行使直接民主參與權。例如我國公民投票法第27條即規定，公民投票案提案人數，應達提案時最近一次直轄市長、縣（市）長選舉選舉人總數千分之五以上，公民投票案連署人數，應達提案時最近一次直轄市長、縣（市）長選舉選舉人總數千分之五以上。再如前已提及之日本住民對議會之解散請求權、對重要行政人員之解職請求權等，均要求選舉權人之一定比率之人數，始可請求。此等直接民主制度，均要求提案人數及連署人數必須達選舉權人之一定比率之人數，不允許1人提案及1人署名。而住民訴訟，並無要求一定比率，只要是地方自治團體之住民，即使是1人，亦得對其所屬地方自治團體之行政機關之財務會計行為上之違法行為或怠於行為，提起訴訟。

---

❽　曾和俊文，前揭註❼，p. 175。

3.日本住民訴訟之當事者

⑴原　告

住民訴訟之原告，必須是地方公共團體住民，且已向監查委員請求監查，而對監查結果或勸告仍有不服者，或是對受勸告之機關或職員之措施有不服者，或是監查委員於監查請求 60 日後仍不為監查或勸告者，或是受勸告之機關或職員於勸告明示期間內仍不為必要措施者，均得提起（地方自治法第 242 條之 2 第 1 項）。

⑵被　告

住民訴訟之被告，依其訴訟類型而有不同：

A.禁制訴訟

第一種類型為請求執行機關或職員行為之全部或一部的禁制，被請求禁制者，並非職員個人，而係機關，因此，以「機關」為被告。而機關，必須是有權限之機關，因此，被告為有權限之機關。無權限之機關者，不得成為被告。

另外，若權限委任給其他機關者，被告如何認定，則有疑義。在權限委任之情形，必須分委任之態樣分別論斷。若為權限全部之委任，而委任機關對受任機關已無指揮監督權者，則被告為受任機關。但若權限委任的同時，委任機關仍保有指揮監督權者，則被告為委任機關。又，由於委任之事實，一般住民往往無法得知，且第一種類型之訴訟，本來就是以組織體違法行為之禁制為目的的訴訟，因此，以委任機關為被告，較為妥適。

又，當有分層授權時，權限機關將權限授權給內部輔助機關之情形，此時，被告為具有權限之機關，應無問題。有問題者，為被授權之內部輔助機關得否為被告？實務上採否定見解，不認為被授權之輔助機關之被告適格❾。

B.撤銷訴訟、無效確認訴訟

第二種類型之訴訟為請求行政處分之撤銷及無效確認訴訟。兩者為請

---

❾　碓井光明，前揭註❻，pp. 104〜106。

求撤銷違法之行政處分及請求確認違法處分之無效，故被告為處分機關。若權限委任之情形，受任機關作成處分者，則被告為受任機關。內部輔助機關並無處分權限，非為被告，處分機關始為被告。

C.不作為事實之違法確認訴訟

第三種類型之訴訟為請求不作為（或怠於作為）之事實違法確認訴訟，通常是對怠於徵收費用或財產管理之機關而提起，被告為該怠於徵收費用或財產管理之機關。

D.損害賠償或不當得利返還請求權行使請求訴訟

第四種類型之訴訟為請求地方公共團體之執行機關或職員對相對人行使損害賠償、不當得利返還請求權之訴訟，此乃執行機關或職員怠於行使對相對人之損害賠償、不當得利返還請求權時，住民請求機關行使對相對人該等權利訴訟，被告為該怠於行使對相對人損害賠償、不當得利返還請求權之機關。

4.住民訴訟之必要前置程序──監查請求

提起住民訴訟之前，必須先向監查委員請求財務會計活動之監查，對監查委員之監查結果或勸告有不服者，或是對受勸告之機關或職員之措施有不服者，或是監查委員於監查請求 60 日後仍不為監查或勸告者，或是受勸告之機關或職員於勸告明示期間內仍不為必要措施者，始可提起住民訴訟。因此，住民監查請求，具有住民訴訟之前審性質，其意義在於行政內部先行自我糾正一些違法的財務會計活動，發揮自我監督之功能，並減輕法院訴訟負擔，乃定位為住民訴訟之必要前置程序。

此外，1997 年地方自治法修正，導入外部監查契約之監查，監查制度則包括監查委員及外部監查契約之監查的兩元制度。外部監查契約之監查制度，分為「概括性外部監查契約」及「個別性外部監查契約」（地方自治法第 252 條之 27 以下）。得為外部監查人，為律師、會計師、會計檢查委員經驗者、稅務士等（同法第 252 條之 28 第 2 項）。至於住民監查請求時，亦得請求依個別外部監查契約，實施監查（同法第 252 條之 43 第 2 項）。外部

監查人應作成監查報告，向監查委員提出（同法第 252 條之 43 第 4 項），監查委員作有無理由之判斷（同法第 252 條之 43 第 5 項）。

5. 住民訴訟之請求事項範圍

住民訴訟之請求事項為違法或不當之財務會計上的行為或怠於行為，可簡稱為「財務事項」或「財務會計上之行為或怠於行為」。依其行為之態樣，可以再細分為下列幾項（第 242 條）：

(1)公費之支出

所謂公費之支出，應包括公費之現金支付行為、其先行之支出命令及其先行之支出負擔行為。所謂公費，包括現金及有價證券。所謂「違法支出」，係指違反法規之支出。所謂「不當支出」，係指支出本身雖非違法，但支出之依據或理由欠缺或不充分。所稱「不當」，包括支出本身之不適當，及支出金額之不適當。

而公費之內容，不問其名義或名目為何，補助金、交際費、招待費、旅費、補償金津貼、律師報酬費等，皆包含之。

此外，在認定公費支出之違法性時，常常出現支出原因行為之違法，造成支出行為之違法，其結果，構成公費支出之違法。又，若為違法之公費支出，即使經議會議決通過，亦非適法❿。

(2)財產之取得、管理、處分

所謂財產，係指地方自治法第 237 條所定之「公有財產」、「物品」、「債權」及「基金」而言。財產之管理、處分，係指以維持財產之價值及保全等為目的所為之財務處理而言。

(3)契約之締結、履行、債務及其他義務之負擔

關於契約之締結、履行，為地方自治法第 234 條以下所定之情形。關於債務及其他義務之負擔等，例如未經議會議決之負擔等、違反條例之補助金支出等。

---

❿ 室井力・原野翹編，前揭註❷，p. 114。

⑷怠於公費或稅款之徵收或怠於財產之管理

關於怠於公費或稅款之徵收，例如應課徵之稅款怠於課徵、對滯納者未採必要措施、違法之稅款減免、違法之費用減免等。關於怠於財產之管理，例如公有財產之不法佔有、消滅時效前之債權放棄等。

6. 起訴期間

住民訴訟之四種類型之訴訟之訴訟期間，均為 30 日，為不變期間（地方自治法第 242 條之 2 第 2 項及第 3 項）。

7. 各種訴訟類型

住民訴訟之類型，限定於地方自治法第 242 條之 2 及之 3 所定之四種類型，始可提起。

⑴**禁制訴訟**

第一種類型為請求執行機關或職員之行為之全部或一部之禁制之訴訟。此種禁制訴訟，在 2002 年地方自治法修正以前，要求「難以回復之損害之虞」之積極要件，非常嚴格，但在 2002 年地方自治法修正以後，刪除該積極要件，改為增列「因禁制該行為，將嚴重妨礙防止人之生命、身體之重大危害之虞或嚴重妨礙其他公共福祉之虞者，不得請求。」之消極要件（第 242 條之 2 第 6 項），因此，提起禁制訴訟，必須是沒有上開情形，始可為之。整體而言，放寬了禁制訴訟要件。此項消極要件，係參考行政事件訴訟法第 25 條第 4 項執行停止要件及第 27 條第 3 項內閣總理大臣異議要件中「對公共福祉有重大影響」而來，解釋上，應該相當限定，例如重新依照合法的程序者，時間上將來不及而請求禁制者，或防止危害發生尚有其他代替手段者，抑或時間上尚屬充分者等，均不符合此消極要件❶。

⑵**撤銷訴訟、無效確認訴訟**

第二種類型為請求行政處分之撤銷及無效確認訴訟。關於請求撤銷之行政處分及請求確認無效之行政處分，學說通說及實務上，皆認為與抗告

---

❶　碓井光明，前揭註❻，p. 17。

訴訟之行政處分相同涵義。但有學說認為不必與抗告訴訟之行政處分作相同認定，因為住民訴訟上之撤銷訴訟、無效確認訴訟，原告並非站在處分之相對人的立場，而是站在自治體之主權者的立場，在抗告訴訟中難以被承認之形式的行政處分（包括實定法上及理論上（或法解釋上）之形式的行政處分），在住民訴訟上，應可承認其處分性❷。

⑶不作為事實之違法確認訴訟

第三種類型為請求不作為（或怠於作為）之事實違法確認訴訟。不作為（或怠於作為）之事實，必須特定。

⑷兩階段訴訟

第四種類型分為兩階段訴訟：

第一階段為請求地方公共團體之執行機關或職員對相對人行使損害賠償、不當得利返還請求權之訴訟，以及請求對職員賠償命令請求之訴訟。此乃執行機關或職員怠於行使對相對人之損害賠償、不當得利返還請求權時，或是機關怠於對職員請求賠償時，住民請求機關行使對相對人損害賠償、不當得利返還請求權之訴訟，以及請求機關行使對職員賠償請求權，故性質上屬於一種課予義務訴訟。

在前述第一階段住民之原告勝訴確定後，地方公共團體行政首長即應在判決確定日起 60 日內行使對相對人之損害賠償或不當得利返還請求權，或對職員之賠償請求權，但若在判決確定日起 60 日後仍未行使者，或是雖然行使請求權，但相對人或職員未履行者，地方公共團體應對該相對人或職員提起損害賠償或不當得利返還請求訴訟。若在第一階段訴訟係對行政首長提起者，則在第二階段，應由監查委員提起（地方自治法第 242 條之 3，第 243 條之 2）。此為第二階段訴訟，性質上屬於民事訴訟❸。

---

❷　佐藤英善，〈住民訴訟の請求〉，園部逸夫編，《住民訴訟・自治体爭訟》，ぎょうせい，1996 年，p. 213。

❸　碓井光明，前揭註❻，pp. 20～25。

第三節
我國住民之義務

在現行法制下，住民之義務如下：

一、憲法上住民之義務

憲法第 19 條至第 21 條規定人民的納稅義務、服兵役義務及受國民教育之義務中，由於後兩者之依據為中央法律，因此屬於國民之義務，尚非住民之義務，但納稅義務，由於地方自治團體亦有稅賦課徵權，因此，住民對於地方稅負有繳納稅款之義務，自不待言。

二、地方制度法上住民之義務

地方制度法第 17 條規定，直轄市民、縣（市）民及鄉（鎮、市）民之義務如下：1.遵守自治法規之義務。2.繳納自治稅捐之義務。3.其他依法律及自治法規所課之義務。其中，繳納自治稅捐之義務，憲法已有明文規定，其他依法律及自治法規所課之義務，為個別法規規定之義務，自無須贅言。遵守自治法規之義務，亦屬法規共通之意旨。此等規定，應該僅是確認性質之規定，並非創設性質之規定，因此，地方自治團體不得僅以本條規定作為課予住民義務之依據，必須有個別法之依據，始得為之。

三、其他中央法令上住民之義務

嚴格來說，行政法規皆有其規範意旨，為達其規範意旨，當然會使用種種手法（例如不利處分、行政罰）課予人民及住民義務，包括作為義務、不作為義務、金錢給付義務等。從此意義以觀，凡是中央法令亦適用於地方自治團體者，住民當然應該受該法令拘束而負有該法之義務。

四、地方法規上住民之義務

　　地方法規，與中央法規一樣，只要是行政法規，一般而言，皆有其規範意旨，為達其規範意旨，當然會使用種種手法（例如不利處分、行政罰）課予人民及住民義務，包括作為義務、不作為義務、金錢給付義務等。且住民既然為地方自治團體之主權者，從住民自治之理念以觀，除享有地方法規之權利外，同時亦應負有地方自治法規之義務。

第七章

地方自治團體之
事務

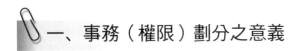

第一節
概　說

一、事務（權限）劃分之意義

㈠事務（權限）劃分是統治團體間政治權力之分配

　　不論是歐陸型、英美型或日本型的地方自治國家，亦不論是聯邦或單一國家，甚至是歐洲聯盟，事務（權限）劃分原來的意義，係指統治團體間政治權力之分配。只是在聯邦及單一國家，甚至是歐洲聯盟，其意義有些微的差異。

　　在單一國家之情形，為一主權國家之所有事務（權限）如何分配給其內統治團體的問題；在聯邦國家之情形，為聯邦與其成員之州（邦）間之事務（權限）分配，以及主權政府之州（邦）與其內之統治團體的事務（權限）分配；在歐洲聯盟之情形，係指歐洲聯盟與其成員國家間之事務（權限）分配，以及成員國家依其為單一或聯邦國家而有前述之問題。

　　一個主權國家，或是結合多數主權政府之聯邦國家，甚至是統合多數主權國家之歐洲聯盟，不論是哪一個統治團體，在現實上，不可能處理所有事務，也不適合由一統治團體處理所有事務，因此，必然會有統治團體間之事務（權限）劃分的問題。而統治團體間之事務（權限）劃分，又是一種政治權力（或是統治權力）之劃分，因此，事務（權限）劃分，自為統治團體間之政治權力（或統治權力）劃分之意。

㈡事務（權限）劃分不是在一統治團體內行政權、立法權甚至是司法權間之分配

　　事務（權限）劃分，既為統治團體與統治團體間之政治權力劃分，此政治權力，即為統治權力，包括立法權、行政權及司法權，自不是在一統

治團體內行政權、立法權甚至是司法權間分配。行政權與立法權、立法權與司法權、行政權與司法權間之範圍界定，屬於權力分立原則之問題，與事務（權限）劃分，係不同問題。

㈢ 事務（權限）劃分更不是在一統治團體內行政機關間之行政權分配

　　事務（權限）劃分，既為統治團體與統治團體間之政治權力劃分，此政治權力，即為統治權力，包括立法權、行政權及司法權，當然更不是在一統治團體內行政機關間之行政權分配。一統治團體內之行政機關間職權分配（行政權分配）之問題，為行政機關組織建構或調整問題，通常必須配合行政之角色、事務之性質及內容等，具濃厚的政策及現實意義色彩，且由於對人民而言，均係行政機關，人民與行政間的關係，法理上之爭議較少。而事務（權限）劃分，係中央與地方自治團體之事務（權限）劃分問題，如同後述，涉及到地方自治之理念，自與單純的行政機關間之行政權分配不同。

 二、事務（權限）劃分在地方自治法學上之意義

　　前已提及，事務（權限）劃分，為統治團體與統治團體間之政治權力之劃分，此政治權力，即為統治權力，包括立法權、行政權及司法權。在單一國家之情形，由於主權單一，這種事務（權限）劃分，即為中央與地方自治團體間之事務（權限）劃分之意義，而司法權，通常為中央專屬之事務，蓋司法權涉及司法獨立及其對立法權及行政權之監督，有全國一致性之性質，並有權力分立原則之拘束，不宜由地方自治團體處理。因此，關於司法權事務，在單一國家，並無事務（權限）劃分問題。

　　而在聯邦國家之情形，由於係多數主權政府之州（邦）所組成，州（邦）既各有其主權，當然各有其立法權、行政權及司法權。因此聯邦國家之事務（權限）劃分，含有兩個意義，一為主權政府之州（邦）內之州（邦）

與其地方自治團體間之事務（權限）劃分，以及聯邦與州（邦）間之事務（權限）劃分。而會涉及到地方自治理念者，為前者；至於後者，為主權政府之州（邦）與聯邦間之事務（權限）劃分，而主權政府之州（邦）並非地方自治團體，自與地方自治法之事務（權限）劃分無關。

而中央與地方自治團體及地方自治團體間事務（權限）劃分，即何種事務（權限）宜劃分給中央或地方自治團體處理，為何在地方自治法學上具有重大意義呢？眾所皆知，統治團體之存在意義或終極目的為增進人民福祉，則為達其目的，必要之組織及活動，當然應予以承認，不因中央或地方自治團體而有差異。依此，將事務（權限）劃分給哪一個統治團體（中央或地方自治團體）處理，看起來似乎是形式上・技術上問題而已。但是，必須注意者，中央與地方自治團體及地方自治團體間之事務（權限）劃分、及中央與地方自治團體及地方自治團體間之關係，必須符合憲法保障之地方自治等原理原則，因此，何種事務劃分給地方自治團體才符合憲法上保障之地方自治理念？中央與地方自治團體之關係（包括中央對地方之關係及地方對中央之關係）為如何之構造才符合地方自治之原理原則？這才是事務（權限）劃分之核心問題，也是憲法保障地方自治之問題。例如地方自治團體之自治事務比率過低，所處理之事務絕大部分都是處理中央之事務者（例如我國之委辦事務），或是中央與地方自治團體間為不對等之上下優劣關係，嚴格來說，皆有違憲法保障地方自治意旨之虞。

因此，中央與地方自治團體之事務（權限）劃分基準、地方自治團體之自治事務有多少比率，及中央與地方自治團體關係，實際上亦為各國地方自治等原理原則之落實程度之判定指標，均直接左右地方自治程度。而地方自治原理原則，在近代國家以後，係包括以自由主義為基礎之「團體自治」原理，及以民主主義為基礎之「住民自治」原理，從此觀點來看，中央與地方自治團體間事務（權限）之劃分基準及中央與地方自治團體關係，更為自由主義或民主主義之軌跡。

第二節
事務（權限）劃分之諸類型

　　從先進地方自治國家之自治發展過程中，可以得知事務劃分之法論理及政策論與其地方自治發展過程及型態具密切關聯。在先進地方自治國家之發展之諸多類型中，歐陸（德法）型、英美型、日本型，並不相同，各國之問題狀況，自亦有別。

　　本書認為，我國地方自治尚在形成階段，地方自治基本原理原則，不得不假借先進地方自治國家之理論發展，而我國之國家及地方自治發展，整體而言，與日本型發展較為近似❶。以下除簡介歐陸型及英美型事務劃分之特徵外，並詳細介紹日本舊制（與我國現制近似）與新制之事務劃分，為我國今後在法論理及政策論上，提供有意義的論理基礎。

一、歐陸（德法）型

　　以團體自治為基礎而發展的「歐陸型地方自治」國家，如最具代表的德國、法國，由於住民主導的市民社會之形成比較遲，而由國王統治形成統一國家較早，其「先成立統一國家，後成立地方制度」之過程，自然將地方自治團體視為國家統治機構之一部分，而認地方自治團體係國家統治手段之需要而設，且國家對於地方自治團體，與一級地方自治團體對於二級地方自治團體，亦有指揮監督權，地方自治團體之首長，因有國家機關之性質，國家對之亦有相當程度的監督權，也才有自治監督體制。

　　在聯邦國家德國之事務劃分❷，有幾點特徵：

---

❶　此乃本書認為在近代化、現代化過程及歷史上，我國與日本極為相似且接近，而與歐陸型國家之差異甚大，更與英美型國家有如天壤之別。

❷　有關德國權限劃分之研究，請參考黃錦堂主持，《中央與地方權限劃分暨相關法制調整之研究》，行政院經濟建設委員會亞太營運協調服務中心委託研究案，1999 年，pp. 26 以下；李惠宗主持，《中央與地方權限劃分之研究》，內政部 86

1.鄉鎮市之自治事項，於基本法上有明文保障（第 28 條第 2 項）。

2.在各邦中，地方政府處理之事務可分為自治事項、委辦事項及機關借用事項，尤其是機關借用事項更屬特殊。

3.自治事項除了法律規定之自治事項（法定自治事項）外，亦包括任意自治事項。

4.委辦事項性質上屬於國家、邦或上級地方自治團體委託地方自治團體處理之事務，委託團體保留監督權。

5.自治事項與委辦事項內容之區別，並非從正面直接加以界定，而是透過法律或指令界定委辦事項後，以消去式判定自治事項。

6.自治事項與委辦事項區別之實益，主要在於自治監督型態之不同，前者僅有合法性監督，後者除合法性監督外，亦包括合目的性監督（合稱為專業監督）。

至於法國，長年來處於中央集權體制，地方分權改革始於 1982 年 3 月制定的「鄉鎮市‧縣‧州之權利與自由法」（亦稱為地方分權法），而國家與地方之權限劃分，則為 1983 年權限劃分法所明定❸。

年度研究報告，1997 年，pp. 27 以下；許宗力，〈地方立法權相關問題之研究〉，《憲法與法治國行政》，1999 年，pp. 288 以下；阿部照哉，〈ボン基本法の地方自治〉，阿部照哉等編，《地方自治大系 1》，嵯峨野書院，1989 年，pp. 123 以下。

❸ 關於法國權限劃分之研究文獻，非常稀少，請參考朱國斌，〈中央集權與地方分權的平衡：對法國 1982 年地方分權法理論與實踐的考察〉，《地方自治之監督學術研討會》，1998 年 12 月 3～4 日，p. 19；李惠宗主持，前揭註❷，pp. 69 以下；大山礼子，〈フランスの地方分権〉，藤岡純一‧自治体問題研究所編，《海外の地方分権事情》，自治体研究社，1995 年，pp. 187 以下；大山礼子，〈フランスの地方自治制度〉，《法律時報》，66 卷 12 号，pp. 52 以下；竹下譲，〈フランス〉，同，《世界の地方自治制度》，イマジン出版，1999 年，pp. 162 以下；山岸敬子，〈フランスの中央集権体制——その長期存続理由の分析を中心として〉，阿部照哉等編，《地方自治大系 1》，嵯峨野書院，1989 年，pp. 163 以下。

二、英美型

㈠英　國

同樣是中世時期，英國雖與歐陸國家均係國王統治制度，但在地方自治發展上，卻有不同。英國之住民自治，早在 11 世紀諾爾曼人建立統一國家以前即已形成。borough，county，town 之地域共同社會單位及 parish 教會區即已存在，由住民主導統治的自治型態即已確立。諾爾曼王朝之成立，為諾爾曼王朝威廉一世與倫敦及其他自治都市妥協之結果，因此不得不尊重倫敦及其他自治都市之自治。從而地方自治團體係與國家為獨立個別而存在，國家如有必要，可在地方設置派出機關，或設置特殊目的的地方組織單位。

在如此背景下成立之自治❹，由於議會主權原則之支配，議會擁有強大的權力，對於國家與地方間之權限劃分，則以國家法律嚴格加以規定，原則上地方自治團體只能處理法律規定之事務，若因地域之特殊性而必須處理時，亦必須以特別立法定之，而地方權限之行使，必須受「權限踰越法理」(ultra vires) 的拘束。

必須注意者，為英國對於國家與地方事務之區分及自治體的權限，雖皆以國家個別法律規定，看起來似乎過於形式或限定，但實際上國家相當承認地方之自主性及獨立性，個別法律所定自治體權限的範圍相當廣泛，此乃源於濃厚的住民自治意識、自治原理而實定化之產物，自有其厚實的實質基礎。

甚且，既然地方自治團體與國家係個別存在，則國家對地方自治團體之首長或執行機關之產生等，並不關心，亦無指揮監督體制。此外，地方

---

❹　關於英國事務劃分之文獻，請參考李惠宗主持，前揭註❷，pp. 55 以下；岡村周一，〈イギリスの地方制度——二十世紀〉，阿部照哉等編，《地方自治大系 1》，嵯峨野書院，1989 年，pp. 243 以下。

自治團體中，地方議會為反映住民意見之機關，負責政策決定，並自行執行，係採議會內閣型。因此，現在 county 及 district 之事務，完全由法律定之，其間並無重疊，county 與 district 之間，亦無指揮監督關係。地方議會與執行機關亦無分開之必要，由地方議會擔當執行。District 首長之 mayor 亦非執行機關，沒有政治權能，只是該地方自治團體之象徵性代表。

㈡美　國

美國係從英國移民而建立聯邦國家，在政治制度上不採議會內閣制而採總統制，且執行權之首長及國會，均由人民直選產生，並無上下關係。由於係聯邦國家，構成聯邦之州，擁有獨立之主權，地方制度因州而異，難以一般全面論之。各州中，雖有 county 及 district，但 county 並非全是包括 district 之自治體，沒有 district 之 county 亦存在。而 district 為保有自治權，必須經法人化 (incorporate) 或憲章 (Charter) 承認。因此，county 與 district 之間，並無指揮監督關係，只有機能分擔、執行機關首長之產生等，更無其他自治體之監督等。

在 district 組織上，除紐約、芝加哥等大都市係由住民選出之市長及議會所構成外，大部分之 district 與英國一樣，採議會內閣制，議會即執行機關。不過，美國 district 執行機關之首長，係來自於外部經營專家，稱為 city manager，並擁有強大的權限。

至於聯邦與州權限劃分，採專屬聯邦之權限、專屬州之權限、共有權限、禁止聯邦及州行使之權限的方式；州與地方政府權限劃分，則採透過在州憲法禁止特別立法之消極方式，及授與自治憲章訂定權之積極方式，擴增地方權限❺。

---

❺　關於美國權限劃分之文獻，請參考黃錦堂主持，前揭註❷，pp. 49 以下；澀谷秀樹等，〈アメリカの地方制度〉，阿部照哉等編，《地方自治大系 1》，嵯峨野書院，1989 年，pp. 269 以下。

🔖 三、日本型

　　日本在戰前的舊地方制度，基本上是採取德國‧普魯士式的中央集權的地方制度，建立國家、府縣、市町村之金字塔型構造，且國家與府縣、府縣與市町村係上下關係，指揮監督關係，在當時存在的內務大臣之強大的官治統制及官派府縣首長之情況下，具強烈的官治、中央集權的性質。

　　在戰後，則有重大變革。憲法上定有地方自治之專章，確立地方自治之保障，其具體規定有：揭示地方公共團體之組織及運營事項，必須依地方自治本旨以法律定之（第 92 條），並明定地方自治之總則性基本原則；關於住民自治之基本原則方面，明定地方公共團體議會之設置、議員等之直接選舉（第 93 條）；關於團體自治之基本原則方面，明定地方公共團體之權能，並特別對自治立法權、自治行政權、自治財政權之保障（第 94 條），地方公共團體之平等權及特別法之住民投票制度（第 95 條）加以規定。

　　日本地方自治法，係與戰後憲法同年（1947 年）制定，並同年施行。至今雖有 60 年之歷史，歷經數十次修正，但關於事務劃分，並無太大變革。事務劃分之重大修正始於 1990 年代地方分權改革及 1999 年 7 月制定公布、2000 年 4 月施行之「地方分權推動包裹法」（包括以地方自治法為首的 475 個包裹法律）。以下將 2000 年 4 月施行以前的地方自治法，稱為「舊地方自治法」，以後者稱為「新地方自治法」，分別論述舊制與新制的事務劃分。

㈠舊地方自治法

　　舊地方自治法雖在第 2 條第 10 項規定專屬於國家而排除屬於地方公共團體之事務（＝國家之事務），但由於問題重重❻，新地方自治法已將之刪除。

---

❻　舊地方自治法第 2 條第 10 項規定專屬於國家而排除屬於地方公共團體之事務，包括「司法事務」、「刑罰及國家懲戒事務」、「國家之運輸、通訊事務」、「郵政事務」、「國立教育及研究設施事務」、「國立醫院及療養設施事務」、「國

　　關於地方公共團體之事務，在舊地方自治法上，分為自治事務與機關委任事務❼。前者為本於自治權應處理或得處理之事務❽，包括公共事務（固有事務）、團體委任事務及行政事務。後者為原屬國家或其他地方公共團體之事務，依法律或政令，委由地方公共團體之執行機關（地方首長、委員會或委員）執行之事務。此外，政令指定都市及中核市，與一般之「市」，於成立要件、處理事務內容等，既有不同，本有敘述之必要。但限於篇幅，於此不得不割愛。

1. 自治事務

　　舊地方自治法第 2 條第 2 項規定：「普通地方公共團體處理公共事務、及依法律或基於法律所發布之政令，屬於普通地方公共團體之事務之外，於其區域內不屬於國家之行政事務。」由此規定可知，地方公共團體之事務有「公共事務」、「依法律或基於法律所發布之政令，屬於普通地方公共團

　　家之航行、氣象及水路設施事務」、「國立博物館及圖書館事務」八項。此八項事務，一般稱為國家之專屬事務，惟其中大多冠有「國立」及「國家」之事務，從國家事務之判斷標準而言，並無意義，剩餘者只有司法事務、刑罰事務、郵政事務之三項，係性質上專屬於國家之事務。

　　不過，該項所定八項專屬於國家之事務，應解為並非限定列舉規定，而係例示規定。蓋除此之外，依個別法律規定由國家之地方派出機關執行之事務（例如入出國管理）、或依其性質，不適合由地方公共團體處理之事務（例如貨幣制度），尚非不存在。因此該等規定有無意義，早生疑問。

❼　室井力・兼子仁編，《基本法コンメンタール地方自治法》，日本評論社，1995年第三版，pp. 18 以下（神長勳執筆）。

❽　在舊地方自治法之自治事務，若以有無處理義務來區別者，可分為「必要事務」（地方公共團體有處理義務之事務）與「任意事務」（地方公共團體無處理義務，處理與否，任由地方判斷之事務）。

　　傳統上，團體委任事務，由於類皆有義務化之法令規定，大多屬於「必要事務」；至公共事務及行政事務則多屬「任意事務」。不過，必須注意者，三種自治事務之分類與「必要事務」及「任意事務」並無對應關係。

體之事務」（即為團體委任事務）、「於其區域內不屬於國家之行政事務」（行政事務）三種，於同條第3項並有二十二款該等自治事務內容之例示規定。

又，應注意者，為第2項規定之三種傳統自治事務之分類，其區分基準欠缺一致性，且其區別只是歷史沿革上之意義而已，現行法運用上並無多大意義。

⑴公共事務（固有事務）

公共事務為舉凡以增進住民福祉為目的之各種設施（例如公園、運動場、圖書館、醫院、住宅等）的設置管理、各種事業（下水道事業、運輸事業等）之經營等非權力事務皆屬之。早自明治憲法時代，權力事務即歸屬於國家，地方公共團體原則上只有處理固有的非權力事務，因此亦稱為固有事務。至有無必要處理此種非權力之公共事務，為地方公共團體基於政治判斷（公益性、必要性）而為之。

除了非權力事務外，為地方公共團體之存續所必要的組織、財務等權力事務，亦為公共事務。例如地方公共團體首長、地方議會議員之選舉事務、條例之制定、地方稅之徵收等皆屬之。為處理此種公共事務，在不違反法令之前提下，地方公共團體得制定條例。

地方公共團體為處理此種公共事務而制定之條例中，最值得注意者為資訊公開條例、個人資訊保護條例、行政手續條例。尤其是資訊公開條例、個人資訊保護條例，早在中央制定資訊公開法、個人資訊保護法之前，絕大多數各級地方公共團體已率先制定資訊公開條例‧要綱、個人資訊保護條例，催生了中央資訊公開法及個人資訊保護法之制定，可謂「地方領導中央」之最佳實例。

⑵團體委任事務

團體委任事務為本屬於國家或其他地方公共團體之事務，依法律或基於法律所發布之政令，委任給地方公共團體執行之事務。關於都道府縣之團體委任事務，於舊地方自治法第2條第8項及附表一，列舉明定201項法律中屬於都道府縣之團體委任事務之具體內容；關於市町村之團體委任事務，於同條第9項及附表二，列舉明定25項法律專屬於「市」之團體委

任事務之具體內容，及 159 項法律中屬於「市町村」團體委任事務之具體內容。此種團體委任事務，既係分別依法律或基於法律所發布之政令為之，事務之性質則無共通特徵，且一旦受任執行，即為地方公共團體之自治事務，惟其實際內容上，與公共事務之區分，甚為困難。

團體委任事務為本屬國家或其他地方公共團體之事務，委任給地方公共團體執行，為防止國家等之委任氾濫，乃課以「依法律或基於法律所發布之政令」的嚴格要件，惟實際上，團體委任事務中，多屬於必要事務（必須處理之事務），佔地方公共團體之自治事務比率甚大，且所須經費亦由受任地方公共團體負擔，其有無違反憲法第 92 條「地方自治之本旨」之問題，早為學界檢討之論點。

(3)行政事務

行政事務乃為維持地方公共秩序，健全地域社會，對於違反秩序行為或阻礙住民福祉之行為予以取締等規制之事務。例如交通取締、營業管制、公害管制等。行政事務如非以積極地增進住民福祉為目的之公共事務，係屬消極行政，且係限制人民權利自由之行政，為權力行政。因此，才有舊地方自治法第 14 條第 2 項「行政事務法定化」之規定（該條項規定，處理行政事務，除法令有特別規定外，應以條例定之）。

不過，時至今日，此種以自治體警察制度為基礎之行政事務的內容，已大為擴充。不僅消極行政，亦包括積極行政之事項。例如從公害防止、環境保護、鄉土文化保護等觀點所為經濟活動之管制。甚且，亦有如公安條例、青少年保護條例，對於法律本無規定，自治體以補充法律之不備，自行加以管制者，其有無違反憲法保障人權之虞，不無疑義。

2.機關委任事務

(1)內　容

機關委任事務，為原屬於國家或其他地方公共團體或其他公共團體之事務，依法律或基於法律所發布之政令，交由地方公共團體之首長或其他執行機關（委員會、委員）管理執行。因此，機關委任事務之內容有三種：

⑴國家之事務。⑵其他地方公共團體之事務。⑶其他公共團體之事務。其與團體委任事務之區別，在於事務執行主體。機關委任事務之委任對象為地方公共團體之首長或其他執行機關（委員會，委員），而團體委任事務之委任對象為地方公共團體本身❾。

又，機關委任事務之內容，從行政領域而言，包括國土開發・保全行政、土地・建築行政、農林水產行政、商工行政、運輸・資訊行政、公害・自然環境行政、教育文化行政、社會・勞動行政、保健・環境行政、地方行政、秩序行政等，非常廣泛。

⑵法　據

地方公共團體之首長所管理執行之事務之主要法據為舊地方自治法第148條第1項。該條項規定：「普通地方公共團體之首長，對於該普通地方公共團體之事務，及依法律或基於法律所發布之政令，屬於國家或其他地方公共團體或其他公共團體之事務，管理執行之。」據此，同條第2項規定都道府縣知事應管理執行之事務，除本法及基於本法之政令規定外，依附表三為之。同條第3項規定市町村長應管理執行之事務，除本法及基於本法之政令規定外，依附表四為之。

至於委員會所管理執行之必要事務，同法第180條之8第2項規定，都道府縣及市町村教育委員會所管理執行之必要事務，於附表三及附表四明定之；同法第180條之9第3項規定，公安委員會所管理執行之必要事務，於附表三明定之；同法第186條第3項規定，都道府縣及市町村選舉管理委員會所管理執行之必要事務，於附表三及附表四明定之；同法第202條之2第6項規定，地方勞動委員會及農業委員會所管理執行之必要事務，於附表三及附表四明定之。

---

❾　日本的機關委任事務與德國的機關借用事務，看似相似，其實有別，可以說是日本獨特的事務，且日本機關委任事務之概念亦屬多義，本有再整理檢討之必要。請參考白藤博行，〈「機関委任事務」法論と地方自治〉，日本地方自治学会編，《機関委任事務と地方自治》，敬文堂，1997年，pp. 33以下。

據此，於同法附表三之一，列舉 347 個法律中屬於都道府縣知事所管理執行之必要事務的具體內容；於附表三之二，列舉 24 個法律中屬於都道府縣教育委員會所管理執行之必要事務的具體內容；於附表三之三，列舉 4 個法律中屬於都道府縣選舉管理委員會所管理執行之必要事務的具體內容；於附表三之四，列舉 2 個法律中屬於公安委員會所管理執行之必要事務的具體內容；於附表三之五，列舉 2 個法律中屬於地方勞動委員會所管理執行之必要事務的具體內容。以上屬於都道府縣之機關委任事務之根據法律合計 379 個。

於同法附表四之一，列舉 71 個法律中專屬於市長所管理執行之必要事務的具體內容；於附表四之二，列舉 90 個法律中屬於市町村長所管理執行之必要事務的具體內容；於附表四之三，列舉 10 個法律中屬於市町村教育委員會所管理執行之必要事務的具體內容；於附表四之四，列舉 5 個法律中屬於市町村選舉管理委員會所管理執行之必要事務的具體內容；於附表四之五，列舉 6 個法律中屬於農業委員會所管理執行之必要事務的具體內容。以上屬於市町村之機關委任事務之根據法律合計 182 個。

⑶機關委任事務之特質與問題點

機關委任事務與自治事務相較，在法制度上有下列差異，亦為問題所在：

A.於國家之干預、介入手法上，與自治事務不同

基本上，國家與地方公共團體為對等、協力之關係，因此，國家對於自治事務管理執行之干預介入，原則上，以非權力手法為之。至於以權力手法之干預、介入，只有在法律有特別規定時，始得為之。反之，國家對於機關委任事務之管理執行的干預、介入，在舊地方自治法上，則以權力手法為多，且有特別的監督制度。最重要者為：(a)國家主管大臣或都道府縣知事對於機關委任事務之指揮監督權（第 150 條）；市町村長執行機關委任事務，違反成規或侵害都道府縣知事權限者，賦予都道府縣知事撤銷權與停止權（第 151 條第 1 項）。(b)職務執行命令制度（第 151 條之 2）：都道府縣知事於管理執行機關委任事務，違反法令或國家主管大臣之處分者，或怠於管理執行者，主管大臣得為限期改正之勸告。期限屆至以前，不執

行勸告事項者，得發布限期改正命令。期限內，知事不為改正者，主管大
臣得向高等法院請求裁判命令執行系爭事項。高等法院認為請求有理由時，
應對知事為限期執行系爭事項之裁判。若知事仍拒不執行時，主管大臣得
代替知事執行。以上一連串之手續，稱為職務執行命令程序。

B.議會監督之薄弱

地方議會對自治事務之監督，地方自治法上有嚴格的規定，例如條例
之制定權（第 96 條第 1 項）之外，(a)書類、計算書之檢閱（第 98 條第 1
項）。(b)事務之管理、議決之執行、會計之檢查、監查請求（第 98 條第 2
項）。(c)事務執行之說明請求、意見陳述、意見書提出權（第 99 條）。(d)事
務之調查權、請求關係人列席、證言、紀錄提出請求權等（第 100 條）。(e)
常任委員會之調查權（第 109 條第 3 項）、特別委員會之審查權（第 110 條
第 3 項）等等。

反之，地方議會對機關委任事務之監督，卻非常薄弱。在 1991 年地方
自治法修正以前，只有上述(c)而已，其他之監督規定，皆不適用於機關委
任事務。在 1991 年地方自治法修正以後，雖增加了上述(a)及(b)，但是，條
例之制定權、(d)及(e)之權限，仍被排除在外。且(a)及(b)，雖原則上增列，
但仍有一定事項排除在監督範圍之外（①因檢查、監查而有危害國家安全
之虞之事務。②因檢查、監查而有侵害個人隱私之事務。③屬於勞動委員
會及土地徵收委員會權限之事務。）整體而言，地方議會對機關委任事務之
監督，仍然非常薄弱。

C.監查委員之監查

對於自治事務之監查制度，舊地方自治法上有(a)基於議會請求之監查
（第 98 條第 2 項）。(b)一般監查（第 199 條第 2 項）。(c)基於主管大臣、地
方公共團體首長請求之監查（第 199 條第 6 項）。(d)基於住民直接請求之事
務監查（第 75 條）。(e)基於住民監查請求之監查（第 242 條）。而對於機關
委任事務之監查制度，在 1991 年地方自治法修正以前，雖有上述(c)、(d)及
(e)，但無(a)及(b)。因此，在 1991 年地方自治法修正以後，增加了(a)及(b)（但
以政令除外者，不在此限。地方自治法施行令第 121 條之 3 及第 140 條之

5 規定不得為監查之對象為：①因檢查、監查而有危害國家安全之虞之事務。②因檢查、監查而有侵害個人隱私之事務。③屬於勞動委員會及土地徵收委員會權限之事務。），擴增了監查委員之權限，其結果，除上述施行令規定除外者外，原則上，與自治事務之監查制度大致一樣。

總之，在中央集權統治下誕生之機關委任事務制度，於法制度上，尤其是國家之干預手法及議會監督上，與自治事務，截然有別，為長年來中央行政官僚干預甚至駕馭地方行政之有力武器，透過鞏固的自民黨政權之政治力，促使在法據（舊地方自治法附表所揭個別法律）上，漸漸增列機關委任事務之數量，如同雪球般愈滾愈大，至 1995 年為止，機關委任事務之法律數量，已達 561 個（包括都道府縣 379 個及市町村 182 個），且地方公共團體實際上處理之事務中，機關委任事務佔全部事務之比率高達 70% 以上，無怪乎被譏為只有 30% 之自治，其問題重重，甚至有違憲法第 92 條地方自治之本旨之虞，夙為學界大力批評之對象，終於 1990 年代地方分權改革中決定廢止。

㈡新地方自治法制

日本地方自治法於 1947 年施行以來，雖歷經數十次修正，但皆屬局部性、漸進性的修正，其間關於事務劃分，並未作重大修正。地方自治法制之全面性、重大的變革，是 1990 年代地方分權改革之成果❿，其具體成為法律者，為包括 475 個法律之包裹法律「地方分權推動包裹法」。此包裹法律，包括共通相關法律（地方自治法及國家行政組織法），以及當時中央各府省的相關法律。

新地方自治法制之重要修正內容如下：

---

❿ 日本 1990 年代地方分權推動過程，可分為三大階段：第一階段（地方分權推動法 1995.5.19 公布 7.3 施行以前），第二階段（地方分權推動法 1995.5.19 公布 7.3 施行以後），第三階段（「地方分權推動包裹法」1999.7.8 制定，1999.7.16 公布，原則 2000.4.1 施行以後）。其詳細內容及過程請參考黃錦堂主持，前揭註❷，日本部分，pp. 18 以下，蔡秀卿執筆。

1. 國家與地方自治團體之事務劃分

依 1998 年 5 月 29 日內閣閣議決定通過之「地方分權推動計畫」,地方分權推動之基本理念如下: 國家與地方自治團體,在增進國民福祉之共同目標下,維持相互協力關係,為提升地方自治團體之自主性與自立性,實現個性澎湃及活力洋溢之地域社會,應將國家與地方自治團體所應分擔之角色予以明確化,將與住民相近之行政,儘可能由其鄰近之地方公共團體處理。依上述基本理念,國家與地方自治團體之事務劃分原則為:

(1)國家應分擔之事務,包括以下三種事務: (a)國際社會上國家存續之相關事務。(b)以全國統一規律為宜之國民各種活動之相關事務,或地方自治之基本準則之相關事務。(c)應以全國規模、觀點實施之政策及事業 (以維持、達成最低標準、全國規模、觀點之基本社會資本整備等之相關基本事項為限) 等相關重要事務。

(2)地方自治團體應分擔之事務,以地方自治團體自主地、綜合地、廣泛地分擔地域行政為原則。

(3)國家對於地方自治團體事務之角色: 為配合國家與地方自治團體之事務劃分原則,國家對於地方自治團體事務之角色分擔,應依下列三項原則處理:

A.地方自治團體之相關法令規定,應符合地方自治之本旨,及依照國家與地方自治團體事務劃分原則之意旨。

B.地方自治團體之相關法令的解釋及運用,應基於地方自治之本旨,及國家與地方自治團體事務劃分原則之意旨為之。

C.依法律或基於法律之政令,定為地方自治團體處理之自治事務者,國家應特別考慮讓地方自治團體得依地域實情處理該事務。

2. 機關委任事務制度之廢除

國家與地方自治團體之關係,應以地方自治為基礎之對等・協力關係為前提,為建立此種新關係,廢除機關委任事務制度,並採取以下措施:

⑴刪除舊地方自治法上機關委任事務制度之諸多規定，包括國家事務之指揮監督權（第 150 條）、市町村長處理國家或都道府縣事務之都道府縣知事之撤銷・停止權（第 151 條第 1 項）、職務執行命令（第 151 條之 2）、揭示機關委任事務之附表及其根據規定（第 148 條第 2 項及第 3 項、第 180 條之 8 第 2 項、第 180 條之 9 第 3 項、第 186 條第 3 項、第 202 條之 2 第 6 項、附表三及四）。

⑵廢除機關委任事務制度之同時，舊地方自治法上相關規定亦配合整理。例如地方公共團體首長之機關委任事務的管理及執行權（第 148 條第 1 項）規定。

⑶廢止機關委任事務的同時，各個事務之法律相關規定，亦為必要之修正。

⑷關於地方自治法上附表之處理，配合機關委任事務制度廢止，除刪除附表三及四外，附表一及二（團體委任事務）、附表五（必設行政機關）、附表六（必置職名）、附表七（必設審議會等），亦一併刪除。

3.地方自治團體事務之調整——自治事務與法定受託事務

新地方自治法規定，地方自治團體處理之事務，包括「地域事務」及「非地域事務」（第 2 條第 2 項），前者係因地方自治團體既以地域為基本要素之一，自應有廣泛的權能；後者為雖非屬於地域事務，但特別以法令定為地方自治團體處理者，自為地方自治團體之事務。又此規定並非禁止國家與地方自治團體間以協議或契約方式定之，亦非意味限制地方自治團體之權能❶。

而最重要者為廢除機關委任事務制度後,將機關委任事務重新整理為:事務本身已無存續之必要者，予以廢除；宜由國家直接執行者，劃為國家執行事務；其他地方自治團體繼續處理者，重新分為「自治事務」與「法定受託事務」。

---

❶ 成田賴明監修・川崎政司編集代表，《地方自治法改正のポイント——地方分權に向けた地方自治法拔本改正》，第一法規，1999 年，p. 19。

⑴自治事務

對於自治事務，新地方自治法並未積極定義，僅以消極式的消去法予以定義：「地方公共團體處理之事務中，除去法定受託事務以外之事務。」（第 2 條第 8 項）未予積極定義之理由為自治事務內容包括法定自治事務及非法定自治事務，亦包括任意自治事務及強制自治事務，過於廣泛以致無法定義❷。

⑵法定受託事務

新地方自治法第 2 條第 9 項規定法定受託事務有兩種：「依法律或基於法律之政令，都道府縣、市町村或特別區所處理之事務中，屬於國家本來應擔當之事務，惟考慮國家特別確保事務處理之適正性之必要，而以法律或基於法令規定者。」（稱為第一款法定受託事務）及「依法律或基於法律之政令，市町村或特別區所處理之事務中，屬於都道府縣本來應擔當之事務，惟考慮都道府縣特別確保事務處理之適正性之必要，而以法律或基於法令規定者。」（稱為第二款法定受託事務），前者於附表一列舉，後者於附表二列舉。

廢除舊制的機關委任事務經重新整理後，自治事務與法定受託事務之比率成為：自治事務佔 55%，法定受託事務佔 45%❸。由於法定受託事務之比率仍屬偏高，乃於新地方自治法附則第 250 條規定，關於法定受託事務儘可能不再增加，且仍應繼續適時檢討修正。

值得一提者，為法定受託事務與舊制的機關委任事務相較，究竟有無變革？整體而言，雖在制度上，儘可能加以區別，例如前者為對團體之委任，後者為對機關之委任；在干預方面，前者改為法定化及類型化的干預，有別於後者包括式的指揮監督等等，法定受託事務與機關委任事務，確有

---

❷ 小早川光郎等，〈座談会　分権改革の現段階——地方分権推進委員会第 1 次～第 4 次勧告をめぐって〉，《ジュリスト》，1127 號，1998 年 2 月 1 日，p. 25；成田頼明監修・川崎政司編集代表，前揭註❶，p. 21。

❸ 地方自治制度研究会編，《Q&A 改正地方自治法のポイント》，ぎょうせい，1999 年，p. 33。

不同，但不可否認地，兩者亦有類似點，例如議會之監督、監查、行政不服審查等❶，從而今後如何評價法定受託事務，仍繫於地方分權推動之意旨是否落實。

(3)法定受託事務之判定指標❶

A.與國家統治有密切關聯之事務

B.國家所直接執行之事務中，重要者如下：

a.國家設置之公物管理、國立公園之管理、國定公園內指定物等之相關事務；國立公園內輕微之行為、許可等之相關事務；國立公園內特別地域、特別保護地區指定等相關事務。

b.涉及廣域之重要角色之治山、治水及天然資源之適正管理的相關事務。

c.以保護環境為目的，對於國家訂立之環境基準及管制基準予以補完之事務；與環境基準之類型相當（水質、交通噪音）的相關事務；總量管制基準之設定的相關事務；空氣污染、水質污染、土壤污染、交通噪音狀況之監視的相關事務。

d.對於信用秩序有重大影響之金融機關等之監督相關事務。

e.醫藥品等製造之管制相關事務。

f.麻藥等取締之相關事務。

C.依全國單一制度或全國統一基準所為給付金之支給等相關事務如下：

a.為確保最低標準之生存條件，全國基於統一性、公平性、平等性所為給付金之支給等之相關事務。

b.為全國單一之制度，且由國家支出、營運之保險金與給付金之支給等相關事務。

c.國家所為補償給付等相關事務。

---

❶ 成田賴明監修，前揭註❶，p. 23。

❶ 此判斷指標雖未規定於新地方自治法，但為界定法定受託事務之主要基準，並為個別法中劃分為法定受託事務與否之重要基準。詳細內容請參考〈地方公共団体の事務の新たな考え方〉，《地方分権推進計画》，1998.5.29。

D.為防止國民健康受害等所為傳染病蔓延之防止、醫藥品等流通之取
　締涉及廣域的事務

a.防止法定傳染病蔓延之相關事務。

b.公眾衛生上有重大影響之虞的醫藥品等全國性流通取締相關事務，
包括醫藥品等取締之相關事務、食品等取締之相關事務、農藥等取締相關
事務。

E.非基於精神障礙者本人同意之入院措施相關事務

F.國家所為災害救助之相關事務

G.國家直接執行之事務之一部分，定為由地方公共團體處理之事務，
　而僅處理該事務並無法達成行政目的者

H.與國際協定等有關，且在近期內已預定全體制度改革之事務

⑷自治事務與法定受託事務之區別實益

自治事務與法定受託事務，於法制度設計上，有以下之區別：

A.條例、規則制定權

在不違反法令之限度內，地方自治團體就其處理之自治事務，得制定
條例。法定受託事務與自治事務一樣，在不違反法令之限度內，得制定條
例❻。只不過由於法定受託事務原則上係依法令而產生，故實際上條例制
定之範圍較小。在不違反法令之限度內，地方公共團體之首長，就其權限
內所屬之事務，得制定規則。

B.議會之權能

a.關於法定受託事務條例之制定，以法律或基於法律之政令規定者為
限，為議會議決之事項（地方自治法第96條第2項），接受議會之監督。

b.關於議會對於事務進行狀況之檢閱、檢查及監查請求（地方自治法
第98條），原來議會監督權限範圍以外之事務中，依事務重新劃分之結果，
成為法定受託事務者，仍被排除在議會監督權限範圍以外；成為自治事務

---

❻　因此，自治事務與法定受託事務之區別重點，並非條例制定權之有無，轉為干
　　預體制。與德國委辦事務尚無立法權，則自主立法權之有無仍為自治事務與委
　　辦事務區別重點之一的體制，並不相同。

者，除地方勞動委員會及徵收委員會之權限相關事務外，其他則在議會監督權限範圍之內。

c.關於議會對事務進行狀況之調查權（地方自治法第 100 條第 1 項），地方自治法第 98 條規定排除議會監督之事務者，仍不在議會監督權限範圍內。

d.關於議會對機關委任事務之說明請求權（地方自治法第 99 條第 1 項），配合機關委任事務制度之廢除，亦刪除之。

C.監　查

a.關於監查委員之監查（地方自治法第 199 條第 2 項），原來不在監查範圍之事務中，依事務重新劃分之結果，成為法定受託事務者，仍被排除在監查範圍以外；成為自治事務者，除地方勞動委員會及徵收委員會之權限之相關事務外，則在監查範圍之內。

b.關於主管大臣及都道府縣知事之監查請求（地方自治法第 199 條第 6 項及第 9 項），刪除之。

D.審查請求

對於自治事務之處分，除個別法上有特別規定者外，不得對國家行政機關提出審查請求；對於法定受託事務，依地方自治法規定，對國家行政組織法第 5 條規定之內閣總理大臣、各省大臣或都道府縣知事及其他執行機關，得依行政不服審查法提出審查請求。

E.代執行

關於自治事務，國家行政機關或都道府縣知事不得代為執行；關於法定受託事務，國家行政機關或都道府縣知事，則得代為執行。

F.自治干預之基本方式

新地方自治法規定自治干預之基本原則有三：法定主義原則（第 245 條之 2）、一般法主義原則（第 245 條之 3～第 245 條之 8）、公正透明原則（第 247 條～第 250 條之 6）。

而自治干預之型態，除了類型化規定：「勸告、資料提出要求、改善要求、同意、許可‧認可‧承認、指示、代執行、協議」（第 245 條第 1、2 項）以外，尚有概括性規定（第 245 條第 3 項）。具體而言，對自治事務之

干預，包括以地方自治法為根據之干預者有「技術性的勸告」、「資料提出之要求」、「協議」、「改善要求」及處理基準；對於法定受託事務之干預，則包括勸告、資料提出要求、改善要求、同意、許可‧認可‧承認、指示、代執行、協議之所有干預型態，及處理基準。此亦為自治事務與法定受託事務之最重要區別**❶⃝**。

第三節
事務（權限）劃分之原則

關於事務（權限）劃分原則，前已提及，歐洲地方自治憲章、世界地方自治宣言及世界地方自治憲章草案所揭示之原則，足供我國參考，於此再整理如下：

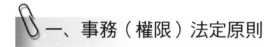

一、事務（權限）法定原則

事務（權限）法定原則，即為確保自治事務之明確性，自治事務並不是個別處理時才賦予，而是以憲法或法律一般性之賦予為原則，且允許法律特別規定賦予。此原則並非限制地方自治團體事務之意，反而是保障地方自治團體至少可以處理此等事務之意。

我國憲法、地方制度法及個別法上雖然有事務（權限）劃分規定，但如後述，存有很多問題，因此，形式上雖符合事務法定原則，但實質上內容不明確等，規範意義薄弱，甚至是不合理。

二、概括性原則

概括性原則，係指地方自治團體處理之自治事務，不以法律明文規定為限，只要在不違反法律範圍內，沒有法律明文規定禁止該地方自治團體

---

❶⃝ 關於行政干預體制，詳後述。

處理，或是不是其他團體處理之事務者，都是屬於該地方自治團體之自治事務。換言之，地方自治團體之自治事務之範圍界定，不是從正面界定，而是以「除去法」（或消去法）之方式，即除去法律明文禁止處理或明文規定由他團體處理之事務之外，剩餘之事務，皆可概括性地處理之規定方式予以界定，這種界定方式，理論上，自治事務之範圍較為寬廣。

我國現行法制上，有無採取此原則？本書認為否定。首先，姑且不論1946年制定之中華民國憲法，不宜以1985年通過之歐洲地方自治憲章予以評價，不過，憲法第109條及第110條，看似賦予省及縣之自治事務之規定，但是，此種立法體例是一種列舉方式，也就是只有在列舉事項範圍內才屬於省及縣之自治事務，而且，此種立法體例，列舉之事項，皆冠上「省」及「縣」，係以地方自治團體之區域範圍為區分標準，並非以事務之性質等為區分標準，其具體之內容並不明確。再加上第109條第1項第12款「其他依國家法律賦予之事項」，第110條第1項第11款「其他依國家法律及省自治法賦予之事項」之規定，明顯地將自治事務限定於「法定自治事務」，排除非法定自治事務。因此，憲法上之規定，只有列舉且限定於法定自治事務之非常狹隘的界定方式，自非採取概括性原則。

其次，地方制度法第2條第2款規定，為一種相當限定之列舉規定，且限定於法定自治事項，自亦非採取概括性原則。

三、 補完性原則（基礎自治體優先原則）

補完性原則（原理）❶適用到地方自治之事務劃分，即為「基礎自治體優先原則」，也就是在事務劃分上，距住民最近之組織團體——基礎自治體優先處理，只有基礎自治體無法處理或不適合處理時，其劣位之組織團體——廣域自治體，才有處理之必要，廣域自治體無法處理或不適合處理

---

❶ 山内健生，〈グローバル化する「地方自治」㈠——「サブシディアリティの原理」・その理念と現實〉，《自治研究》，77卷6号，2003年6月，pp. 104～105。

時，其再劣位之組織團體——國家，才有處理之必要。換言之，事務劃分，必須從基礎自治體第一優先考量。

在事務劃分上以「基礎自治體優先原則」作為劃分原則之意旨，在於融入住民自治之觀點，也就是強調以住民主導之自治之意。將事務第一優先劃分給基礎自治體處理，基礎自治體較容易充實住民自治，達到住民自治之理念。

反觀我國現行法制，完全不採此原則，憲法上之規定，即使認為縣（市）是憲法保障之基礎自治體，也沒有採此原則（姑且不論 1946 年制定之中華民國憲法，不宜以 1985 年通過之歐洲地方自治憲章予以評價）。地方制度法，反而限制甚至是排除鄉（鎮、市）之自治權，無視鄉（鎮、市）係基礎自治體之存在意義。例如鄉（鎮、市）沒有對違反行政義務人之處罰權（第 26 條第 2 項），所賦予之自治事務相當限定（第 20 條）。

 ## 四、事務性質原則

事務性質原則係指依據事務之性質來劃分。所謂「事務之性質」為何？屬於抽象的概念，無法在條文上具體明文規定，委諸於學說之解釋。這種以事務性質作為事務劃分之原則之規定，在我國憲法第 111 條也有相似的規定。該條規定：「如有未列舉事項發生時，其事務有全國一致之性質者屬於中央，有全省一致之性質者屬於省，有一縣之性質者屬於縣。」雖然是針對憲法上沒有列舉之事項之劃分原則，但也不失為憲法上事務劃分原則之明文規定。此也是我國現行法制之事務劃分中，屬於較明確採取之原則。只是所稱事務性質為何？亦不明確。

 ## 五、事務處理之效率性原則

即為從事務處理之效率性之觀點來劃分事務，若是基礎自治體處理較有效率者，則劃分給基礎自治體處理；若是由國家處理較有效率者，則劃

分給國家處理。這種劃分之原則，屬於現實之考量，雖然並非原理面之原則，但為考量實現可能性，也將其納入劃分原則之內。

應注意者，倘若「事務處理之效率性原則」與「基礎自治體優先原則」衝突時，應尊重何項原則？本書認為兩者之關係，應該是「基礎自治體優先原則」是最優先尊重。也因此，當事務之處理，雖然國家較有效率，但仍以基礎自治體優先為原則。

我國現行法制上，或許實質上有考量此原則，但外觀上似乎無法看出採取此項原則。不過，本書認為，此項原則，在全部事務劃分原則中，應屬最後位之原則，當與其他原則衝突時，如同前述，應以其他原則優先考量。

 ## 六、排他性原則（不受侵害性原則）

排他性原則，係指賦予地方自治團體之事務，應具有包括性及排他性，除法律另有規定者外，不論是中央政府或廣域自治體，均不得侵害或限制該事務。我國現行法制，對此原則，亦是付諸闕如。

 ## 七、地方適合性原則

地方適合性原則，係指中央政府或廣域自治體委任事務給地方自治團體處理時，應儘量賦予地方自治團體得依其地方之情況予以處理之自由。

本來屬於中央或廣域自治體之事務，因特殊考量而必須委任給基礎自治體處理時，由於畢竟不是基礎自治體之事務，不得因委任事務而侵害基礎自治體之自主性，乃有此項原則。但我國現行法制上，並無採取此項原則，似乎認為只要是中央法規規定委任給基礎自治體處理，基礎自治體即應全部接受，無視地方自治團體之自主性。

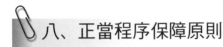

八、正當程序保障原則

正當程序保障原則，係指與地方自治團體直接相關之事項，在計畫階段或決定過程，應儘可能在適當的時期，以適當的方法，賦予地方自治團體表示意見之機會。

此正當程序保障原則，在我國現行法制採取中央與地方係上下優劣之不對等關係下，不可能採取此項原則。但將來將中央與地方關係定位為對等關係者，地方自治團體之正當程序權利，自應保障。

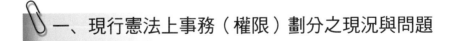

第四節

我國現行法制之事務（權限）劃分之現況與問題

檢討我國現行法制上事務（權限）劃分之現況，可以分為憲法、地方制度法及個別法三個層面，以下即依此說明，並提出本書見解。

一、現行憲法上事務（權限）劃分之現況與問題

㈠憲法上之事務（權限）劃分

前已提及幾點中華民國憲法上關於地方自治保障規定之特徵，其中關於事務（權限）劃分方式及事務（權限）爭議解決機關之規定，係特徵之一。

中華民國憲法上關於事務（權限）劃分，設有第十章「中央與地方之權限」專章規定，以「立法權」與「執行權」之區分概念，將權限或事務（事項）區分為「中央立法並執行之事項」（第107條）、「中央立法並執行

或交由省縣執行之事項」（第 108 條）、「省立法並執行或交由縣市執行之事項」（第 109 條）、「縣立法並執行之事項」（第 110 條），且各條規定之事項，採取詳細的列舉方式規定。這種詳細的中央與地方之權限劃分之規定，如果與世界單一國家憲法法典比較，就本書所知範圍內，除了 1948 年義大利共和國憲法第 117 條規定州立法權及第 118 條規定州之執行權，有詳細的列舉規定，及 1958 年法國第五共和國憲法第 34 條規定應以中央法律規定之事項❶，有詳細的列舉規定以外，其他單一國家憲法法典上對於權限劃分，則似無規定或詳細的列舉規定。

此外，關於不屬於憲法第 107 條至第 110 條列舉之權限，其爭議解決機關，第 111 條亦規定由立法院解決之。也對權限爭議之解決機關作了規定。同樣是單一國家之日本、義大利、法國及韓國之憲法對此，並無明文規定。

因此，中華民國憲法上關於列舉方式之事務（權限）劃分及權限爭議解決機關之規定，應屬於具有特色的規定。

㈡問　題

但是上述憲法上事務（權限）劃分規定，有如下之問題：

1.權限劃分方式為立法權與執行權之分配，與自治事務、委辦事務之區分之關係不明確

憲法第十章權限劃分，其採取之權限劃分方式為以「立法權」與「執行權」之區分概念，將權限（事務）分為「中央立法並執行事項」（第 107 條）、「中央立法並執行或交由省縣執行事項」（第 108 條）、「省立法並執行或交由縣執行事項」（第 109 條）及「縣立法並執行事項」（第 110 條），並分別列舉其各種事項之內容。此種以「立法權」與「執行權」概念作為事

---

❶ 本條雖然是應以中央法律規定事項之規定，為法律保留之事項之規定，但同時也可解為屬於中央立法權之事項而不是地方公共團體立法權事項，因此可以作為權限劃分規定之一種態樣。

務屬性之分類概念，究竟具何種意義？或是立法權及執行權，與自治事務
與委辦事務之分類有何關係？並不明確。雖然憲法第 123 條出現「自治事
項」用語，第 127 條規定縣長辦理縣自治，並執行中央及省委辦事項，似
乎意味委辦事項僅為縣長所為，並非縣之自治體所為，縣議會似乎對此無
立法權。但在省，則無相同的規定。因此，整體而言，憲法第十章權限劃
分規定中，並不採「自治事項」與「委辦事項」之分類，卻在第十一章地
方制度中出現「自治事項」與「委辦事項」，且為片段式地出現，是否具有
概念界定之意義？尚屬疑問。亦即，是否具有立法權及執行權之事務為自
治事務，而只有執行權而無立法權之事務為委辦事務？或委辦事務只有縣
長可為，縣議會無立法權？並非明確。

2.權限劃分原則

由於憲法上權限劃分方式，係以立法權‧執行權為基準，其與自治事
項‧委辦事項之關係並不明確，已如前述。而權限劃分原則為何？亦待討
論。雖然第 111 條有以「事務性質」為權限分配基準之規定，但此「事務
性質」原則，是否為權限劃分之唯一原則？有無其他原則考量？並不明確。

雖然 1946 年制定之中華民國憲法，不宜以其後 1985 年通過之歐洲地
方自治憲章予以評價，但歐洲地方自治憲章上規定而我國憲法未明定之概
括性原則、補完性原則（基礎自治體優先原則）、事務處理之效率性原則、
排他性原則（不受侵害性原則）、地方適合性原則、正當程序保障原則，似
乎可以作為我國今後事務劃分之立法課題。

再者，「中央立法並執行事項」（第 107 條）與「縣立法並執行事項」
（第 110 條），為立法權與執行權合一之設計，而「中央立法並執行或交由
省縣執行事項」（第 108 條）與「省立法並執行或交由縣執行事項」（第 109
條）為立法權單一而執行權重疊之設計，其間之區別基準，並非明確。執
行權重疊之第 108 條與第 109 條事項，究竟執行權之歸屬原則，亦未明確。

更具體而言，「中央立法並執行事項」（第 107 條）中，外交、國防、
國籍法、司法制度等，為與國家存續或國家主權直接相關之事務，固有依

「事務性質」原則區分之意味,但冠有「國家」之國道、國有鐵路、航政、郵政、電政、中央財稅及國稅、國營經濟事業、國家銀行之事務者,將之列為中央立法及執行事項,在認定是否為「國家(中央)事項」之基準上,毫無意義,甚且此等事項是否應完全列為國家事項? 甚至是否應為行政之範圍? 學理上仍有斟酌之必要,其列為國家事項之基準,亦不明確。

「縣立法並執行事項」(第 110 條)充其量僅為縣之「自治事項」之根據,惟從其列舉之事項皆冠以「縣」,並非以事務性質等作為區分標準,具體內容並不明確,某一特定事務屬性發生爭議時,無法以此規定作為事務屬性之判斷標準,即在事務劃分原則上,並無意義。

二、現行地方制度法上事務(權限)劃分之現況與問題

㈠地方制度法上之事務劃分

地方制度法上關於事務(權限)劃分之規定有兩處:

1. 自治事項與委辦事項之定義規定

關於自治事項之定義,第 2 條第 2 款規定:「地方自治團體依憲法或本法規定,得自為立法並執行,或法律規定應由該團體辦理之事務,而負其政策規劃及行政執行責任之事項」;關於委辦事項之定義,於同條第 3 款規定:「地方自治團體依法律、上級法規或規章規定,在上級政府指揮監督下,執行上級政府交付辦理之非屬該團體事務,而負其行政執行責任之事項」。

2. 自治事項之列舉規定

關於直轄市、縣市、鄉鎮市之自治事項,分別於第 18 條至第 20 條列舉規定,且在各列舉規定之最後,皆有「其他依法律賦予之事項」規定。

(二)問　題

　　地方制度法將地方自治團體處理之事項，分為「自治事項」與「委辦事項」，雖將憲法上權限劃分之抽象規範作一定之界定，惟此兩種事項之內容、區分基準及區分之實益等，仍有下列問題：

1. 正面且強調法定自治事項之定義

　　自治事項之定義型態，過度強調自治事項之法據，未提及自治本質之「自主性」、「自立性」、「綜合性」、「廣泛性」之根本原則，不但對於自治事項概念之釐清無多大助益，且不啻限縮了自治事項之範圍。

2. 自治事項之範圍只有限定在「法定自治事項」而排除「非法定自治事項」，過度狹隘

　　地方制度法第 2 條第 2 款之自治事項定義規定中，僅限定在「依憲法」或「依地方制度法」，且第 18 條至第 20 條列舉直轄市自治事項、縣市自治事項與鄉鎮市自治事項之各款規定之最後一款均為概括性的規定：「其他依法律賦予之事項」，似可得知本法對於自治事項之概念，僅限定於所謂「法定自治事項」，至於憲法未明定之事項，或沒有法律明定賦與之事項，或是沒有法規命令規定之事項，則非自治事項，換言之，例如地方自治團體非依法律，乃係本於公益性或必要性之政治判斷，所為增進人民福祉之一般公共事務（尤其是非權力事務），或是單純屬地域事務者，被否定其為自治事項。此種對自治事項之範圍，限定在中央法令範圍內之界定，等於是自治事項受中央法令之限制，壓縮了自治事項之空間，對地方自治之理念及其深化，係屬後退設計，亦不符合前述歐洲地方自治憲章之意旨。

3. 自治事項之內容不明確

　　即使是強調自治事項法據之定義型態，其法據內容本身亦非明確。蓋所謂依「憲法規定」，例如依憲法第 111 條之情形者，該條充其量僅為縣之

「自治事項」之抽象根據，惟從其列舉之事項皆冠以「縣」，且列舉的事項中亦有與第 108 條及第 109 條相同或相似者（例如「縣教育」與「省教育」「教育制度」、「縣衛生」與「省衛生」「公共衛生」、「縣銀行」與「省銀行」「銀行制度」等）觀之，其具體內容及與中央事項間之區分並不明確，於認定縣自治事項之基準上，並無意義，因此如何依憲法規定判斷是否為縣自治事項？仍然不明確。

且所謂「依本法規定」，即為地方制度法第 18 條至第 20 條列舉直轄市自治事項、縣市自治事項與鄉鎮市自治事項之規定，惟該三條全冠有「直轄市」、「縣市」、「鄉鎮市」，係單純以地方自治團體之單位（或層級）為區分標準，並非以事務之性質及具體內容為區分標準，乃產生同一行政事項，由不同地方自治團體層級甚至與中央共同處理之情形，例如社會福利、衛生及環境保護事項等等，皆屬直轄市、縣市、鄉鎮市共同處理的自治事項，但若問社會福利機構許可之發給究為直轄市、縣市或鄉鎮市之自治事項？事業廢棄物處理機構之許可發給及管理究為直轄市、縣市、鄉鎮市之自治事項或中央事項？單從地方制度法第 18 條至第 20 條規定並無法得知，可知該等規定只不過為「原則性」「指針性」的確認規定而已，並非為中央事項與自治事項，或自治事項與委辦事項之唯一創設規定的判斷標準，於認定直轄市自治事項、縣市自治事項與鄉鎮市自治事項基準上，並無意義。

4.承認自治事項沒有立法權

第 2 條第 2 款後段「法律規定應由該團體辦理之事務，而負其政策規劃及行政執行責任之事項」，與前段「依憲法或本法規定，得自為立法並執行」並列，得知後段只有「政策規劃及行政執行」權，而無立法權。此種僅有執行權而無立法權之事項，若亦可稱為自治事項者，亦不合理。若沒有立法權僅有執行權之事項可以稱為自治事項者,則其與第三款委辦事項,有何區別？亦有疑義。

5.「委辦事項」之概念並非明確

(1)委辦之依據

委辦事項,其委辦之依據只有限定在「依法律」或「上級法規或規章」,而法規中如何之規定始得稱為委辦事項? 並不明確。例如中央法規中規定該法之執行機關為地方○○機關者,是否即指委辦事項? 例如廢棄物清理法第 5 條規定:「本法所稱執行機關,為直轄市政府環境保護局、縣(市)環境保護局及鄉(鎮、市)公所」,則直轄市政府環境保護局、縣(市)環境保護局及鄉(鎮、市)公所依據廢棄物清理法處理之事務,是否為委辦事項? 又如土地法第 3 條規定「本法除法律另有規定外,由地政機關執行之。」地方行政機關依據該法處理之事務,是否原則上即為委辦事項? 此等不明確之根源,與後述之問題直接有關。

(2)受委辦者不明確

委辦事項之受委辦者,究竟為地方自治團體本身? 抑或該團體之機關? 並不明確。從地方制度法第 2 條第 3 款文字以觀,似乎受委辦者為地方自治團體,但是憲法第 127 條卻又規定「縣長」執行中央及省委辦事項,受委辦者似乎為地方自治團體行政機關。兩者規定顯有出入,無法判定其性質。

(3)地方自治團體之委辦事項有無立法權,不明確

再者,問題最大者,莫過於地方自治團體處理委辦事項,是否只有執行權而無立法權亦不明確。從地方制度法第 2 條第 3 款、自治法規中並無地方議會對委辦事項之「委辦條例」規定,可以得知委辦事項並無立法權,只有執行權而已。雖然委辦費用由委辦機關負擔(財政收支劃分法第 37 條第 2 項),但是,地方自治團體處理委辦事項,係使用地方之資源,且與地方住民權益不無關係,自應受受委辦之地方住民及議會監督,因此,應賦予受委辦之地方議會對委辦事項之立法權,才屬合理。

6. 兩事項區分實益之問題性

從地方自治之理念以觀,自治事項與委辦事項之區別,應該不是立法

權之有無，而是對兩事務之干預（包括行政及立法干預）之範圍、手法及程度之差異。也就是，自治事項也好，委辦事項也好，兩者皆有立法權，只是對委辦事項之行政及立法干預，與自治事項相較，在干預之範圍及手法上較限定，干預之程度較薄弱。

　　但是綜觀地方制度法上自治事項與委辦事項之區別，只見地方議會之立法權之有無，及自治法規體系中「自治規則」（第 27 條）與「委辦規則」（第 29 條）之差異而已，至於在行政干預方面，從第 75 條規定觀之，對兩種事項皆有「撤銷、變更、廢止或停止其執行」之權力性質的干預手法，並無差異，再觀諸第 76 條代執行規定，似亦涵蓋了自治事項與委辦事項，則現行地方制度法上，「自治事項」與「委辦事項」之區別，就中央與地方或地方間之關係上，並無意義。

㈢立法上之課題

　　本書認為，以下幾點可作為將來地方制度法修正之立法課題：

　　1.自治事務與委辦事務之涵義，應重新界定。此時應參酌前述歐洲地方自治憲章、世界地方自治宣言及世界地方自治憲章草案之意旨予以修正，並應朝向解決前述問題而修正。

　　2.在地方制度法上增列法定自治事務及委辦事務之附表。雖然自治事項不以法定自治事項為限，但在中央之地方制度法上明定法定自治事項者，亦有保障地方自治團體自治事項不受中央侵害之意義。故以附表明列之，較為明確，個別法自應同時配合修正。至於委辦事項，更應該以附表明定，除可限制委辦事項之限定性，防止無限擴充委辦事項之意義外，事項屬性亦更明確。此時，個別法自應同時配合修正。

三、現行中央個別法上事務（權限）劃分之現況與問題

㈠幾個立法類型及其問題

我國中央法規對於事務（權限）劃分之立法體例，大致上有下列幾項類型：

1.「主管機關在中央為○○○，在直轄市為直轄市政府，在縣（市）為縣（市）政府」型

此種立法類型，應該是最多且最長久之立法類型。有謂其即為事務（權限）劃分之規定，且如未規定，行政機關間之權限歸屬不明確。但此意見即反映出對事務（權限）劃分之意義的誤解。如同前述，事務（權限）劃分，為統治團體與統治團體間政治權力之劃分，此政治權力，即為統治權力，包括立法權、行政權及司法權，並不是只有在一統治團體內行政機關間之行政權分配而已。「本法所稱主管機關，在中央為○○○，在直轄市為直轄市政府，在縣（市）為縣（市）政府」之規定，其中，「在中央為○○○」規定，只是一法規之行政事務或行政權，在中央行政機關中由何機關處理之界定而已，亦即在中央之統治團體內由何行政機關擔任之問題，純屬統治團體內之行政機關間之行政權之分配問題而已，而不是界定中央與地方自治團體間，即統治團體間之事務歸屬之規定，在事務（權限）劃分上，自無意義。且此種規定，性質上屬於中央行政機關之組織及權限，適合在中央行政機關組織法中規定，在個別法之規定，也只不過是確認性質規定而已。

至於「在直轄市為直轄市政府，在縣（市）為縣（市）政府」之規定，係屬贅文。蓋地方自治團體依該中央法律處理事務者，當然是地方自治團體行政機關，別無其他機關。而且，此種立法類型，有可能會被解讀為該中央法規有只有規定由地方自治團體行政機關主管（處理），沒有規定地方

議會立法，似乎會排除地方議會之立法權，也就是該中央法規規定地方可以處理者，只有無立法權之委辦事務而已，沒有規定自治事務規定（即法定自治事務），可能造成該法上地方自治團體之具有立法權之自治事務幾乎不存在之結果。

2. 「中央法規明定執行機關為地方行政機關」型

例如廢棄物清理法第 5 條第 1 項規定：「本法所稱執行機關，為直轄市政府環境保護局、縣（市）環境保護局及鄉（鎮、市）公所」，又如土地法第 3 條規定「本法除法律另有規定外，由地政機關執行之。」

此種立法體例，等於是中央法規規定地方自治團體行政組織及權限，有侵害地方自治團體自主組織權之虞。從地方自治之理念而言，地方自治團體之自主組織權，係其自治權之一環，其行政組織或機關如何建置，其間之職權如何劃分，應屬地方自治團體之自治權範圍，不宜由中央劃一式訂立標準。前述中央法律規定「執行機關，為直轄市政府環境保護局、縣（市）政府環境保護局」，「本法除法律另有規定外，由地政機關執行之。」即限制了地方自治團體行政機關中只有環保局、地政機關可以處理該法之行政事務，而不允許其他機關（局等）之處理，並不合理。該事務在各直轄市及縣（市）應由何機關處理，宜由該直轄市及（縣）市自主規定，較符合自主組織權之尊重。

且此等立法體例，與前述立法類型一樣，仍然有可能會被解讀為該中央法規有只有規定由地方自治團體行政機關執行，沒有規定地方議會立法，似乎排除地方議會之立法權，也就是該中央法規規定地方可以處理者，只有無立法權之委辦事務而已，沒有規定自治事務（即法定自治事務），可能造成該法上地方自治團體之具有立法權之自治事務幾乎不存在之結果。

3.「中央法規分別明定中央主管機關與直轄市、縣（市）主管機關掌理事項」型

例如身心障礙者權益保障法第 3 條規定中央主管機關掌理之事項，第 4 條規定直轄市、縣（市）主管機關掌理之事項，在立法技術上，屬於較明確之立法類型，但是檢視第 4 條直轄市、縣（市）主管機關掌理之事項之內容，卻都是只有執行事項，也就是行政事務而已，則與前述立法類型一樣，仍然有可能會被解讀為該中央法規有只有規定由地方自治團體行政機關執行，沒有規定地方議會立法，似乎排除地方議會之立法權，也就是該中央法規規定地方可以處理者，只有無立法權之委辦事務而已，沒有規定自治事務規定（即法定自治事務），可能造成該法上地方自治團體之具有立法權之自治事務幾乎不存在之結果。

㈡立法技術上如何建立事務（權限）劃分規定

1.關於法定自治事項在個別法之立法技術，為避免被解讀為該中央法規只有規定委辦事務而已，其立法體例，應廢除只有規定所謂「主管機關」及「執行機關」。而應在該中央法規上，在個別事務（權限）規定上，個別規定「中央」、「直轄市」「縣（市）」「鄉（鎮、市）」之統治團體之通稱，才能解為該地方自治團體之自治事項。

以身心障礙者權益保障法為例，第 6 條規定「直轄市、縣（市）主管機關受理身心障礙者申請鑑定時，應交衛生主管機關指定相關機構或專業人員組成專業團隊，進行鑑定並完成身心障礙鑑定報告。」此種立法體例，交付鑑定及實施鑑定事項，可能被解為直轄市及縣（市）之沒有立法權之委辦事項，如欲將其定位為自治事項者，應改為「直轄市、縣（市）受理身心障礙者申請鑑定時……。」

2.至於委辦事項之個別法立法技術，必須分兩種情形：若委辦事項之概念界定為只有行政權而無立法權者，則應在該中央法規上規定直轄市之行政首長或其他行政機關。以身心障礙者權益保障法為例，第 6 條規定「直

轄市、縣（市）主管機關受理身心障礙者申請鑑定時……，」應改為「直轄市長、縣（市）長」或「直轄市政府〇〇局長、縣（市）政府〇〇局長」。反之，若委辦事項之概念界定為亦有立法權者，則與自治事項規定體例一樣，應在該中央法規上，在個別事務（權限）規定上，個別規定「中央」、「直轄市」「縣（市）」「鄉（鎮、市）」之統治團體之通稱。但是，只有此規定，又無法與自治事項區別，因此，應再有「〇〇事項為地方制度法〇〇上之委辦事項」之明文規定較妥。

第八章

地方自治團體之自治立法權

　　前已提及，地方自治團體為統治團體，在單一國家者，通常有統治權力，即概括的立法權及行政權。從尊重地方自治之理念以觀，地方自治之立法權，通常稱為自治立法權或自主立法權。

　　關於地方自治團體自治立法權之基礎理論，在我國討論不多，因此，本章首先介紹日本法上自治立法權之基礎理論，然後檢討我國現行法制上地方自治團體之自治法規問題。

第 一 節

日本法

　　日本憲法第94條規定：「地方公共團體，在法律之範圍內，得制定條例。」一般而言，將此規定解為憲法保障地方公共團體自治立法權之依據。而且，所稱「條例」，一般解為係地方公共團體之自主法之意，包括地方公共團體議會通過之「條例」及地方公共團體行政首長所訂之「規則」。以下，簡介「條例」及「規則」之意義、憲法上之依據、制定範圍、與中央法令之關係等。

一、條例之意義

　　㈠條例，是憲法保障具統治團體地位之地方公共團體所制定之法。與國家之法一樣，係本於統治權所定之強制規範，自與成員基於自由意思之同意而訂立之規約之任意規範有別。

　　㈡條例，係法規範，亦為行政法源之一。此乃條例對行政機關具有拘束力，對住民之權利義務亦有創設變動消滅之效果。與中央行政機關所定之行政規則，自不相同。

　　㈢條例，是地方公共團體基於自治立法權所定之自主法，其縱然可謂與國家法共同形成國家法秩序，但條例本身並非國家法之一部分❶。

---

❶　室井力・原野翹，《新現代地方自治法入門》，法律文化社，2000年9月初版，
　　p. 182。

二、自治立法權（條例、規則）之憲法上依據

㈠自治立法權之憲法上依據之學說

地方公共團體具有自治立法權，即條例及規則制定權，一般而言，早已無爭議，只是，其在憲法上之依據為何？以及其制定範圍如何？尚有爭議。首先，關於憲法上依據，學說上大致有兩大見解：

1.憲法第 94 條依據說

本見解認為，憲法第 92 條規定：「地方公共團體之組織及營運事項，應基於地方自治之本旨，以法律定之。」僅係為地方公共團體之存續及活動之必要之組織及營運之內部規範之一般性授權而已，倘若對其成員之住民課予義務或限制其權利自由者，即必須有特別之授權。

而憲法第 94 條規定：「地方公共團體，在法律之範圍內，得制定條例。」賦予地方公共團體條例制定權，即賦予得對住民課予義務或限制權利自由之意，屬於憲法第 41 條所定國家為唯一之立法機關規定的例外，而在憲法上個別及特別之授權，換言之，自治立法權之憲法依據，為憲法第 94 條之特別授權而來。

2.憲法第 92 條依據說

此見解認為，地方公共團體之自治立法權，可以從憲法第 92 條直接導出。該條既然保障地方公共團體之存立必須基於地方自治之本旨而為營運，當然可解為地方公共團體具有自治權之一環的自治立法權，不須另有自治立法權之特別授權規定，而憲法第 94 條之意義，只不過為自治立法權之確認規定而已。

綜觀以上兩見解，雖對於自治立法權之憲法依據有不同見解，但無論何者，皆肯定地方公共團體之自治立法權，則無差異。且此憲法依據之不

同見解，並無對法律之解讀有任何影響。

㈡地方自治法第 14 條是否為自治立法權之依據？

　　此外，還有一個問題，地方自治法第 14 條第 1 項規定：「普通地方公共團體，在不違反法令之範圍內，關於第 2 條第 2 項之事務，得制定條例。」第 2 條第 2 項❷，係地方公共團體處理之事務之規定，包括「地域事務」及「非地域事務」。前者係因地方公共團體既以地域為基本要素，自應有廣泛處理地域事務之權能；後者雖非屬於地域事務，但特別以法令定為地方公共團體處理者，自為地方公共團體之事務。該地方自治法第 14 條第 1 項是否為自治立法權之依據？其性質為何？

　　從前述憲法保障自治立法權之意旨以觀，地方公共團體之自治立法權係來自於憲法授權，關於地方公共團體之事務，地方公共團體只要在不違反法令之範圍內，即具有概括性的自主法之制定權，不須要再以法律特別委任。至於原來不屬於地方公共團體之事務，只要法律概括性或一般性的委任規定，亦得制定條例。

　　據此，關於地方公共團體之事務，不須要地方自治法特別授權，以憲法保障自治立法權為依據，自得制定條例，則地方自治法第 14 條第 2 項規定，並非賦予地方公共團體之自治立法權創設規定，僅為確認性質的規定而已。而關於原來不屬於地方公共團體之事務，地方自治法第 14 條第 2 項規定，得解為賦與地方公共團體之條例制定權之概括授權規定❸。

三、憲法上法律事項

　　其次，地方公共團體之條例制定權範圍限制或極限的問題。對地方公共團體之條例制定權而言，憲法上規定係法律規定（或保留給法律規定）

---

❷　地方自治法第 2 條第 2 項規定，普通地方公共團體，處理法律或基於法律之政令所定之地域事務及其他事務。

❸　室井力・原野翹，前揭註❶，pp. 183～184。

之事項，是否即認該事項之立法權專屬於中央而不允許地方公共團體制定條例？此為憲法上法律規定事項之解釋問題。學說及實務上常討論者，有憲法第 29 條第 2 項之財產權法定主義、憲法第 31 條之罪刑法定主義及憲法第 84 條之租稅法定主義。

㈠財產權法定主義

日本憲法第 29 條第 2 項規定：「財產權之內容，應符合公共福祉，以法律定之。」此即為財產權法定主義規定。此處之「以法律定之」，只有限定於中央法律？抑或包括地方法規？換言之，地方條例得否限制財產權？學說及實務見解並不一致。

1. 學說上見解

學說上見解大致有二，其一為財產權限制只得以法律為之，其二為條例亦得為財產權限制❹：

⑴財產權之法律限制說（或法律特別委任說）❺

此見解認為，財產權之限制，即使是公共福祉之需要，亦不得以條例限制之，而必須以形式上之法律才可以限制之。其理由則不一，有認為從憲法第 29 條第 2 項法律文字來看，只有以法律為之者❻；有認為「財產權之內容」應具全國一致性，不應由地方管制而規定不同之內容，因此，財產權內容之限制，應限定於以法律定之，而地方條例原則上不得為財產權內容之限制，若條例擬限制財產權內容者，則必須有法律特別委任始可為之，即只有在法律特別委任之情形，才可以限制財產權❼。

---

❹ 淺野一郎，《法律・条例　その理論と実際》，ぎょうせい，1984 年 9 月，pp. 170〜171。

❺ 採此見解者有田中二郎教授、雄川一郎教授、久世公堯教授。

❻ 採此見解者有久世公堯，請參考久世公堯，《総合判例研究叢書憲法⑷法律と条例》，1960 年，p. 81。

❼ 採此見解者有田中二郎教授、雄川一郎教授。請參考田中二郎，〈国家法と自

但是對於此見解有諸多批評。例如憲法第 29 條之解釋，若僅從文字解讀，過於形式論理主義解釋，並不妥適；且其他自由權得以條例限制之，而較其他自由權在內在及社會制約上更容許嚴格管制之財產權，為何不得以條例限制之？難以理解❽。

⑵財產權之條例限制肯定說 ❾

此見解認為，從憲法第 29 條第 2 項規定以觀，至少並無排除以條例限制財產權之意旨。其理由則不一。有認為條例得限制財產權之根據，得直接以憲法第 94 條規定為根據，憲法第 94 條規定：「地方公共團體具有執行行政之權能，在法律範圍內，得制定條例。」此條規定為憲法第 41 條國會為立法權之專屬權限機構規定的例外，且條例為具有民主基盤之地方議會所制定，實質上與法律並無差異❿。有認為憲法第 29 條第 2 項「以法律定之」之意旨在於法律保留原則，既然條例為居民代表機關之地方議會制定之自主立法，應解為與法律一樣，以條例限制財產權，並無違反法律保留原則⓫。

不過，須注意者，為採此見解者，並非意味條例限制財產權毫無極限，以條例限制財產權當然必須在地方公共團體處理之事務範圍內始可，因此，若因條例對財產權限制之態樣導出違法之結論者，並非來自於憲法規定，

治立法㈠〉，《法学協会雑誌》，80 巻 4 号，1963 年，p. 451；雄川一郎，〈財產權の規制と条例——奈良県ため池保全条例に関する最高裁判決について一〉，《ジュリスト》，280 号，1963 年 8 月，p. 14。

❽ 山田幸男，〈宅地造成規制法案をめぐる諸問題〉，《ジュリスト》，234 号，1961年 9 月，pp. 9～10。

❾ 採此見解者有高辻正巳教授。請參考高辻正巳，《憲法講說（全訂第 2 版）》，pp. 139～141。

❿ 今村成和，〈財產權の保障〉，《憲法講座（第二巻）》，p. 194；山田幸男，《行政法の展開と市民法》，有斐閣，1961 年，p. 148；猪野積，〈条例制定権の範囲と限界〉，猪野積，《新地方自治講座 2　条例と規則⑴》，ぎょうせい，1997年 5 月，p. 63。

⓫ 成田頼明，〈法律と条例〉，室井力編，《地方自治》，三省堂，1977 年，p. 106。

而是因為非地方公共團體之事務而對財產權限制而導致違法或是對財產權限制之態樣違反中央法令而構成之違法❷。

2. 實務上見解

實務上雖然亦有採取財產權之法律限制說而否定條例之財產權限制（例如大阪高判昭和 36 年 7 月 13 日判決）者，但整體而言，大致上採取財產權之條例限制肯定說。以下即介紹採取財產權之條例限制肯定說之代表判決——最高法院昭和 38 年 6 月 22 日判決❸。

奈良縣自古以來即約有 13000 個灌溉用蓄水池，但常因颱風豪雨等發生災害。多數之蓄水池，以村落共有之型態，且其堤岸地，亦為私有地，而中央法律上，尚未存在為防止災害對蓄水池及堤岸地之限制規範。因此，奈良縣為防止蓄水池之破壞等造成重大損害，於昭和 29 年制定公布「蓄水池保護條例」（昭和 29 年奈良縣縣條例第 38 號）。該條例第 1 條規定「為防止蓄水池因破損等釀成災害，應對蓄水池施以必要之管理，特制定本條例。」為立法目的之規定，並於第 4 條規定禁止以下行為：「對蓄水池之餘水之流去造成障礙之行為」（第 1 款）、「在蓄水池堤岸地上種植竹木或農作物，或興建建築物及其他工作物（排除蓄水池保護上必要之工作物）」（第 2 款）、「除前項各款規定外，成為蓄水池破損或毀壞之原因行為」（第 3 款），第 9 條並規定「對於違反第 4 條規定者，處三萬日幣以下罰金。」本件被告為農民，從其祖父以來即持續在蓄水池之堤岸地上耕作並種植農作物，本條例施行後亦繼續耕作，違反本條例而被起訴。

第一審為有罪判決，處以被告罰金；至於關於系爭條例有無違反憲法第 29 條第 2 項之爭點，則以系爭條例並無違反憲法第 29 條第 2 項規定，

---

❷ 成田賴明，前揭註❶，p. 106。

❸ 關於本判決之介紹，請參考成田賴明，〈条例による財産権の制限〉，《憲法の判例（第三版）》，有斐閣，1977 年 10 月，pp. 103～108；市原昌三郎，〈条例による財産権の制限〉，《憲法判例百選（新版）》，有斐閣，1968 年 12 月，pp. 72～73；猪野積，前揭註❿，p. 64。

且對於在堤岸地上耕作者禁止其後之耕作並請求回復原狀之補償，雖然條例沒有規定，亦無違反憲法第 29 條第 3 項。

高等法院則以下列理由，將原判決廢棄，判決被告無罪：其一，以條例對私有財產權之內容加以限制，違反憲法第 29 條第 2 項規定；其二，因本條例之制定而致使被告未獲補償卻剝奪或限制其私有財產權，已逾越條例制定範圍，違反憲法第 29 條第 3 項規定。

惟檢察官以下列理由，提起上訴： 1.憲法第 29 條第 2 項之「法律」，應包括條例在內，而不是形式意義的法律而已； 2.系爭條例第 4 條所定蓄水池之保護義務，當然係一定規模以上之蓄水池所有權人應遵守之義務，且為蓄水池所有權之內在限制，因此不須補償。

最高法院判決以下列理由，廢棄原判決。 1.本件蓄水池之管理事務，屬於地方自治法第 2 條第 3 項第 1 款之事務，且蓄水池破損等造成災害之防止事務，屬於同法第 2 條第 3 項第 8 款之事務❶。 2.在本條例第 1 條之立法目的規定下，固然使用蓄水池堤岸地之財產權者，幾乎不得使用蓄水池堤岸地而致其財產權受到重大限制，但此其目的在於為防止災害發生而不得不為限制，使用蓄水池堤岸地之財產權人，不論任何人皆當然應為公共福祉之需要而負有忍耐之義務。也就是，蓄水池之破壞等原因行為，即使用蓄水池堤防地行為，在民法也好，憲法也好，並未完全保障其適法使用財產權，應為民法及憲法保障財產權之例外，因此，以條例禁止此等原因行為，並予以處罰，並無違反憲法及法律。從而，本條例並非違反憲法第 29 條第 2 項規定。3.本條例第 4 條第 2 款固然為蓄水池堤岸地使用之財產權行使之重大限制，但其係為防止災害發生之公共福祉所必要之限制，此種限制，得使用蓄水池堤岸地之財產權人當然應該負有忍受之義務，憲法第 29 條第 3 項之補償規定並無必要。

此外，入江俊郎法官提出補充意見，說明憲法第 29 條第 2 項規定財產

---

❶ 當時地方自治法第 2 條第 3 項，為自治事務之例示規定，其中第 1 款規定「為維持地方公共團體秩序，保護住民及居民之安全、健康及福祉之事務。」第 8 款規定「防犯、防災、罹患者之救護、交通安全之維護之事務。」

權本身內容，必須依據法律定之，但本件管制之結果，造成對財產上權利行使之限制，係憲法第 12 條、第 13 條所稱「公共福祉」之限制，並非第 29 條問題，因此得以條例管制財產權；即使欠缺補償規定，對法院之爭訟權等並無被剝奪，從而本條例並非違憲無效。

又，垂水克己法官提出補充意見，以條例禁止蓄水池一部分之使用，係條理上對危險物之財產權之當然限制，其結果即使是限制了財產權內容，為憲法第 29 條第 2 項以前之問題，無須為第 3 項之損失補償。

奧野健一法官提出補充意見，以本件禁止行為，並非適法的權利行使行為，而為對公眾造成危害之權利濫用行為，係在憲法保障範圍外，即使是非基於法律授權之條例規定之，既非違憲，亦無須補償。

河村大助法官提出少數意見，以憲法第 29 條第 2 項之意旨，在於財產權之內容為全國統一管制之事務，如果為法律以外之法規範為限制者，則必須有法律特別授權之規定始可。因此本條例第 4 條第 2 款及第 9 條違反憲法第 29 條第 2 項及第 31 條而無效。

山田作之助法官提出少數意見,對私有財產權之本質上之內容之侵害或限制者，必須有法律規定及相當補償始可。違反此意旨之本條例違憲無效。

橫田正俊法官提出少數意見，以權利內在之限制，雖然得以條例為之，但超過內在限制限度之政策管制，依憲法第 29 條第 2 項意旨，必須是以法律為之，因此，具政策管制性質之本件條例第 4 條第 2 款管制係違憲。

綜上所述，最高法院判決見解依爭點整理如下：

⑴可否以條例為財產權限制？

關於可否以條例限制財產權？在本判決上，有肯定說及否定說之不同見解。持否定說者，有河村大助法官、山田作之助法官及橫田正俊法官，其論據在於從憲法條文以觀，應只有以「法律」為之才可，且財產權多屬全國性交易對象，其內容及管制應由統一的法律定之，較為妥適。至於持肯定說者，有多數意見，其論據為憲法第 94 條為第 41 條之例外；條例為具民主基盤之地方議會所制定，實質上與法律之差異甚少。

(2)本條例與憲法第 29 條第 2 項「財產權內容」之管制之關係

關於本條例規定是否為憲法第 29 條第 2 項「財產權內容」？ 在本判決上，有肯定說及否定說。持肯定說者，有垂水、河村法官、山田法官；持否定意見者，為多數意見。其論據為本件管制，並非財產權內容本身之管制，而是財產權行使內在之限制，只要符合憲法第 12 條及第 13 條必要最小限度內為之者，當然在允許之列；而且關於管制之形式，雖然以國會制定之法律為之為原則，但以民主立法之條例為之，亦屬可能。從而導出本件條例並非違憲。

(3)補償之要否

關於本件管制是否須要補償？ 有肯定說及否定說。持否定說者為多數意見，以本件管制係從防止災害之觀點而為，為社會生活上當然應忍受限度範圍內而無須補償。持肯定說者，有山田法官及入江法官，以本件管制為對私有財產權內容之實質限制及侵害，自須補償。

3. 小　結

綜上日本法之學理及實務之通說以觀，可以得知地方自治團體得以條例限制財產權，包括對財產權行使之限制及其違反之罰金，與憲法上財產權法定主義並無違背，只是合憲之理由不同而已。又，前揭最高法院判決當時之地方自治法下地方公共團體條例制定的範圍，只有自治事務而已，2000 年修正地方自治法重新劃分事務後，已賦予地方公共團體對法定受託事務亦有條例制定權，因此，解釋上，地方公共團體就法定受託事務亦得以條例為財產權之限制，包括財產權行使之限制及其違反之罰金。

㈡罪刑法定主義

日本憲法第 31 條規定：「非依法律所定程序，任何人均不得被處以剝奪生命或自由或其他刑罰。」又，第 73 條第 6 款規定：「內閣為實施憲法及法律規定，得制定政令。但關於政令，除法律有特別委任規定者外，不得規定罰則。」此等條款為所謂「罪刑法定主義」規定。

　　而日本地方自治法第 14 條第 3 項規定：「除法令另有規定者外，普通
地方公共團體得在其條例中，對於違反條例者，規定處以 2 年以下有期徒
刑或拘役、1 百萬日幣以下罰金、拘留、罰款❶或沒收之刑，或處以 5 萬
日幣以下之罰鍰❶。」其中有期徒刑、拘役、罰金、拘留、罰款及沒收為行
政刑罰；罰鍰為行政秩序罰。

　　由於地方自治法第 14 條第 3 項規定地方自治團體有行政刑罰權，地方
議會之條例得對違反條例者規定行政刑罰，其有無牴觸憲法第 31 條罪刑法
定主義規定？日本地方自治法學界及實務上曾經有不少的討論。

1. 學說上之見解

　　學說上之見解大致上認為地方自治法第 14 條第 3 項行政刑罰之規定
並無牴觸憲法第 31 條罪刑法定主義規定，惟其理由或論據，則並不相同，
重要的見解有三❶：

⑴委任要件滿足說

　　本見解認為，憲法第 73 條第 6 款規定：「內閣為實施憲法及法律規定，
得制定政令。但關於政令，除法律有特別委任規定者外，不得規定罰則。」
此款規定之意旨在於政令上擬規定罰則者，必須有法律特別委任規定始可。
因此，地方議會之條例若要規定罰則，與該憲法第 73 條第 6 款但書一樣，
必須有明確的法律委任始可。只不過地方議會之條例係經民主程序議決之

---

❶　「罰款」係日本刑法第 17 條「科料」之翻譯，該條規定，「科料」為 1 千日幣
　　以上 1 萬日幣以下之刑罰。嚴格來說，係輕微罰金之意，但我國刑法上相當於
　　輕微罰金之刑名，並不存在，本書只好翻譯成「罰款」。

❶　此處之「罰鍰」，原文為「過料」，屬於行政秩序罰，因此本文翻譯為「罰鍰」。

❶　松本英昭，《要說地方自治法　第三次改訂版》，ぎょうせい，2004 年，pp. 217～
　　219；室井力・兼子仁編，《基本法コンメンタール地方自治法（第四版）》，日
　　本評論社，2001 年，p. 58（市橋克哉執筆）；北崎秀一，〈条例の罰則と罪刑
　　法定主義〉，猪野積，前揭註❶，pp. 140～141；淺野一郎，前揭註❹，pp. 167～
　　169；成田賴明，前揭註❶，pp. 104～105；兼子仁，《条例をめぐる法律問題》，
　　学陽書房，1978 年，pp. 107～108。

法規，條例須要法律委任之要件，與政令須要法律特別委任相較，其委任之具體明確性程度，不須如同政令一樣，而允許一定範圍之概括性，不過其概括性仍應有一定限度。而地方自治法第 14 條第 3 項之規定，外觀看似概括性委任規定，但條例得制定之範圍本身就有其限定性，條例之罰則範圍，自亦有其限定性，因此該條項本身既有其限定意義，應屬於個別委任，則應符合憲法第 73 條第 6 款但書之特別委任要件規定❸。

簡單而言，本見解認為條例仍須法律委任才能規定罰則，只不過由於條例不同於政令，係經民主代表機關經民主程序制定之法規，因此其所要求的法律委任之具體明確性程度，可以稍微緩和，地方自治法第 14 條第 3 項罰則規定之法律委任程度，屬於個別委任，應已滿足。

⑵條例準法律說❹

本見解認為，憲法第 31 條及第 73 條第 6 款但書之意旨，本來是在防杜行政機關之刑罰權濫用而設，而地方公共團體之條例，係住民代表機關之議會經民主程序成立之自主立法，其實質上為準法律之性質，本來就與行政機關之法規命令不同，該等條款並非禁止地方公共團體自主立法之條例上處以刑罰之一般性的委任規定。

簡而言之，本見解認為憲法第 31 條及第 73 條第 6 款但書並沒有禁止地方公共團體之條例上處以刑罰之一般性委任規定，亦即不在該條款限制之列，且地方公共團體之條例制定程序係民主程序，因此將條例視為準法律，自得為刑罰規定。

---

❸ 採此見解者有林修三，請參考林修三，〈条例の罰則の根拠について〉，《自治研究》，38 卷 8 号，pp. 3 以下。

❹ 採此見解者，有田中二郎教授、原龍之助教授。請參考田中二郎，〈条例の性質及び効力〉，《法律による行政の原理》，酒井書店，1956 年，pp. 343 以下；原野之助，〈条例と規則〉，《行政法講座第 1 卷》，有斐閣，1964 年，pp. 297～298。

(3)憲法第 94 條授權說 ❷⓪

憲法第 94 條規定：「地方公共團體具有管理財產，處理事務及執行行政之權能，在法律範圍內，得制定條例。」本見解認為，條例之罰則制定權的依據，係直接由該憲法第 94 條授權而來，只不過有「在法律範圍內」之制約而已。也就是，憲法第 94 條既然規定地方公共團體在法律範圍內得制定條例，則為擔保條例之實效性，自亦得制定罰則規定。而地方自治法第 14 條第 3 項規定，只不過為罰則限度之規定而已，即該條項規定係直接從憲法第 94 條授權而規定條例制定範圍之法律，也因此在其意義下，即為只有法律才得規定刑罰之一種例外。

簡單而言,本見解認為地方公共團體之條例制定權來自於憲法第 94 條之授權，該條授權規定，亦包括擔保條例實效性之罰則之授權。地方自治法第 14 條第 3 項規定只不過為確認性規定而已。

2. 實務見解

最具代表性之最高法院判決為昭和 37 年 5 月 30 日大法庭判決，本判決之結論為地方自治法第 14 條第 3 項並無違反憲法第 31 條罪刑法定原則，不過，關於合憲之理由，多數法官意見與少數法官意見則並不相同。多數意見採取前述「委任要件滿足說」，而認定地方自治法第 14 條第 3 項並無違反憲法第 31 條罪刑法定原則。而垂水克己、藤田八郎法官之補充意見，則採取「憲法第 94 條授權說」而認定地方自治法第 14 條第 3 項規定合憲。以下簡介本事件之概要及判決意見 ❷①。

---

❷⓪ 採此見解者有磯崎辰五郎，〈行政罰〉，《行政法講座⑵》，有斐閣，1964 年，p. 219。

❷① 關於此事件，請直接閱讀判決本文。其詳細介紹，請參考園部逸夫，〈条例における罰則〉，小林直樹編，《ジュリスト增刊 憲法の判例（第三版）》，有斐閣，1977 年 10 月，pp. 41 以下；山內一夫，〈条例への罰則の委任〉，《地方自治判例百選》，有斐閣，1981 年，pp. 32～33；長谷部恭男，〈条例への罰則の委任〉，《地方自治判例百選（第二版）》，有斐閣，1993 年，pp. 34～35。其摘

　　本件系爭條例規定為昭和 25 年（1950 年）12 月 1 日大阪市條例第 68 號「街道等賣春誘惑行為等取締條例」第 2 條第 1 項，該條項規定：「以賣春之目的，在街道及其他公共場所，纏住他人，或誘惑他人者，處以五千日幣以下罰金或拘留。」該條例規定之根據來自於當時地方自治法第 14 條第 1 項及第 5 項規定。該條第 1 項規定：「除法令另有規定者外，普通地方公共團體在不違反法令之範圍內，得就第 2 條第 2 項之事務❷，制定條例。」第 5 項規定：「除法令另有規定者外，普通地方公共團體得在其條例中，對違反條例者，規定處以二年以下有期徒刑或拘禁、十萬日幣以下罰金、拘留、罰款或沒收之刑罰。」

　　本件被告以賣春之目的於昭和 31 年 2 月 20 日在大阪市內街道上對於行路人予以誘惑而被以違反前揭大阪市條例第 2 條第 1 項規定而起訴，被告主張其為無罪，主要理由有三：1.地方自治法第 14 條為空白刑罰法規，其授權事項並無具體特定，罰則制定權之委任為無效，因此基於無效之授權規定而制定之大阪市條例亦為無效。2.賣春誘惑行為若為可罰性行為者，則應為全國國民皆為如此，賣春誘惑禁止應為國家事務，而大阪市將該國家事務以條例規定罰則，係違反地方自治法第 14 條「在不違反法令之範圍內」規定而無效。 3.在現行法體系下，賣春誘惑行為並無可罰性，而在法律之下之條例卻可以處罰賣春誘惑行為，係對於法令之消極違反，應違反地方自治法第 14 條而無效。

　　第一審判決認為系爭條例為有效，依該條例處以被告五千日幣亦無違

錄式的介紹，請參考兼子仁，前揭註❶，pp. 105～106。

❷　當時地方自治法第 2 條第 2 項規定：「普通地方公共團體，除得處理公共事務、及依法律或基於法律所發布之政令屬於普通地方公共團體之事務外，並得處理在其地域內不屬於國家之行政事務。」學理上，一般而言，將「得處理公共事務」稱為「公共事務」或「固有事務」，將「依法律或基於法律所發布之政令屬於普通地方公共團體之事務」稱為「團體委任事務」，將「在其地域內不屬於國家之行政事務」稱為「行政事務」，此三種事務均為普通地方公共團體之自治事務。其詳細的介紹，請參考本書第七章及蔡秀卿，〈自治事項與委辦事項〉，蔡秀卿，《地方自治法理論》，學林文化事業，2003 年出版，pp. 78～79。

法，其理由如下： 1.系爭條例係為處理當時地方自治法第 2 條第 3 項例示事項中之第 7 款「關於風俗淨化之事項」而制定❷； 2.雖然罰則之制定在授權時以具體規定為宜，但是在授權時，立法技術上常常不得不抽象規定，而系爭條例係為處理事務而制定，並非無效； 3.取締街道賣春誘惑行為之必要性，在大都會區及農村區，多少似有差異，其寬嚴程度，亦應有差異，因此，未必是國家事務。第二審判決維持原審，其理由如下： 1.條例為直接來自於憲法第 94 條授權而制定之地方自治團體之立法形式，除憲法該條規定了「在法律範圍內」之限制外，關於得以條例規定之事項，憲法上並無特別的限制規定，完全委諸法律規定，因此準於法律在條例上規定罰則，並無違憲，憲法第 31 條亦無禁止條例規定罰則之意旨。2.關於條例罰則規定之委任之抽象性及概括性之點，關於政令之罰則制定之授權，憲法第 73 條第 6 款規定只有限定在法律個別委任之情形始得為之，而禁止概括委任，但是此規定之意旨在於防杜行政權之刑罰權濫用而定，與地方自治團體為擔保自治法規之效力而以概括性授權刑罰權規定之意旨，並不相同，對政令概括授權之禁止規定，並不適用於自治立法。

　　最高法院判決亦維持原審認定系爭條例合憲之見解。不過理由不同。

⑴委任要件滿足說（或法律授權說）

　　此見解為本判決多數意見所採。本判決多數意見認為，憲法第 31 條規定，並非意味全部刑罰均必須由法律規定始可，若由法律授權，由其下位階之法規規定，亦無不可，此意旨從憲法第 73 條第 6 款但書規定亦可得知。雖然法律之授權，不得為不特定之一般性之白紙委任，但條例係經選舉產生之議員所組織之議會議決通過而制定之自治立法，與行政機關訂定之命令，其性質並不相同，無寧是近似於國民選舉產生之議員所組成之國會議決通過而制定的法律，因此條例規定罰則者，只要法律授權之程度已達相當具體且限定即可。而本件系爭地方自治法第 2 條第 3 項第 7 款所定「清掃、消毒、美化、噪音防止、風俗或清潔之破壞行為之限制及其他衛生保

---

❷　當時地方自治法第 2 條第 3 項例示規定了 22 款自治事務，包括第 7 款規定關於風俗淨化之事務，因此，判決認定屬於地方自治團體之自治事務。

健、風俗淨化之相關事項」之例示事務規定，相當具體，且地方自治法第
14 條規定罰則之範圍，為在憲法第 31 條法律所定之程序而得科以刑罰，
亦有限定，因此不違反憲法第 31 條。

　　此外，入江俊郎法官更進一步提出補充意見，說明雖然條例與政令一
樣，均不容許一般委任，而必須個別委任，但條例為民主程序制定之自主
立法，條例所需之委任具體程度，可以較政令所須委任之具體程度稍微緩
和，系爭地方自治法第 14 條第 5 項罰則規定、同條第 1 項、同法第 2 條第
2 項及第 3 項規定，均具相當程度之具體且限定，已滿足個別委任。

　　甚者，奧野健一法官更提出補充意見，認為條例規定罰則之所需法律
之委任，雖然與政令一樣須要法律委任，但條例之情形，由於其係經民主
程序制定，所須法律之委任，不需要個別委任。

⑵憲法第 94 條授權說（或憲法授權說）

　　此見解為垂水克己法官及藤田八郎法官所採。兩法官認為，政令為實
施憲法或法律而制定之附屬法規，其罰則規定，原則上當然須要特定法律
及特定委任規定始可，其他之命令亦是如此，為實施法律或政令，必須有
法律或政令之特別委任始可。而相對地，條例與政令及命令不同，只要在
憲法所定「在法律範圍內者」即可制定，不須要法律特別委任。因此當時
地方自治法第 14 條在第 5 項（現行法為第 3 項）即為在法律範圍內設定包
括性及一般性的罰則規定，從而條例在不違反地方自治法及其他法律範圍
內者，不論規定如何之刑罰，只要不超過當時地方自治法第 14 條在第 5 項
（現行法為第 3 項）所定法定刑者，即屬合法及合憲。

㈢租稅法定主義

　　日本憲法第 84 條第 1 項規定：「課予租稅，或變更現行租稅時，應依
法律或法律所定條件為之。」地方稅法第 3 條第 1 項規定：「地方公共團體
規定地方稅之稅目、課稅客體、課稅標準、稅率及其他賦稅徵收，應以該
地方公共團體之條例定之。」該規定，一般認為係承認地方公共團體之地方
稅之課徵之規定，其有無違反憲法第 84 條第 1 項租稅法定主義？早期在學

界及實務界，為一討論之論點。不過，結論上，一致認為不違反憲法第 84 條第 1 項，只是合憲之理由及依據，存有不同意見。有謂地方公共團體係受地方稅法之概括性委任而得以條例課稅（即前述之「委任要件滿足說」）；有謂係租稅法定主義之例外，而承認地方公共團體得以條例課稅；有謂憲法第 84 條之「法律」，亦包括條例在內（即前述之「憲法授權說」）。不過，關於「委任要件滿足說」，被「條例準法律說」所批評，認為地方公共團體之課稅權，係本於自治財政權之一環，不須個別法律之委任，條例具準法律性質，憲法第 84 條之「法律」，自包括條例在內。

以上諸說，雖然肯定地方公共團體課徵地方稅之合憲性理由不一，但皆為站在強化自治財政權之觀點，而以憲法保障地方自治直接導出自治財政權及自治課稅權之點，則無差異❷。

四、條例制定範圍之限制

前述憲法上法律事項，亦允許以條例規定，因此，該等事項亦屬於條例制定之範圍。但是，條例制定範圍及內容，並非無限制，最重要之限制有兩項，一為來自於事務之限制，另一為不得違反中央法令之限制。於此，先說明事務之限制，至於不得違反中央法令之限制，係條例與中央法令關係之問題，詳後述。

㈠地方公共團體之事務

由於地方自治法第 14 條第 1 項：「普通地方公共團體，在不違反法令之範圍內，關於第 2 條第 2 項之事務，得制定條例。」之規定，即已限制條例之制定僅在第 2 條第 2 項規定之事務範圍內始可，也就是事務之限制。另外，個別法上亦有劃定事務而對事務之限制之規定。既然事務上有限制，其自治立法權之範圍自有其限制。

關於前者，在第 2 條第 2 項規定之事務範圍內之限制，也就是「法律

❷　室井力・原野翹，前揭註❶，pp. 188～189。

或基於法律之政令所定之地域事務及其他事務」之範圍內之限制，自治立法權之範圍受限於在此範圍內之事務，始得具有。問題當然是，所稱「法律或基於法律之政令所定之地域事務及其他事務」，究指為何？其事務之內涵，直接左右自治立法權範圍之廣狹。

由於法令所定之地域事務及非地域事務，皆包括在內，因此，2000 年地方自治法大幅度修正後，廢除機關委任事務，將地方公共團體之事務分為自治事務與法定受託事務。

1. 自治事務

對於自治事務，新地方自治法並未積極定義，僅以消極式的消去法予以定義：「地方公共團體處理之事務中，除去法定受託事務以外之事務」（第2 條第 8 項）。未予積極定義之理由為自治事務內容包括法定自治事務及非法定自治事務，亦包括任意自治事務及強制自治事務，過於廣泛以致無法定義❷❺。

2. 法定受託事務

新地方自治法第 2 條第 9 項規定法定受託事務有兩種：「依法律或基於法律之政令，都道府縣、市町村或特別區所處理之事務中，屬於國家本來應擔當之事務，惟考慮國家特別確保事務處理之適正性之必要，而以法律或基於法令規定者。」（稱為第一款法定受託事務）及「依法律或基於法律之政令，市町村或特別區所處理之事務中，屬於都道府縣本來應擔當之事務，惟考慮都道府縣特別確保事務處理之適正性之必要，而以法律或基於法令規定者。」（稱為第二款法定受託事務），前者於附表一列舉，後者於附表二列舉。

❷❺　小早川光郎等，〈座談会　分権改革の現段階——地方分権推進委員会第 1 次～第 4 次勧告をめぐって〉，《ジュリスト》，1127 號，1998 年 2 月 1 日，p. 25；成田頼明監修・川崎政司編集代表，《地方自治法改正のポイント——地方分権に向けた地方自治法抜本改正》，第一法規，1999 年，p. 21。

　　廢除舊制的機關委任事務並重新整理後，自治事務與法定受託事務之比率成為：自治事務佔 55%，法定受託事務佔 45% ❷❻。由於法定受託事務之比率仍屬偏高，乃於新地方自治法附則第 250 條規定，關於法定受託事務儘可能不再增加，且仍應繼續適時檢討修正。

　　以上所述兩種地方公共團體之事務，不論是自治事務或法定受託事務，皆有條例制定權，因此，在形式上，自治立法權之範圍似乎擴增不少。但必須注意者，法定受託事務，係中央法令明定由地方公共團體處理之事務，且佔 45% 左右，比率非常大，這些法定受託事務，受限於中央法令之明定，其自主性之條例制定範圍，自受到此等中央法令之限制而大幅度限縮，而且，此等法定受託事務之承認，等於是承認必須中央法令之委任才有條例制定權，且只有在法律委任範圍內始得制定條例，地方公共團體之自治立法權之範圍，實際上仍受到中央法令委任相當大的限制。

㈡不屬於中央事務

　　前述地方自治法第 2 條第 2 項所定之事務，雖然不限定於自治事務，但至少必須是地方公共團體處理之事務，因此，屬於中央之事務，則被排除在外，也因此，地方公共團體就中央事務，自不得制定條例。

　　但是屬於中央事務為何？新地方自治法上並無明文規定。不過，地方自治法第 1 條之 2 第 2 項規定：「國家應重點式地擔當國際社會上國家存續之相關事務、以全國統一規範為宜之國民各種活動相關事務、地方自治之基本準則相關事務、應以全國規模‧觀點實施之政策及事業，及其他國家本來應擔任之事務，而對住民而言係接近的行政，儘可能由地方公共團體處理，資以國家與地方公共團體間具適當的角色分擔，同時，關於地方公共團體制度之擬定及政策之實施時，亦應充分尊重地方公共團體之自主性及自立性。」

　　此項規定揭示了國家與地方公共團體間之角色分擔原則，即係將中央

---

❷❻　地方自治制度研究会編，《Q&A 改正地方自治法のポイント》，ぎょうせい，1999 年，p. 33。

事務限定屬於國家應擔當之事務：1.國際社會上國家存續之相關事務。2.以全國統一規律為宜之國民各種活動相關事務，或地方自治之基本準則相關事務。3.應以全國規模・觀點實施之政策及事業，為其例示的事務。因此，其規定係限定國家事務，除此以外之事務，則儘可能積極地劃分給地方公共團體處理。

　　因此，地方公共團體之自治立法權的範圍，必須將上述屬於中央事務排除在外，對於屬於國家應擔當之事務，不得制定條例。

 ## 五、條例與中央法令之關係

　　關於條例與中央法令之關係，就地方公共團體而言，係中央對地方之立法的干預。日本憲法第 92 條規定：「地方公共團體之組織及營運之相關事項，應基於地方自治之本旨，以法律定之。」本條即承認對於地方公共團體之事務，在符合地方自治之本旨內，中央得對地方為立法上之干預。因此，條例制定之範圍與內容，在與中央法令之關係下，受到一定之限制。而且，憲法第 94 條規定條例制定，必須「在法令範圍內」，地方自治法第 14 條第 1 項規定條例制定，必須在「不違反法令範圍內」，都是中央法令優先於地方公共團體條例之意旨。而「在法令範圍內」，即是「不違反法令範圍內」之意❷。

　　但是，何謂「不違反法令範圍內」？換言之，條例與中央法令之關係上，在何種情形為違法？在何種情形為合法？其判斷標準或要素為何？長年來一直都是學說及實務上討論之焦點。

---

❷　塩野宏，《行政法 III 行政組織法》，有斐閣，2006 年 4 月第三版，p. 168。

㈠幾種有爭議之條例規定類型❷與「法令先占論」

1.有爭議之條例規定類型

條例規定,在何種情形,可認為係違反中央法令? 一般而言,若條例規定,係與中央法令相同之規範目的,且就相同事項為規範者,條例直接與中央法令牴觸之情形,通常不存在。實務上,常成為問題者,大致上有下列幾種類型,此等類型之整理,亦與「法令先占論」融合:

⑴關於規範事項,條例與中央法令皆就相同事項為規範,但關於規範目的,條例與中央法令並不相同,此種條例,是否違法(規範目的不同,規範事項相同)?

⑵中央法令就一定規模或一定基準以上之事項為規範,就中央法令沒有規範之一定規模事項,或未滿一定基準之事項,條例予以規定者,是否違法?(規範目的相同,但中央未規範之事項,地方予以規範)

⑶關於特定事項,中央法令完全無規範,條例就該中央無法規範之事項予以規範,是否違法?

⑷中央法令以一定之要件或基準予以管制,而條例就其以外之要件或基準予以追加管制規定,是否違法?(所謂「橫出條例」)

⑸關於管制目的及管制事項,中央與條例皆相同,但條例較中央為嚴格之規定,是否違法?(所謂「上蓋條例」)

⑹中央法令指定一定之地域予以管制,而條例就其以外之地域,以相同或不同之目的予以管制規定,是否違法?

⑺中央法令以權力性手法予以管制(例如許可),而條例就相同事項,以相同目的或不同目的,追加非權力性管制手法(例如行政指導)規定,是否違法?

---

❷ 請參考成田賴明編著,《都市づくり条例の諸問題》,第一法規,1992 年 1 月,p. 13。

2.「法令先占論」下條例與中央法令之關係

⑴日本獨特的「法令先占論」

上述幾種常見之爭議條例規定類型，究竟以如何標準來判斷為適法或違法？首先，戰後早期學界及實務上，在處理條例與中央法令之關係，及判斷條例之適法性，使用了所謂「法令先占論」，以說明條例制定權之極限。此理論基本上就中央與地方立法權競合之情形，在兩者競合的立法權之範圍內，認為中央法令具有優先地位，換言之，就該事項，如果中央法令沒有明文委任給地方，中央法令即予以先占。

這種「法令先占論」，似乎是日本戰後早期獨特存在之理論，因為承認地方公共團體自治立法權不受法律保留原則拘束之結果，因此產生與中央立法權之競合而不得不決定孰優孰劣之問題所獨創之奇妙理論。

在德國，此種理論並不存在，蓋德國地方自治團體法規基本上受法律保留原則拘束，地方自治團體沒有自主立法權空間，不會發生立法權競合之情形，在法國亦是如此。地方公共團體也沒有自主立法權，應該也沒有立法權競合而必須決定孰優孰劣之問題。在美國，雖然聯邦憲法第 6 條第 2 項有聯邦法先占 (preemption) 原則之規定 ❷❾，揭示聯邦法與州法之關係上，聯邦法之優位性或先占性之意旨，即使州法沒有直接牴觸聯邦法，但若可解為聯邦法律制定者，該領域即為聯邦法先占之意者，此種理論，看似與日本「法令先占論」相似，不過，應該注意者，為聯邦國家下之聯邦法與州法之關係，與單一國家之中央法與地方自治團體法規之關係，性質應屬不同，因此，美國聯邦憲法上之聯邦法先占原則，與日本「法令先占論」，應屬不同問題，難以相提並論。

---

❷❾ 美國聯邦憲法第 6 條第 2 項規定，本憲法、依據本憲法制定之聯邦法律及基於聯邦權限而締結之條約或將來應締結之條約，具有最高法規範性。即使各州憲法或法律違反此等規定，各州法官仍受其拘束。揭示聯邦法與州法之關係上，聯邦法之優位性或先占性。

(2)以此種「法令先占論」來檢視前述有爭議之條例規定之適法性，其結果如下：

由於「法令先占論」認為在同一事務上，如果中央法令沒有明文委任給地方，中央法令先占，具有優位地位，因此，沒有中央法令明文委任之事項者，條例不得制定。其結果：

A.關於規範事項，條例與中央法令皆就相同事項為規範，但關於規範目的，條例與中央法令並不相同之情形，此種條例，因為規範目的不同，尚非違法。

B.中央法令就一定規模或一定基準以上之事項為規範，就中央法令沒有規範之一定規模事項，或未滿一定基準之事項，條例予以規定的情形，則屬違法。因為中央法令就該一定事項未規範，意旨沒有管制之意旨，即人民得以自由為之，法令先占之結果，條例自不得就該事項予以管制。

C.關於特定事項，中央法令完全無規範，條例就該中央無法規範之事項予以規範之情形，則屬適法。因為中央法令是空白，沒有先占問題。

D.中央法令以一定之要件或基準予以管制，而條例就其以外之要件或基準予以追加管制規定（所謂「橫出條例」）之情形，屬違法。因為就該事項，中央法令先占，條例不得追加管制。

E.關於管制目的及管制事項，中央與條例皆相同，但條例較中央為嚴格之規定（所謂「上蓋條例」）之情形，亦屬違法。因為就該事項，中央法令先占，條例不得為嚴格管制。

F.中央法令指定一定之地域予以管制，而條例就其以外之地域，以相同或不同之目的予以管制規定之情形，亦屬違法。因為中央法令沒有明文委任給地方管制之地域，屬於中央法令先占，條例不得予以管制。

G.中央法令以權力性手法予以管制（例如許可），而條例就相同事項，以相同目的或不同目的，追加非權力性管制手法（例如行政指導）規定之情形，亦屬違法。因為中央法令既然以權力性手法予以管制，即屬中央法令先占，無明文委任者，條例不得以其他非權力性手法予以管制。

(二)「法令先占論」之問題性

若以「法令先占論」為基礎者，則前述有爭議之條例規定，幾乎均被解為違法。而且，檢視之標準，基本上是以管制（或規範）之目的、事項之異同，以及管制之基準、態樣及程度作為判斷要素，而將中央法令先占領域予以類型化，其結果，不得不求諸於法令形式上之文義解釋。

甚且，若以此種標準判斷者，則有關青少年保護條例、公安條例、度假觀光地域條例、鄉村建構條例等，其規範目的，從形式上解釋之結果，可能被解為與中央法令之刑法、道路交通法、都市計畫法等，係不同規範目的，但此種差異只是條文文字形式上之不同而已，若考量其個別具體的實質內容者，則有可能成為「橫出條例」或「上蓋條例」。因此，前述結合「法令先占論」之有爭議的條例類型化，即不無問題❸。且從實質內容以觀，大部分有爭議條例，可能成為「橫出條例」或「上蓋條例」之問題。

(三)「法令先占說」之修正及否定

1.融入人權保障及地方自治意旨之判斷要素之學說之出現——「最低限度基準」說

鑑於前述「法令先占論」之問題性，在 1970 年代，學說上出現將中央法令定位為最低限度基準，主張「上蓋條例」並無違反最低限度基準，應屬合法之見解（「最低限度基準」說）。此見解之背景，係當時公害問題相當嚴重，為有效處理公害問題，從生存權之價值優位性、公害行政之積極化、公害現象之地域化、地方自治之意旨等觀點，而認條例之管制較中央法令為嚴格，因此有其必要性。其後，此見解獲得學界普遍支持，學說更進一步將「最低限度說」之範圍，從公害領域擴大到一般行政領域，提出屬於地方公共團體之固有自治事務者，中央法令之管制規定只不過為全國適用之最低限度基準而已，並無排除條例更為嚴格管制之意旨，而認定較

❸ 室井力・兼子仁編，前揭註⑰，p. 54（市橋克哉執筆）。

中央法令為嚴格規定之條例為適法。

另外，從人權保障及管制事項之性質觀之，將中央法令解為立法之最大管制限度（即管制上限法令）者，則不允許條例超越中央法令之管制上限而更為嚴格之管制規定，則「上蓋條例」將被解為違法。但對此，仍有見解提出「最低限度基準說」，以對抗之並主張「上蓋條例」之適法。

2. 判斷中央法令定位之指標

不過，中央法令究竟為「管制上限法令」或「最低限度基準」，最終之問題，仍歸結至憲法保障人權之判斷指標。即若至少考量以下三項標準，而認其具合理性者，得將中央法令定位為「最低限度基準」，而肯定「上蓋條例」之適法性：(1)從尊重地方自治之觀點，承認「上蓋條例」之管制有其地域性而認有必要性。(2)以憲法人權價值之順序，來決定保護必要性之順序。(3)該行政領域之性質若為積極行政者，予以積極肯定。

3.「程序上之上蓋條例」

此外，除了上述「實體上之上蓋條例」外，尚有所謂「程序上之上蓋條例」，即條例在程序上，其規定之程度較中央法令為優厚，例如條例規定之期間較中央法令為長，或是中央法令只規定聽取住民意見，而條例規定必須住民之同意等。此種「程序上之上蓋條例」之適法性為何？雖然實務見解認為違法，但學說上認為此種「程序上之上蓋條例」，仍可以上述「實體上之上蓋條例」之判斷基準予以檢視其適法性❸。

六、規　則

㈠規則之性質

規則是地方公共團體行政首長在其事務範圍內所制定，與條例一樣，

---

❸　室井力・兼子仁編，前揭註❼，pp. 55～56（市橋克哉執筆）。

皆是地方公共團體之自主法，同樣為憲法保障。因此，不論中央法令有無授權，皆得自主制定。也因此，條例與規則之關係，與中央之法律與法規命令間的關係，並不相同。

(二)規則制定權之範圍

地方自治法第 15 條第 1 項規定：「地方公共團體行政首長，在其事務範圍內得制定規則。」規則制定權之範圍，與條例制定權範圍互為消長關係，新地方自治法下，由於自治事務及法定受託事務均有條例制定權，其結果，規則制定權之範圍，自然大幅度縮小，但條例與規則共管事項而均得制定之範圍，則為增加。此外，所謂規則專管事項，由於條例專管事項增大之結果，只限定於法律或條例委任之情形。

 # 七、地方公共團體處罰權之有無及限制

關於地方法規有無處罰權之問題，可以再細分為地方法規（包括地方以議會通過之法規及地方行政首長之法規）得否制定行政刑罰規定？地方法規得否制定行政秩序罰規定？兩者若為肯定，有無極限？

(一)地方自治團體之行政刑罰權

1.地方法規得否制定行政刑罰規定？

(1)地方立法機關法規得否制定行政刑罰規定？

日本地方自治法第 14 條第 3 項規定：「除法令另有規定者外，普通地方公共團體得在其條例中，對於違反條例者，規定處以 2 年以下有期徒刑或拘役、1 百萬日幣以下罰金、拘留、罰款或沒收之刑，或處以 5 萬日幣以下之罰鍰。」其中有期徒刑、拘役、罰金、拘留、罰款及沒收為刑罰。因此，地方立法機關制定之條例，除法令另有規定者（後述）外，原則上得對於違反條例者處以行政刑罰，應無疑義。且此條項規定，並無違反憲法

第 31 條罪刑法定主義原則，亦已如前述。其理論基礎在於地方議會通過之條例，為經居民選舉產生之議員組成之議會以民主程序制定而成，具有民主正當性基礎，與法律並無實質上之差異，甚至是憲法第 94 條已賦予地方公共團體對其處理之事務有條例制定權，地方議會既有條例制定權，則為擔保條例之實效性，對於違反條例者，亦自有行政刑罰權。

此外，仍必須注意下列幾點：

A.地方議會得以條例規定行政刑罰，除了對自治事務以外，也得對法定受託事務規定行政刑罰。此乃地方自治法上地方議會可以制定條例之事務，除了自治事務以外，亦包括法定受託事務在內。

B.地方議會得以條例制定行政刑罰，所謂地方議會包括所有普通地方公共團體之議會在內，因此，都道府縣之議會、市町村之議會，均得以條例制定行政刑罰。此外，東京都之區，在現行地方自治法上係為特別區❸，為特別地方公共團體之一種❸，地方自治法第 283 條第 1 項規定：「除本法及政令特別規定者外，本法第二編及第四編中關於市之規定，於特別區適用之。」因此，特別區議會之條例制定權，適用第 14 條第 3 項之結果，除法令另有規定者外，特別區得在其條例中，對於違反條例者，規定處以 2 年以下有期徒刑或拘役、1 百萬日幣以下罰金、拘留、罰款或沒收之刑，或處以 5 萬日幣以下之罰鍰。從而，特別區之議會，亦得以條例制定行政刑罰。

⑵地方行政機關法規得否訂定行政刑罰規定？

地方立法機關法規得規定行政刑罰，已如前述，進一步而言，地方行政機關（首長）得否具有行政刑罰權？亦即，地方行政法規，為擔保其法

---

❸　地方自治法第 281 條第 1 項規定，都之區，為特別區。且該條係列為第三編「特別地方公共團體」中，屬於特別地方公共團體之一種。

❸　現行法制下，特別地方公共團體之種類，除了東京都之區以外，尚有地方公共團體公會（包括部分事務公會、全部事務公會、町村事務公會及廣域聯合會）、財產區、地方開發事業團（以上為地方自治法第 281 條至第 314 條明定）、合併特例區（為市町村合併特例法所明定）。

規之實效性，對於違反其法規者，得否在其法規規定行政刑罰？亦值檢討。

關於地方行政機關法規，為擔保其法規之實效性，對於違反其法規者，得否在其法規規定行政刑罰？日本地方自治法第 15 條，雖然規定了普通地方公共團體行政首長，在不違反法令之範圍內，就其權限內處理之事務，有規則制定權，且除法令另有規定者外，對於違反規則者，得處以 5 萬日幣以下罰鍰。但是對於行政刑罰，並無規定，可以得知並未賦予地方行政機關行政刑罰權，且此立法政策，從該法制定以來，皆是如此。因此可以得知，日本地方自治法從制定以來，均未賦予地方行政機關行政刑罰權，地方行政機關首長不得對於違反其法規（規則）者處以行政刑罰。且行政實務上，亦不允許以條例委任給規則規定行政刑罰❸。

其理論基礎，在於地方行政機關首長雖然亦經居民選舉產生，有其民主正當性基礎，但由於其為首長一人，與議會議員係經政黨比例及區域代表產生具多元民主基礎，並不相同，行政刑罰權對居民既然係侵害權益甚鉅，應要求有嚴謹的民主正當性基礎之議會或國會立法才可以賦予，而地方行政首長法規，尚未達到可以侵害居民權益之立法，因此否定其行政刑罰權。

2.地方法規之行政刑罰權之限制（制約）

日本地方自治法第 14 條第 3 項規定：「除法令另有規定者外，普通地方公共團體得在其條例中，對於違反條例者，規定處以 2 年以下有期徒刑或拘役、1 百萬日幣以下罰金、拘留、罰款或沒收之刑，或處以 5 萬日幣以下之罰鍰。」其中有期徒刑、拘役、罰金、拘留、罰款及沒收為刑罰。

因此，日本地方自治法上雖然賦予地方公共團體有行政刑罰權，對於違反條例者，得處以行政刑罰。但並非無限制或例外。以下說明行政刑罰之例外及極限（或制約）：

---

❸ 請參考長野士郎，《逐条地方自治法　第 12 次改訂新版》，学陽書房，1995 年，p. 160。

⑴法令另有特別規定

所稱「法令另有特別規定」，係指下列情形❸❺：

A.在個別法律中另有對違反條例者之行政刑罰特別規定（包括刑罰種類及刑度）之情形

a.例如消防法第 9 條之 4 規定指定可燃物品之貯藏及處置基準，以市町村條例定之；第 46 條規定，依第 9 條之 4 制定之條例中，對於違反條例者，得規定處以 30 萬日幣以下罰金。

此規定為消防法中對於違反條例者之行政刑罰之特別規定，所謂特別規定，不僅是對行政刑罰之特別規定，而且刑罰之種類僅限定在罰金一種，而沒有有期徒刑、拘役、拘留、罰款及沒收之刑罰，因此，行政實務上解釋消防法為地方自治法之特別規定，既然消防法只有規定罰金，即不得規定有期徒刑、拘役、拘留、罰款及沒收之刑罰，且罰金之額度，亦以 30 萬日幣為上限，而非地方自治法上之 1 百萬日幣❸❻。

另外還有一個問題，如同前述，消防法第 46 條特別規定依第 9 條之 4 制定之市町村條例中，對於違反條例者，得處以罰金。但是與第 9 條之 4 相似之第 9 條及第 9 條之 2 規定，關於澡池等防災之必要事項，住宅用防災機器設置及維護基準等必要事項，以市町村條例定之，其意旨均與第 9 條之 4 一樣，賦予市町村以條例定之，但是，對於違反此等市町村條例者，卻沒有如同第 46 條刑罰之特別規定，因此，關於違反第 9 條及第 9 條之 2 之條例規定者，因為消防法並未規定，得否規定刑罰？則成問題。

關於此問題，有否定說及肯定說。行政實務上採取否定說，以為擔保第 9 條之實效性，有第 5 條之特別處置命令或代執行，不須要刑罰❸❼；但有學者採取肯定說，以從與相關刑罰限度之均衡性整體以觀，應解為可以

---

❸❺　請參考秋田周，《現代地方自治全集 6　条例と規則》，ぎょうせい，1977 年，pp. 205～208；浅野一郎，前揭註❹，pp. 244～245；兼子仁，前揭註❶❼，pp. 113～115；松本英昭，前揭註❶❼，p. 219；長野士郎，前揭註❸❹，pp. 142～143。

❸❻　請參考秋田周，前揭註❸❺，p. 207。

❸❼　秋田周，前揭註❸❺，p. 206。

依據地方自治法規定行政刑罰❸。本書認為肯定說較妥。

b.風俗營業管制及業務適正化法上亦有行政刑罰之特別規定。該法第28條第2項規定，為防止破壞善良風俗或風俗環境之行為，或對少年健全發展有障礙之行為，有必要者，都道府縣得以條例規定一定之區域內禁止店鋪型性風俗特殊營業之經營。同法第49條第6款規定，違反依據第28條第2項制定之都道府縣條例規定者，得處以2年以下有期徒刑或2百萬日幣以下罰金，或併罰之。

又，同法第33條第4項規定，為防止破壞善良風俗或風俗環境之行為，或對少年健全發展有障礙之行為，有必要者，都道府縣得依據政令，以條例規定一定之區域內禁止飲食業者深夜提供酒類之經營。同法第50條第1項第10款規定，違反依據第33條第4項制定之都道府縣條例規定者，得處以1年以下有期徒刑或1百萬日幣以下罰金，或併罰之。

以上兩條規定，皆為風俗營業管制及業務適正化法中對於違反條例者之行政刑罰的特別規定。所謂特別規定，不僅是對行政刑罰之特別規定，而且刑罰之種類僅限定在有期徒刑及罰金，而沒有拘役、拘留、罰款及沒收之刑罰，因此，可以解釋為風俗營業管制及業務適正化法為地方自治法之特別規定，既然風俗營業管制及業務適正化法只有規定有期徒刑及罰金，即不得規定拘役、拘留、罰款及沒收之刑罰，且有期徒刑及罰金之程度，亦有特別規定。

另外還有一個與前述消防法相同性質的問題。風俗營業管制及業務適正化法第49條第6款規定:「違反依據第28條第2項制定之都道府縣條例規定者，得處以有期徒刑或罰金，或併罰之。」第50條第1項第10款規定:「違反依據第33條第4項制定之都道府縣條例規定者，得處以有期徒刑或罰金，或併罰之。」以上2條皆為風俗營業管制及業務適正化法授權給都道府縣以條例規定，並同時對違反條例者有刑罰規定，但是，同法第4條第2項第2款、第13條第1項及第2項、第15條、第20條第8項、第21條，亦均為同法授權給都道府縣以條例規定，但是卻沒有明文規定對違反條例

❸ 兼子仁，前揭註❶，pp. 115～116。

者之刑罰規定，因此，對於違反同法第 4 條第 2 項第 2 款、第 13 條第 1 項及第 2 項、第 15 條、第 20 條第 8 項、第 21 條者，是否得以條例規定行政刑罰？則成問題。

關於此問題，與前述消防法問題一樣，實務上採否定說❸，但本書認為，從行政刑罰之整體均衡性以觀，若不允許對違反該等條項之行政刑罰者，顯然在刑罰政策上失之均衡，因此，應解為仍得依據地方自治法第 14 條第 3 項規定行政刑罰。

c.屋外廣告物法第 34 條規定，依據本法第 3 條至第 5 條及第 7 條第 1 項制定之條例，僅得規定罰金或罰鍰。此乃對於刑罰種類作特別限定規定。

B.法律特別規定以條例處以行政秩序罰，而非行政刑罰之情形

例如地方自治法第 228 條第 2 項規定，關於分擔金、使用費、加入金及手續費之徵收，得以條例規定處以 5 萬以下日幣之罰鍰；同條第 3 項規定，對於以詐欺或其他不正行為而免除分擔金、使用費、加入金及手續費之徵收者，得以條例規定處以免除金額 5 倍之罰鍰。此 2 項規定，應解為立法意旨在於行政秩序罰即已足夠，不須要行政刑罰，因此，即不得規定行政刑罰❹。

⑵行政刑罰種類及程度之限制

日本刑法第 9 條規定刑罰之種類有死刑、有期徒刑、拘役、罰金、拘留、罰款及沒收。且有期徒刑最長為 20 年（刑法第 12 條第 1 項）；拘役又有無期與有期之別，有期拘役最長為 20 年（刑法第 13 條第 1 項）；罰金原則上為 1 萬日幣以上，但無上限（刑法第 15 條）；拘留為 1 日以上 30 日以下（刑法第 16 條）；罰款為 1 千日幣以上 1 萬日幣以下（刑法第 17 條）。

而地方自治法第 2 條第 3 項規定，普通地方公共團體得在其條例中，對於違反條例者，規定處以 2 年以下有期徒刑或拘役、1 百萬日幣以下罰金、拘留、罰款或沒收之刑，或處以 5 萬日幣以下之罰鍰。其允許行政刑

---

❸　浅野一郎，前揭註❹，p. 244。

❹　浅野一郎，前揭註❹，p. 245；兼子仁，前揭註⓱，pp. 113～116；秋田周，前揭註㉟，pp. 206～207。

罰之種類只有有期徒刑、拘役、罰金、拘留、罰款及沒收。不允許死刑、無期徒刑、無期拘役。而且在有期徒刑、拘役、罰金、拘留、罰款之程度或額度上均有限制。

　　地方自治團體條例之行政刑罰在刑罰種類及額度上有限制之理論基礎，在於刑罰對於人權侵害甚鉅，儘可能加以抑制，因此解釋上，條例之刑罰額度，不可以超過此限度❹。

㈡地方自治團體之行政秩序罰權

1.地方法規得否制定行政秩序罰規定？

⑴地方立法機關法規得否制定行政秩序罰規定？

　　2000 年以前之地方自治法第 15 條規定，除法令另有特別規定者外，普通地方公共團體行政首長得在規則中，對違反規則者，處以 5 萬日幣以下之罰鍰，該條已明文賦予地方行政首長有行政秩序罰權。但是第 14 條第 5 項規定，除法令另有特別規定者外，普通地方公共團體得在其條例中，對於違反條例者，處以 2 年以下有期徒刑或拘役、1 百萬日幣以下罰金、拘留、罰款或沒收之刑罰，該條只有賦予地方議會制定之條例得規定行政刑罰，至於條例得否規定行政秩序罰？並無明文規定。因此，條例得否規定罰鍰，自成問題。關於此問題，行政實務上向來解釋為條例不得規定罰鍰❹，但學說上之有力說認為既然已承認規則得規定罰鍰，條例當然亦得規定罰鍰❹。實際上，亦存有條例規定罰鍰之情形❹。

　　鑑於罰鍰之擔保義務履行之實效性，2000 年以後地方自治法第 14 條第 3 項規定，除法令另有特別規定者外，普通地方公共團體得在其條例中，

❹　室井力・兼子仁編，前揭註❶，p. 58（市橋克哉執筆）。

❹　松本英昭，前揭註❶，p. 220；室井力・兼子仁編，前揭註❶，p. 59（市橋克哉執筆）。

❹　兼子仁，前揭註❶，pp. 111～112。

❹　室井力・兼子仁編，前揭註❶，p. 59（市橋克哉執筆）。

對於違反條例者，處以 5 萬日幣以下之罰鍰。明確賦予條例得規定罰鍰。因此，在現行法下，條例與規則皆得規定罰鍰，且罰鍰額度之上限，皆為 5 萬日幣。

此外，應注意下列幾點：

A.由於地方公共團體之條例制定範圍，不僅就自治事務得制定條例，就法定受託事務亦得制定條例，因此，地方公共團體之條例得規定罰鍰之事務範圍，不論就自治事務或法定受託事務，條例均得規定罰鍰。

B.得規定罰鍰之地方公共團體條例，包括所有普通地方公共團體在內，即都道府縣及市町村之條例，均得規定罰鍰。此外，東京都之區，在現行地方自治法上係為特別區，為特別地方公共團體之一種，地方自治法第 283 條第 1 項規定：「除本法及政令特別規定者外，本法第二編及第四編中關於市之規定，於特別區適用之。」因此，特別區議會之條例制定權，適用第 14 條第 3 項之結果，除法令另有規定者外，特別區得在其條例中，對於違反條例者，規定處以 5 萬日幣以下之罰鍰。從而，特別區之議會，亦得以條例制定行政秩序罰。

⑵地方行政機關法規得否訂定行政秩序罰規定？

日本地方自治法第 15 條第 2 項規定，除法令另有特別規定者外，普通地方公共團體行政首長得在其規則中，對於違反規則者，處以 5 萬日幣以下之罰鍰。可以得知，地方行政首長有行政秩序罰權，並無疑義。

此外，仍應注意以下幾點：

A.地方行政首長有行政秩序罰權之事務，不限定於自治事務，亦包括法定受託事務，因此，地方行政首長就自治事務及法定受託事務，均有行政秩序罰權。

B.有行政秩序罰權之地方公共團體行政首長，包括所有普通地方公共團體行政首長，即都道府縣、市町村之行政首長。另外，東京都之區，在現行地方自治法上係為特別區，為特別地方公共團體之一種，地方自治法第 283 條第 1 項規定：「除本法及政令特別規定者外，本法第二編及第四編中關於市之規定，於特別區適用之。」因此，特別區之行政首長之規則制定

權，適用第 14 條第 3 項之結果，除法令另有規定者外，特別區行政首長得在其規則中，對於違反規則者，規定處以 5 萬日幣以下之罰鍰。從而，特別區之行政首長，亦得以規則制定行政秩序罰。

2. 地方法規之行政秩序罰權之限制（制約）

日本地方自治法第 14 條第 3 項規定，除法令另有特別規定者外，普通地方公共團體得在其條例中，對於違反條例者，規定處以 5 萬日幣之罰鍰；第 15 條第 2 項規定，除法令另有特別規定者外，普通地方公共團體行政首長得在規則中，對於違反規則者，規定處以 5 萬日幣以下罰鍰。可知地方議會條例及地方行政首長之行政秩序罰仍有其限制。

⑴法令另有特別規定

所謂法令另有特別規定，係指法令對於規則有特別規定行政刑罰，則不得規定行政秩序罰之情形。

例如漁業法第 65 條第 1 項規定：「都道府縣知事，就漁業取締及其他漁業調整之必要，得制定規則。」第 2 項規定：「在前項規則上，得規定處罰；第 3 項規定：前項之處罰，規則得規定 6 個月以下有期徒刑、10 萬日幣以下罰金、拘留或罰款，或併罰之❹。」

不過，應注意者，規則得規定行政刑罰，成為得規定行政秩序罰之例外，畢竟為非常例外且限定之情形❻。除上述漁業法外，本書試圖尋找其他以規則得規定行政刑罰之法律，但卻未果，可見在立法政策上，規則規定行政刑罰之情形非常罕見。

⑵行政秩序罰種類及程度之限制

前揭地方自治法第 14 條第 3 項及第 15 條第 2 項之條例與規則之行政秩序罰，其種類只有罰鍰而已，且有 5 萬日幣之上限。之所以將條例與規則之行政秩序罰之種類及上限金額為相同之設計，在於條例與規則之民主

❹ 長野士郎，前揭註❹，p. 157；室井力‧兼子仁編，前揭註❼，p. 60（市橋克哉執筆）。

❻ 松本英昭，前揭註❼，p. 250。

正當性基礎並無差異。

我國法

一、地方自治團體自治立法權之憲法依據

　　我國憲法上有無保障地方自治團體自治立法權之依據？可以分為對地方議會法規及對地方行政首長法規之兩個層面來說明。

㈠關於地方議會法規之憲法依據

　　關於憲法上有無地方議會法規制定權之依據？應屬肯定。憲法第 113 條第 2 項：「屬於省之立法權，由省議會行之。」第 124 條第 2 項及增修條文第 9 條第 1 項第 4 款：「屬於縣之立法權，由縣議會行之。」即屬明文規定。直轄市之自治，亦受憲法保障（第 118 條）。只是鄉（鎮、市）由於並非憲法上之地方自治團體，即無鄉（鎮、市）代表會法規之依據，其有無自治立法權，可能較有爭議。又，前揭省之立法權規定，因增修條文第 9 條第 1 項暫停適用，其結果，目前憲法上有明文保障規定者，只有直轄市及縣（市）議會法規之制定權。

㈡關於地方行政首長法規之憲法依據

　　至於憲法上有無地方行政首長法規之依據？可能較有問題。不過，本書認為，憲法上已保障省長及縣長之省民縣民直接選舉產生（第 113 條第 1 項第 1 款及第 126 條），並從省自治、直轄市自治及縣（市）自治之意旨以觀，應可解為憲法亦肯定省長、直轄市長及縣（市）長法規之制定權。只是與議會法規一樣，鄉（鎮、市）由於並非憲法上之地方自治團體，即無法規依據，其有無自治立法權，可能較有爭議。又，省長直接選舉規定，

也因增修條文第9條第1項暫停適用，其結果，可解為目前憲法保障地方行政首長之法規制定權，只有縣（市）及直轄市。

二、地方自治團體自治立法權之意義

已如前述，憲法上保障之自治立法權，至少有直轄市及縣（市）議會法規制定權，及其地方行政首長之法規制定權。

而地方議會法規及地方行政首長法規，其性質，應可解為屬於地方自治團體之自主法規（或自治法規），其意義，理論上，與前述日本之條例，應具有相同之意義。

㈠地方議會法規及地方行政首長法規是憲法保障具統治團體地位之地方自治團體所制定之法。與國家之法一樣，係本於統治權所定之強制規範，自與成員基於自由意思之同意而訂立之規約的任意規範有別。

㈡地方議會法規及地方行政首長法規係法規範，亦為行政法源之一。此乃地方議會法規及地方行政首長法規對行政機關具有拘束力，對住民之權利義務亦有變動之效果。與中央行政機關所定之行政規則，自不相同。

㈢地方議會法規及地方行政首長法規是地方自治團體基於自治立法權所定之自主法，其縱然可謂與國家法共同形成國家法秩序，但地方議會法規及地方行政首長法規本身並非國家法之一部分。

三、地方自治法規制定權之限制──憲法上「法律保留」 事項

其次，係地方自治團體之自治立法權（法規制定權）範圍的限制或極限之問題。對地方自治團體之法規制定權而言，憲法上規定係法律規定（或保留給法律規定）之事項，是否即認該事項之立法權專屬於中央而不允許地方自治團體制定法規？此為憲法上法律規定事項之解釋問題。

我國憲法上關於法律規定之事項，最重要者似為憲法第8條、第23條、

第 143 條及第 145 條。以下分別檢討該四條之意旨，並檢討地方法規若規定人權限制，是否有違背該等憲法規定。

(一)憲法第 8 條

我國憲法第 8 條第 1 項規定：「人民身體之自由應予保障，除現行犯之逮捕由法律另定外，非經司法或警察機關依法定程序，不得逮捕拘禁。非由法院依法定程序，不得審問處罰。非依法定程序之逮捕、拘禁、審問、處罰，得拒絕之。」第 2 項規定：「人民因犯罪嫌疑被逮捕拘禁時，其逮捕拘禁機關應將逮捕拘禁原因，以書面告知本人及其本人指定之親友，並至遲於 24 小時內移送該管法院審問。本人或他人亦得聲請該管法院，在 24 小時內向逮捕之機關提審。」此為人身自由保障之規定，其主要意旨包括司法機關及警察機關對人身自由之侵害（逮捕、拘禁、審問及處罰）必須依「法定程序」；且警察機關之人身自由之侵害，只限定於逮捕及拘禁，且不得超過 24 小時；對人身自由侵害之審問及處罰者，只有司法機關之法院。

關於此規定，是否包含罪刑法定主義精神？本書認為應可肯定。司法機關及警察機關對人身自由之侵害（逮捕、拘禁、審問及處罰）必須依「法定程序」，此處所稱「法定程序」，應非僅指正當程序而已，亦應包括罪刑法定主義之意旨，亦即只有在「法定」之正當程序下，始得對人身自由加以侵害（逮捕、拘禁、審問及處罰）。問題是，此處之「法定」程序，除中央法律外，是否包括地方法規？亦即地方法規得否作為侵害人身自由之依據？有待檢討。

本書認為，憲法第 8 條人身自由保障規定限定於依法定程序始得侵害人身自由，其原理基礎在於「法定程序」係民主程序，中央法律係由人民選舉產生之立法委員組成人民代表機關立法院經民主程序制定而成，因此中央法律具有民主正當性基礎，以此具有民主正當性基礎之中央法律，才能規定侵害人民人身自由。同樣地，地方議會制定之法規，同樣係由居民選舉產生之議員組成議會經民主程序制定而成，因此地方議會之法規同樣具有民主正當性基礎，以此具有民主正當性基礎之地方議會法規，亦應得

規定侵害人身自由，從而地方議會法規規定侵害人身自由之刑罰，並不違反第 8 條意旨。

(二)憲法第 23 條

憲法第 23 條規定：「以上各條列舉之自由權利，除為防止妨礙他人自由，避免緊急危難，維持社會秩序，或增進公共利益所必要者外，不得以法律限制之。」此條為對人權限制之比例原則及法律保留原則之規定，與此處相關者，為法律保留原則。亦即對人權之限制必須以「法律」為之，此處之「法律」，是否包括地方法規？有待檢討。

本書認為，本來法律保留原則之精神在於人權保障，即限定在「法律」明定之情形下始得限制甚至剝奪人權。其意旨在於「法律」係經國民選舉產生之立法委員組成的立法院經民主程序制定而成，具有民主正當性基礎，只有以具有民主正當性基礎之「法律」明定，才可以限制或剝奪人權。同樣地，地方議會制定之法規，亦係經居民選舉產生議員組成之議會經民主程序制定而成，與中央法律一樣，亦具有民主正當性基礎。既然具有民主正當性基礎，自得作為限制或剝奪居民權益之依據。從而憲法第 23 條所定「以法律限制之」，應包括「以地方法規限制之」。且此處之地方法規，應包括地方立法機關法規及地方行政機關法規。

(三)憲法第 143 條第 1 項

憲法第 143 條第 1 項規定：「中華民國領土內之土地屬於國民全體。人民依法取得之土地所有權，應受法律之保障與限制。」此處之「應受『法律』之保障與限制」是否包括地方法規（地方立法機關法規及地方行政機關法規）？換言之，地方法規得否對居民之土地所有權加以保障及限制？

本書認為，應可採肯定見解，即地方法規（地方立法機關法規及地方行政機關法規）得對居民之土地財產權加以保障及限制。理由與前述地方法規及罪刑法定主義間之關係的立論相同，即地方議會通過之法規，係經居民選舉產生之議員組成議會經民主程序制定而成，具有民主正當性基礎，

因此以此具有民主正當性基礎之法規，自得對居民財產權之限制，並對居民土地所有權加以限制。至於地方行政機關之法規，係經居民選舉產生之行政首長制定而成，亦具有一定程度之民主正當性基礎，因此亦得對居民財產權加以限制，自得對居民土地所有權加以限制。

㈣憲法第 145 條第 1 項

憲法第 145 條第 1 項規定：「國家對於私人財富及私營事業，認為有妨害國計民生之平衡發展者，應以法律限制之。」此處「應以『法律』限制之」，是否包括地方法規在內？即地方法規得否限制私人財富及私營事業？

本書認為，應可採肯定見解，即地方法規（地方立法機關法規及地方行政機關法規）得對私人財富及私營事業加以限制。理由與前述地方法規與罪刑法定主義之關係之立論相同。

四、地方自治法規制定權範圍之限制

雖然前述憲法所定法律事項，可解為不排除地方法規制定權之意旨，但地方自治法規制定權，並非無限制。現行地方自治法規制定權範圍之限制，可以分為事務上之限制及地方與中央法規間之關係兩個層面。首先說明事務上之限制。

事務上之限制，意指地方自治法規在其處理之事務上，因已受到限制，則其自治法規制定權之範圍，亦受到限制。地方自治團體處理之事務，在現行法制下，包括自治事務及委辦事務，以及解釋上不屬於中央之事務。另外，所謂共管事務，只是中央與地方共同處理之概括性事務而已，在個別具體之事務內容上，仍可再定位為自治事務或委辦事務。

㈠自治事務之自治立法權

在現行地方制度法下，自治事務之自治立法權的肯定，應無問題。地方議會有自治條例制定權，地方行政首長有自治規則制定權。但是，如前

所述，由於自治事務之概念，相當狹隘，限於法定自治事務，其結果，自治條例及自治規則之制定範圍，已被重大限制。

因此，在運用上甚至將來立法課題上，可將自治事務之概念擴充至非法定自治事務，在此範圍內，亦承認其自治立法權。

㈡委辦事務之自治立法權

在現行地方制度下，委辦事務並無自治立法權，因此沒有委辦條例制定權，只有委辦規則制定權。但是，此種設計，實屬不當。將來立法課題上，應賦予委辦事務之自治立法權，而其範圍則可透過中央法令予以限制。

㈢不屬於中央之事務之自治立法權

解釋上，不屬於中央之事務，應可解為地方自治團體處理之事務。因此除憲法規定屬於中央之事務（憲法第 107 條）外，應可解為由地方自治團體處理之事務而賦予其自治立法權。

㈣現行地方制度法之問題

地方制度法第三章第三節自治法規體系以「自治事項」與「委辦事項」為前提，地方議會就自治事項所制定者為「自治條例」，地方行政機關就自治事項所制定者為「自治規則」，地方議會就委辦事項無立法權，因此無「委辦條例」，地方行政機關就委辦事項所定者為「委辦規則」，但是此種法規體系有下述問題。

自治法規體系與事務屬性之連動性並無意義。理論上，自治法規係地方自治團體受地方住民之委任，其正當性來自於地方住民，因此，以地方住民合意為基礎之自治法規，只要依其民主正當性之強弱或意義來區分法規之屬性即可。地方議會議員由住民直選產生，固不待言，地方行政首長亦由地方住民直接選舉產生，自亦有一定民主正當性基礎，但此兩種民主正當性之意義及程度，應不相同，議會畢竟是集合多種權益或思想之集合體，有其綜合代表性及廣泛性，而地方行政首長雖亦為住民直選產生，但

其代表性僅限定在其一人之代表權益或思想而已，與議會之集合代表相較，程度上稍弱及侷限性，因此在自治法規上容許議會與行政首長間之法規創設權有一定差異。但此乃地方議會與地方行政首長間法規創設之差異，與地方之事務為自治事務或委辦事務，並無理論上之關係，從而自治法規體系，沒有必要與自治事務‧委辦事務連結，更沒有必要以自治事務及委辦事務之區分作為自治法規體系之基礎。

更何況，在現行法制下，自治事項與委辦事項之概念及其區分，尚未明確化，以不明確之概念及區分作為自治法規體系之基礎，則自治法規及其體系亦無法明確。

五、地方法規與中央法規之關係

憲法第 125 條規定：「縣單行規章，與國家法律或省法規牴觸者無效。」地方制度法第 30 條規定：「自治條例與憲法、法律或基於法律授權之法規或上級自治團體自治條例牴觸者，無效。」「自治規則與憲法、法律、基於法律授權之法規、上級自治團體自治條例或該自治團體自治條例牴觸者，無效。」「委辦規則與憲法、法律、中央法令牴觸者，無效。」係地方法規與中央法規關係上最重要之規定。此對地方自治團體之自治立法權而言，亦為一種限制。

但是本條規定有諸多問題：

㈠牴觸之概念及其判斷基準不明確

牴觸雖然可解為係違反之意，但判斷地方法規之適法性的標準或要素，完全無規定，只有委諸學說及實務之累積認定之。前述日本法之經驗，足供參考。

㈡法規位階之優劣順序

本條所定之法規位階順序，以憲法、中央法令最高，其次為所謂「上

級自治團體自治條例」，再其次為該自治體之自治條例，此係以中央與地方
自治團體為上下優劣之關係，且自治條例優於自治規則為前提之設計。但
是此種前提之設計，具重大問題。理由如下：地方自治團體與中央係對等
關係之統治團體，地方自治團體間亦為對等關係，並非上下優劣關係，故
法規間，並無優劣關係，只有法規制定範圍之差異而已。且如同後述，自
治條例與自治規則間，並非上下優劣關係，只是制定範圍之差異而已，故
自治條例位階並非優於自治規則。

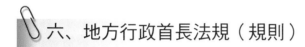

六、地方行政首長法規（規則）

㈠地方行政機關之規則訂定權在憲法之定位

我國憲法上有無保障地方行政機關之規則訂定權？地方行政機關之規
則訂定權在憲法之定位為何？似無明文規定。但從憲法上對於地方自治團
體之自主立法權之保障規範，即第 124 條第 2 項及增修條文第 9 條第 1 項
第 4 款「屬於縣之立法權，由縣議會行之」規定，及第 128 條「市準用縣
之規定」，以及直轄市自治之保障規定，應可以解為保障地方行政機關的規
則訂定權之意。

申言之，從第 123 條「縣民關於縣自治事項，依法律行使創制、複決之
權⋯⋯。」規定觀之，縣之立法權，非專屬於縣議會，縣民亦有創制、複決
之立法權；再者，地方自治團體之首長產生方式，依憲法第 126 條、增修條
文第 9 條第 1 項第 5 款、地方制度法第 55 條第 1 項、第 56 條第 1 項、第 57
條第 1 項規定，係由該地方自治團體之住民直接選舉產生，因此，地方自治
團體之首長，除了為地方自治團體之執行機關的代表外，亦具有住民代表機
關之性質，為民主正當性之代表；甚者，從第 121 條「縣實行縣自治」、第
127 條「縣長辦理縣自治，並執行中央及省委辦事項」規定觀之，縣長既有
辦理自治事項及委辦事項之權能，自應有自主立法權之規則訂定權，且該規
則為具一定程度之法規效力，若僅認為只有單純的執行權，而否定規則訂定

權或否定規則之法規效力者，有無違反該等條款，則滋生疑問。

其次，檢視地方制度法上地方行政機關與地方議會之關係。第39條規定地方行政機關對地方議會之覆議請求權，同時，第48條第1項規定地方行政首長等向地方議會施政報告之義務、第2項規定地方行政首長等接受地方議會質詢之義務，再者，第53條規定地方議會議員不得兼任地方行政機關職務，但並未賦予地方議會對地方行政首長有不信任議決權，地方行政首長對地方議會亦無解散權。整體而言，地方行政機關與地方議會之關係在一定程度上為「機關對立・抗衡關係」，且近似於「總統制」或「首長制」。因此，地方行政首長既具有近似於「總統制」或「首長制」下之首長定位，則不應僅止於單純的行政權、執行權而已，為處理自治事項及委辦事項，自應賦予規則訂定權，此種規則之內容，應包括具法規命令及行政規則之2種性質者。

㈢名稱——從「地方行政規則」到「自治規則」與「委辦規則」

在我國，由於自治立法權概念尚未落實，現行法令之名稱又紛亂無章，致使「地方自治立法」之名稱，一向為具爭議性之問題，此可從地方制度法在草案階段與成為法律後有重大變更，即可見一斑。在草案時，專節名稱為「自治法規」與「地方行政規則」，前者於草案第25條第1項及第2項規定：「直轄市、縣（市）、鄉（鎮、市）得就其自治事項或依法律之授權，訂定自治法規，……。」「前項自治法規，得依其性質，定名為規程、規則、細則、辦法、綱要、標準或準則。」後者於草案第26條第1項規定：「直轄市政府、縣（市）政府、鄉（鎮、市）公所得依法律、中央法規或直轄市法規、縣（市）規章、鄉（鎮、市）規約之授權，或於其職權範圍內，訂定各該地方行政規則。」且從草案第26條第2項就依上級法規授權訂定之行政規則或執行委辦事項所訂之行政規則，應報請上級政府或委辦機關核定的規定觀之，該地方行政規則，不但包括就自治事項所訂者，亦包括就委辦事項所訂者。因此，可以得知，地方立法機關制定者為自治法規，地方行政機關訂定者為地方行政規則，且地方行政規則，亦包括

就委辦事項所訂定者。惟自治法規除了就自治事項所訂定者之外，有無包括就委辦事項所訂定者？查閱該條文規定，並不明確。

惟成為法律後，專節名稱改為「自治法規」，並於第 25 條，依地方自治團體組織之別，將其分為地方立法機關制定者稱為「自治條例」，與地方行政機關訂定者稱為「自治規則」。由於第 25 條後段，並非依事務之性質（自治事務及委辦事務），而僅係依地方自治團體機關之別所為之規定，因此若僅依第 25 條規定者，似有可能誤解為不分自治事項或委辦事項，一律稱為「自治規則」，惟查第 27 條第 1 項及第 29 條第 1 項，對於自治事項或委辦事項訂定者，分別有「自治規則」與「委辦規則」不同名稱之規定，則自應解為係第 25 條後段之特別規定而予以優先適用，因此可以得知，草案之「地方行政規則」於立法後，已由「自治規則」與「委辦規則」所取代。

㈢「自治規則」與「委辦規則」之性質與定位及其問題

1. 定位與性質

地方行政機關依第 27 條第 1 項規定：「……就其自治事項，得依其法定職權或基於法律、自治條例之授權，訂定自治規則。」該自治規則之性質與定位，從第 28 條「自治條例專屬制定事項」規定觀之，其中包括「創設、剝奪或限制地方自治團體居民之權利義務者」「其他重要事項，經地方立法機關議決應以自治條例定之者」，即自治條例之「法規創造力」，其反對解釋之結果，此等事項不得以自治規則定之；且從第 30 條第 2 項規定：「自治規則與……該自治團體自治條例牴觸者，無效。」觀之，自治規則之位階低於自治條例。再者，第 26 條第 2 項規定直轄市議會及縣（市）議會有行政罰制定權，而直轄市政府及縣（市）政府則無此規定，因此，自治規則之性質，與具法效力且和人民權利義務有關之法規命令應屬有別，只不過是拘束地方行政機關內部且不涉及人民權利義務之行政規則而已。

又，地方行政機關所訂定之自治規則，既非法規命令，則訂定發布後，依第 27 條第 3 項規定，只須依其訂定法據，分別函報有關機關（其屬法律

授權訂定者，函報各該法律所定中央主管機關；其屬依法定職權或自治條例授權訂定者，分別函送上級政府及各該地方立法機關）「備查」或「查照」即可，毋須陳請上級政府或主管機關「核定」。

　　至於委辦規則，既係就依法律、上級法規或規章規定，在上級政府指揮監督下，執行上級政府交付辦理之非屬該團體事務所定者，只不過為執行授權法規之意旨而定，委辦規則之訂定範圍，自以委辦事項為限。委辦事務之內容，理論上雖可能包括涉及人民權利義務與其以外之事項，惟參酌地方制度法第 28 條將涉及人民權利義務事項列入「自治條例專屬制定事項」之規定，似可解為委辦規則之範圍，為限定於涉及人民權利義務以外之事項。因此，委辦規則之性質，並非具法效力之法規命令，而係拘束行政機關內部之行政規則，此點與自治規則無異。

　　又，委辦規則之法據，既來自於委辦機關之法規，則委辦規則自不得牴觸憲法、法律及中央法令（第 30 條第 3 項），牴觸者無效；且應由委辦機關「核定」後始得發布（第 29 條第 2 項）。

2. 問　題

⑴「自治規則」及「委辦規則」與授權法規

　　地方行政機關之「自治規則」與「委辦規則」之訂定，雖與中央之行政命令一樣，具有行政立法之性質與機能，但中央行政命令之訂定，必須以明確的、具體的、個別的法律授權為前提要件，否則與法治主義理念相違；而地方行政機關「自治規則」與「委辦規則」之訂定權，以前述地方行政首長在憲法上之定位為前提，應係獨立且為包括性的權限，並不以法律或自治條例之「個別授權」為必要，第 27 條第 1 項「基於法律、自治條例之授權」規定，應解為只不過為確認性質之規定而已，為一贅文，應予以刪除，蓋即使沒有法律、自治條例之個別授權，亦得「依其法定職權」訂定之。

⑵地方議會法規與地方行政首長法規之關係

　　現行地方制度法對於兩者之區別，以第 28 條明列以自治條例訂定事項

作為兩者區別之標準，但是，該條之性質為何？亦即條例制定事項與地方行政首長訂定事項之關係為何？是否為排他關係？該等事項是否即為地方行政首長不得訂定之範圍？並不明確。且該條中所列創設、剝奪或限制居民之權利義務範圍，解釋上非常廣泛，是否均為議會制定事項而非為地方行政首長訂定事項？並不明確。

地方行政首長亦由地方住民直接選舉產生，自亦有一定民主正當性基礎，理論上，地方議會所制定法規與地方行政首長所定法規之關係，並非當然等同於中央法律與法規命令及行政規則間之關係。因此，現行自治規則似乎定位為如同中央之法規命令，甚至是行政規則，實屬不妥。

此外，現行地方制度法上，以地方議會就委辦事務並無立法權，故無委辦條例，但同樣是委辦事務，為何地方行政首長卻有規則訂定權？若以委辦事務只有執行權為理由而賦予地方行政首長規則訂定權者，顯然又將行政首長之規則訂定定位為執行權之一環，顯不合理。

總之，地方議會法規與地方行政首長法規，兩者並非排他關係，可以有並存共管關係，法規體系上可以區分為議會專屬法規事項、地方行政首長專屬法規事項及兩者共管法規事項。

七、地方自治團體處罰權之有無及限制

關於地方法規有無處罰權之問題，可以再細分為地方法規（包括地方以議會通過之法規及地方行政首長之法規）得否制定行政刑罰規定？地方法規得否制定行政秩序罰規定？兩者若為肯定，有無極限？

㈠地方自治團體之行政刑罰權

1.地方法規得否制定行政刑罰規定？

⑴地方立法機關法規得否制定行政刑罰規定？

在我國現行地方制度法第 26 條等規定下，雖然承認部分地方自治團體

之限定的行政秩序罰權（後述），但並不承認地方自治團體有行政刑罰權，包括地方議會就自治事務不得以法規（自治條例）規定行政刑罰。地方行政首長就自治事務亦不得以法規（自治規則）訂定行政刑罰。地方議會就委辦事務並無條例制定權，就委辦事務自無行政刑罰權；地方行政首長就委辦事務，亦無行政刑罰權。

此種立法意旨，可以推知地方制度法基本上將地方自治團體定位設計成中央之下級機關，而非與中央為對等之統治團體，且擔心自治能力不足之地方自治團體若具有行政刑罰權，恐有濫用而損害居民權益之虞。

不過，本書認為，即使我國地方自治團體在現實上，其自治能力及自治意識，均尚未成熟，難免有濫用行政刑罰權之虞，但基於以下幾點，本書認為賦予地方自治團體行政刑罰權，應屬必要，且賦予行政刑罰權應包括憲法及法律上之地方自治團體在內，因此包括直轄市、縣（市）、鄉（鎮、市）。又賦予地方自治團體之行政刑罰權，包括自治事務與委辦事務，均賦予之。

A.憲法已明文賦予縣、直轄市之立法權（憲法第124條第2項、第118條及增修條文第9條第1項第4款），既然地方議會有立法權，為擔保自治條例之實效性，對於違反自治條例之義務者，自得處以行政刑罰。至於鄉（鎮、市）雖然不是憲法保障之地方自治團體，但係地方制度法上之地方自治團體，考量其亦為地方自治團體，其議會之自治條例係經居民選舉產生之議員組成議會所制定，自有民主正當性，因此應如同直轄市、縣（市）一樣，賦予鄉（鎮、市）行政刑罰權。

B.從地方自治原理以觀，地方自治團體之定位應為與中央對等之統治團體，而非中央之下級機關，地方自治團體議會之法規，既然係經居民選舉產生之議員組成議會所制定而成，具有民主正當性基礎，與中央立法院制定之法律，在民主正當性基礎上，並無差異，因此，地方議會法規既然與中央法律皆有民主正當性基礎，即應賦予和中央法律一樣之行政刑罰權，只是地方議會法規，受限於事務等限制，在行政刑罰權之內容或刑度上，可以有若干之限制，但不應全面否定其行政刑罰權。

　　C.若是擔心地方自治團體自治能力及自治意識不足，賦予地方自治團體行政刑罰權，恐有濫用而侵害居民權益之虞者，關於此點，本文認為，如同教育自主及民主深化過程一樣，在短期內，自治能力及自治意識不足之地方自治團體也許會濫用行政刑罰權，但賦與地方自治團體充分的自主立法權，包括對於違反自主立法之行政刑罰，資以擔保自主立法之實效性，以落實自治權，從長期發展以觀，可以讓地方自治團體及其居民學習自治之意義、自治能力。換言之，自治落實，必須靠累積的實踐經驗才能達成，在累積經驗中，難免會有短期不正的「生理現象」，但並非「病理現象」，在累積經驗中的「生理現象」，應可以平常心視之，不須因此短期的「生理現象」而斷絕了自治落實及民主深化之終極目標。

　　⑵地方行政機關法規得否訂定行政刑罰規定？

　　地方立法機關法規得規定行政刑罰，已如前述，進一步而言，地方行政機關（首長）得否具有行政刑罰權？亦即，地方行政法規，為擔保其法規之實效性，對於違反其法規者，得否在其法規規定行政刑罰？亦值檢討。

　　在我國現行地方制度法第 26 條等規定下，雖然承認部分地方自治團體之限定的行政秩序罰權(後述)，但全面不承認地方自治團體有行政刑罰權，已如前述，因此，地方行政首長，雖然有自治規則及委辦規則制定權，但不論是自治事務或委辦事務，均無行政刑罰權，不得對為違反自治規則或委辦規則者處以行政刑罰。此種立法政策，是否妥適？

　　本書認為，不賦予地方行政機關首長行政刑罰權，尚屬妥適。其理由為地方行政機關首長雖然亦經居民選舉產生，有其民主正當性基礎，但由於其為首長一人，與議會議員係經區域代表產生具多元民主基礎，並不相同，在民主正當性基礎之周延度及廣度上，地方行政首長不如議會。行政刑罰權對居民既然係侵害權益甚鉅，應要求周延度及廣度較高的嚴謹的民主正當性基礎之議會或立法院之立法才可以賦予，而地方行政首長之民主正當性基礎之周延度及寬廣度既然不如議會，即難如同議會甚至是立法院一樣賦予其行政刑罰權。

2.地方法規之行政刑罰權之限制（制約）

在我國現行地方制度法第 26 條等規定下，全面不承認地方自治團體有行政刑罰權，但本書認為賦予地方自治團體行政刑罰權，應屬必要，且賦予行政刑罰權之地方自治團體，應包括憲法及法律上之地方自治團體在內，因此包括直轄市、縣（市）、鄉（鎮、市）。且賦予地方自治團體之行政刑罰權，包括就自治事務與委辦事務，均賦與之，已如前述。

不過，鑑於刑罰對於人權侵害甚鉅，不宜浮濫，因此地方議會法規之刑罰規定，在刑罰種類及額度上，應有所限制。

㈡地方自治團體之行政秩序罰權

1.地方法規得否制定行政秩序罰規定？

⑴地方立法機關法規得否制定行政秩序罰規定？

我國現行地方制度法第 26 條第 2 項規定：「直轄市法規、縣（市）規章就違反地方自治事項之行政義務者，得規定處以罰鍰或其他種類之行政罰。」第 3 項規定：「前項罰鍰之處罰，最高以新臺幣 10 萬元為限；並得規定連續處罰之。其他行政罰之種類限於勒令停工、停止營業、吊扣執照或其他一定期限內限制或禁止一定行為之不利處分。」可以得知地方制度法明文賦予地方自治團體行政秩序罰權。不過，對此行政秩序罰，有幾種限制：

首先，得處以行政秩序罰之事務，僅限定在違反自治事務的行政義務而已，至於委辦事務之行政義務違反，仍不得對之處以行政秩序罰。因此，地方議會之自治條例得規定罰鍰，但地方議會不得就委辦事項規定處以行政秩序罰。

關於此點，本書認為，會造成如此結果，來自於地方制度法將事務分為自治事務與委辦事務，且其區分意義在於地方議會對兩事務立法權之有無，亦即地方自治團體就自治事務有立法權，但就委辦事務則無立法權。但本書認為兩事務之區別意義，並非地方議會立法權之有無，而是中央對

兩事務的行政干預之手法及程度差異，因此，地方議會就委辦事務，亦應有立法權（條例制定權）❹，其結果，地方議會就自治事務與委辦事務，皆有條例制定權，則地方議會對違反條例者得處以行政秩序罰，當然對於違反規則者亦得處以行政秩序罰。

其次，有行政秩序罰之地方自治團體，只有限定在憲法上之地方自治團體之直轄市及縣（市）而已，至於鄉（鎮、市），雖亦為地方制度法上之地方自治團體，但沒有行政秩序罰權。其立法理由係鑑於鄉（鎮、市）幅員不大，如果賦予行政秩序罰權，將會有一縣數制的混亂現象發生，而影響法秩序之維持。但此理由，難有說服力，不為本書所贊同。首先，幅員大小或是統治區域規模大小，並非行政秩序罰權有無之判斷要素，鄉（鎮、市）統治區域規模雖較小，但鄉（鎮、市）民代表會之組成，與縣議會一樣，均由鄉（鎮、市）民直接選舉產生，具有民主正當性基礎，自應賦予鄉（鎮、市）民代表會之行政秩序罰權。再者，若謂賦予鄉（鎮、市）之行政秩序罰權，將有一縣數制的混亂現象發生者，則賦予縣之行政秩序罰權，亦會有一國數制的混亂現象發生，但地方制度法卻何以賦予縣之行政秩序罰權？難以理解，可見會產生不同的行政秩序罰，並非排除鄉（鎮、市）之行政秩序罰權的合理論據。

本書認為，鄉（鎮、市）固然不是憲法上之地方自治團體，但議會議員及行政首長係經居民選舉產生，又有一定程度之自治事務，實質上其地方自治團體之地位，應與縣（市）一樣，且在我國地方制度層級上屬於基礎地方自治團體，是住民自治發展之基礎單位，對自治落實有相當重要之地位，鄉（鎮、市）議會既然有立法權，得制定條例，對於違反條例者，亦應有行政秩序罰權。

⑵地方行政機關法規得否訂定行政秩序罰規定？

我國現行地方制度法第 26 條第 2 項規定：「直轄市法規、縣（市）規

---

❹　請參考蔡秀卿，〈自治事項與委辦事項〉，《地方自治法理》，學林文化事業，2003年，pp. 96～98。同旨，蔡茂寅，〈地方立法權之研究〉，《地方自治之理論與地方制度法》，新學林出版，2006 年，p. 185。並請參考本章前述。

章就違反地方自治事項之行政義務者，得規定處以罰鍰或其他種類之行政罰。」第 3 項規定：「前項罰鍰之處罰，最高以新臺幣 10 萬元為限；並得規定連續處罰之。其他行政罰之種類限於勒令停工、停止營業、吊扣執照或其他一定期限內限制或禁止一定行為之不利處分。」可以得知地方制度法明文賦予地方自治團體行政秩序罰權。但是對此行政秩序罰，仍有幾點限制及疑義：

首先，有行政秩序罰權者，除了地方議會外，是否亦包括地方行政首長在內？亦即地方行政首長有無行政秩序罰權？若僅從該法第 26 條第 2 項條文文字以觀，「直轄市法規、縣（市）規章」得規定行政秩序罰，而「直轄市法規、縣（市）規章」包括直轄市議會法規及直轄市長法規、縣（市）議會法規及縣（市）長法規，其結果，似乎得解為地方行政首長亦有行政秩序罰權。但是，同法第 28 條第 2 款規定，剝奪、限制地方自治團體居民權利之事項，屬於以自治條例規定之事項，行政秩序罰當然會剝奪或限制居民權益，則行政秩序罰則應以自治條例規定之，不得以自治規則定之，造成地方行政首長無行政秩序罰權之結果。換言之，以事務及立法權範圍之界定來限制處罰權。

不過，本書認為，地方行政首長亦應具有行政秩序罰權，其理由如下：

A.首先，以地方行政首長具有民主正當性基礎之定位而言，應賦予其行政秩序罰權。地方行政首長來自於地方居民選舉產生，具有民主正當性基礎，與地方議會議員並無不同，雖然地方議會係反映區域代表之多元民主之結構，具多元民主基礎，地方行政首長為一人代表，其民主正當性基礎之周延度及廣度不如地方議會，但以具民主正當性基礎之觀點，至少應賦予其一定範圍或程度之規則訂定權，既然地方行政首長有規則訂定權，對於違反規則者，自應賦予擔保規則實效性之行政秩序罰權。

B.現行地方制度法關於地方議會法規與地方行政首長法規之關係，在法位階上，將地方議會法規定位為地方行政首長法規之上位階❹，從其上

---

❹ 地方制度法第 30 條第 2 項規定，自治規則與該自治團體自治條例牴觸者，無效。等於是意指自治規則之法位階低於自治條例。

下位階而導出效力之優劣，地方議會法規效力優於地方行政首長法規。但是本書認為，此等設計具重大問題。

由於地方行政首長具有民主正當性基礎，地方行政首長法規，在其處理事務範圍內，並在不違反中央法令範圍內，理論上應有其規則訂定權，且地方行政首長之規則與地方議會之條例間的關係，與中央法規命令及中央法律之關係不同，地方行政首長之規則訂定，不需要地方議會條例之授權，即使沒有地方議會條例之授權，亦可以訂定❹。

因此，地方議會條例與地方行政首長規則之關係，並非母法與子法之關係，亦非上下優劣關係，只是事務處理範圍不同而帶來法規範圍差異而已。原則上，地方議會制定事項與地方行政首長訂定事項，各有不同，且會有共管事項，因此，地方議會條例與地方行政首長規則，只會反映出處理不同事務帶來法規規範事務之不同而已，且在地方議會與地方行政首長共管事務下，會有對同一事務同時存有地方議會條例與地方行政首長規則的規定之情形。

從而，原則上，地方議會條例與地方行政首長規則，在效力上並無優劣，地方行政首長規則之效力並非低於地方議會條例；在法位階上，兩者亦非上下關係，即地方議會條例並非地方行政首長規則之上級法規。

至於地方議會條例之效力優於地方行政首長規則之情形，只有兩種：一為地方議會條例就執行上之細節性及具體性事項委任給地方行政首長執行之規則；另一關於共管事項，地方議會條例與地方行政首長規則皆有規定，且兩者競合之情形，此時，地方議會條例之效力優先於地方行政首長規則❺。

現行地方制度法規定得處以行政秩序罰之事務，僅限定在違反自治事

---

❹ 室井力・兼子仁編，前揭註❶，p. 60（市橋克哉執筆）；松本英昭，前揭註❶，p. 244；北崎秀一，〈条例の罰則と罪刑法定主義〉，猪野積編著，《新地方自治講座2　条例と規則⑴》，ぎょうせい，1997 年 5 月，p. 102；長野士郎，前揭註❸，p. 150。

❺ 兼子仁，前揭註❶，pp. 158～161。並請參考本章前述。

務之行政義務而已，至於委辦事務之行政義務違反，仍不得對之處以行政秩序罰。因此，地方議會之自治條例得規定罰鍰，但地方議會不得就委辦事項規定罰行政秩序罰。

關於此點，本書認為，會造成如此結果，來自於地方制度法將事務分為自治事務與委辦事務之意義限定在地方議會之立法權之有無，且只有賦予地方議會就自治事務有立法權（條例制定權），就委辦事務卻未賦予地方議會立法權。但本文認為此種立法政策並不妥適。兩事務之區別意義，並非地方議會之立法權之有無，而是中央對兩事務之行政干預之手法及程度之差異而已，因此，地方議會就委辦事務，亦應有立法權（條例制定權），其結果，地方議會就自治事務與委辦事務，皆有條例制定權，則地方議會就自治事務，為擔保條例之實效性，對違反條例者得處以行政秩序罰，同樣地，就委辦事務，為擔保條例之實效性，對於違反條例者，亦得處以行政秩序罰。

再者，有行政秩序罰之地方自治團體，只有限定在憲法上之地方自治團體之直轄市及縣（市）而已，至於鄉（鎮、市），雖亦為地方制度法上之地方自治團體，但沒有行政秩序罰權。

但本書認為，鄉（鎮、市）固然不是憲法上之地方自治團體，但有來自於居民選舉產生之議會及行政首長，又有一定程度之自治事務，實質上其地方自治團體之地位，應與縣（市）一樣，在我國地方制度層級上又是基礎地方自治團體，是住民自治發展之基礎單位，對自治落實有相當重要之地位，鄉（鎮、市）議會既然有立法權，得制定條例，對於違反條例者，亦應有行政秩序罰權。

2.地方法規之行政秩序罰權之限制（制約）

我國現行地方制度法第 26 條第 2 項雖明文賦予地方自治團體行政秩序罰權，但仍有諸多限制：

(1)僅對自治事務有行政秩序罰權，至於對委辦事務，則無行政秩序罰權。其問題性，已如前述。

⑵有行政秩序罰之地方自治團體，只有直轄市及縣（市）而已，至於鄉（鎮、市）沒有行政秩序罰權。其問題性，亦已如前述。

⑶只有地方議會條例有行政秩序罰權，至於地方行政首長則無行政秩序罰權。其問題性，亦已如前述。

⑷行政秩序罰之種類之限定。行政秩序罰之種類，只有限定於罰鍰、勒令停工、停止營業、吊扣執照或其他一定期限內限制或禁止一定行為之不利處分。且罰鍰有 10 萬元之上限。因此，中央行政罰法上第 1 條及第 2 條所定各種行政罰中，屬於地方制度法第 26 條第 2 項及第 3 項所定以外之行政秩序罰者，在地方議會法規及地方行政首長法規上，是否得規定此等行政秩序罰？ 即有問題。

關於此問題，可能有兩種見解，否定說及肯定說。否定說之理論基礎，可以推知來自於處罰係對於居民權益之限制或剝奪，原則上應盡量抑制或限定，該條立法意旨即在於限定處罰之種類，避免過度侵害居民權益。但本文認為，採肯定說為宜。理由為既然地方議會有條例制定權，地方行政首長有規則訂定權，為擔保條例或規則之實效性，對於條例或規則違反者，得規定處以行政秩序罰，已如前述，而且，為使行政秩序罰擔保行政義務履行更具實效性，則宜依據各種規範意旨設計不同之處罰種類，不必限定於該條所定。

第九章

地方自治團體之自治組織權

第一節
自治組織權

 一、自治組織權之意義、必要性及性質

㈠意義及必要性

「自治組織權」，也可稱為「自主組織權」或「組織自治權」，係在地方自治之意旨下，地方自治團體就其本身規模及其內部組織，具有自主編成之權能。

為何地方自治團體應具有自治組織權？其原理基礎來自於自治權。自治立法權及自治行政權屬於自治權之一環，理論上已無爭議，而具有自治立法權及自治行政權的主體，為自主性處理事務所必要之組織，當然亦應以自治立法及自治行政為前提而自主建構，此乃自治組織權通常與自治立法權、自治行政權甚至是自治財政權並列為自治權之一環，屬不可或缺之權能的理由。

而且，以地方自治團體為統治團體（或統治主體）之地位而言，其與中央應係對等關係，而非上下優劣關係，為行使統治權所必要之組織編成權，自亦應受保障。

㈡性　質

自治組織權，係地方自治團體本身及其內部之組織編成權，並非只是執行地方法規之行政權，係與自治立法權、自治行政權、自治財政權同列為自治權之一環。

二、自治組織權之憲法依據

　　原理上，自治組織權，係與自治立法權、自治行政權、自治財政權同列為自治權之一環，並無爭議，但是，各國實定法架構下，對於自治組織權保障之內容、範圍及程度，並非相同。而我國憲法有無保障自治組織權？其保障之內容、範圍及程度為何？自為首先應檢視之問題。

　　我國憲法上保障自治組織權之依據，解釋上，至少有以下條文：憲法第 121 條「縣實行縣自治」、第 124 條第 1 項「縣設縣議會，縣議會議員由縣民選舉之。」第 126 條「縣設縣政府，置縣長一人，縣長由縣民選舉之。」以及第 118 條直轄市自治保障。其理由如下：第 121 條之縣自治及第 118 條之直轄市自治，可解為保障縣及直轄市自治權之意，自治權既然包括自治組織權，則該等條文亦可以解為保障縣及直轄市自治組織權之意。而第 124 條第 1 項及第 126 條，更是設置縣之立法機關及行政機關，以及住民選舉議員及行政首長產生方式之保障規定，也可以解為自治組織權之保障規定。

三、自治組織權之範圍及限制

　　不過，若要問憲法對於自治組織權之保障內容、範圍及程度為何？由於憲法上並無明文規定，因此有討論的空間。

　　本書認為，自治組織權之內容、範圍與程度，必須與其他自治權之自治立法權、自治行政權、自治財政權作整體思考，不宜僅考量自治組織權，也就是，自治立法權、自治行政權及自治財政權愈充實者，自治組織權程度自應愈充實，中央之立法干預應愈少。而從地方自治尊重之觀點，自治立法權、自治行政權及自治財政權之內容應充實，範圍應廣泛，程度應深化細膩，較為理想，則自治組織權，也應為相同之理解，中央之干預應儘可能避免或以最小限度為之。

　　從此觀點來說，對自治組織權之限制，最有爭議者，可能是憲法上規

定地方自治團體之組織，須以法律定之（所謂「組織法定主義」），是否違反地方自治之意旨。例如憲法第 112 條第 2 項規定：「省民代表大會之組織及選舉，以法律定之。」本條雖然被增修條文第 9 條暫停適用，但其內容，原理上仍可討論。

憲法上規定地方自治團體之組織（包括立法機關及行政機關之組織）必須以中央法律定之，如果此處之「法律」，解為不包括地方法規者，等於是由中央透過立法上之干預來統制地方之組織，從自治組織權尊重之觀點，並不適宜，但如果中央立法之干預目的，是藉統制地方組織來保障或深化住民權益者，則並非不宜。

四、現行法制之問題

從上述自治組織權之意旨而言，我國現行地方制度法上對於地方自治團體之組織，可能有過度干預自治組織權之嫌：

㈠中央法令過度干預自治組織權

地方制度法是中央法律，但卻在第三章第四節詳細規定了地方立法機關及地方行政機關之組織規範，關於地方議會，例如議員名額、議會集會、議會職權、議長及主席之職權、罷免、議員之權利與義務；關於地方行政機關，例如行政首長及重要行政人員之名額、產生方式等，等於是中央對於地方自治團體內部之立法組織及行政組織的立法干預，且干預程度到達對於組織之細節事項，似屬過度，其結果，地方自治團體之自主組織編成之空間，幾乎被完全限制，似乎已過度干預自治組織權。

尤其是第 54 條及第 62 條，更是過度干預自治組織權，至為明顯，恐有違反憲法保障地方自治之嫌。其理由如下：

第 54 條規定地方自治團體之立法機關組織，由內政部訂立組織準則，由行政院核定，且各地方自治團體依據該立法機關組織準則，制定立法機關組織自治條例，並經所謂自治監督機關核定；第 62 條規定地方自治團體

之行政機關組織，由內政部訂立組織準則，由行政院核定，且各地方自治團體依據該行政機關組織準則，制定行政機關組織自治條例，並經所謂自治監督機關核定。內政部乃依據此規定，訂定「地方立法機關組織準則」及「地方行政機關組織準則」。關於前者，除了地方制度法上之議員名額、議會集會、議會職權、議長及主席之職權、罷免、議員之權利與義務（該準則第二章至第四章）之重複規定外，並有對行政單位予以規範（該準則第六章）；關於後者，更詳細規範地方行政機關組織之層級、名額、組織設置、調整（該準則第一章）、行政機關組織之重要人員、內部單位（該準則第二章）、編制及員額（該準則第三章）。縣市政府一級單位、二級單位及所屬一級機關之一級單位的名稱，並在 96 年 7 月 1 日修正公布之地方制度法第 62 條第 3 項增列之。

綜觀以上規定，地方制度法第 54 條及第 62 條規定係授權給中央行政機關以法規命令（準則）規定地方自治團體之立法組織及行政組織的標準規範，要求所有地方自治團體之組織皆須符合此標準規範，其中與地方制度法重複規定者，已屬過度干預自治組織權，已如前述，至於係地方制度法規定以外而由內政部訂立者，其內容至為細膩，更是干預自治組織權甚鉅。

96 年 7 月 1 日修正公布之地方制度法第 62 條第 3 項增列之縣市政府一級單位、二級單位及所屬一級機關之一級單位的名稱規定，連縣市政府之單位名稱亦予以統一化，中央以立法干預地方自治組織權之色彩過度濃厚，係阻礙自治深化之設計，並不妥適。雖然立法意旨可能是避免各縣市政府之單位名稱不一而予以統一化之單純技術性問題而已，但以目前中央與地方仍處於上下優劣之不對等關係的狀況以觀，地方對於中央立法過程，幾乎無實質性之參與權及決定權，仍是處於被決定之狀態，此種內部單位名稱，自難有表示自主意思之機會，仍不免有干預自治組織權之嫌。

又，必須注意者，為「組織準則」係內政部訂立之法規命令，係一無民主正當性基礎之中央行政機關的命令，以此命令干預一具民主正當性基礎之統治團體的地方自治團體組織，其干預，又難謂係保障住民權益或有

助於住民人權深化之意義,其違反憲法保障地方自治及自治組織權之意旨,至為明顯。

㈡中央法令干預地方自治團體規模要件之不當

地方制度法第4條規定直轄市、市及縣轄市之設立條件,以人口之最低限度、政治、經濟、文化、都會區域發展、財源、交通等因素,作為判斷直轄市、市及縣轄市之設立條件,96年5月23日修正公布之地方制度法第4條第2項,更增列人口達2百萬以上之縣,在未改制為直轄市以前,得準用直轄市之規定。此等規定,皆係以中央法律決定地方自治團體本身之規模及地位,以目前中央與地方仍處於上下優劣之不對等關係觀之,地方對於中央立法過程,幾乎無實質性之參與權及決定權,仍是處於被決定之狀態,此種由中央法律單方決定地方自治團體本身之規模及地位,地方自治團體甚至是住民全體難有自主意思表示之機會,仍不免有干預自治組織權之嫌。

本書認為,地方自治團體本身之規模及地位予以變更時,民主之決定過程,非常重要,尤其是相關地方自治團體之住民全體之意見,絕不可忽視,以及其他地方自治團體之聯合組織或相當於此性質之組織的意見,亦應納入,絕不是中央片面決定。

第二節
我國地方自治團體之政治制度

一、地方自治團體與中央政治制度之比較

地方自治團體之政治制度,在各國法制上,存在有與中央不同之政治制度者,例如日本。日本中央政治體制是採議會內閣制,但地方公共團體之政治制度是採取首長制(或總統制),地方議會與地方行政機關分離,議

會議員及行政首長均為住民選舉產生，一般稱為二元代表制。但亦有內閣制之色彩，例如地方行政首長對地方議會有議案提出權（地方自治法第149條第 1 款）、議會對行政首長之不信任議決權及行政首長對議會之解散權（地方自治法第178條），整體而言，呈現地方與中央不同政治體制。

二、我國之情形

　　而我國地方自治團體之政治制度與中央相較，有無異同，其特色為何？先予以說明如下。

　　我國現行中央政府之政治制度，歷經 7 次憲法修正後，已大幅度修正原來「五權七機關」之設計，且其間之權力分配及其關係，也非常複雜，若要問究竟其性質為何？可能無法定論。不過，本書認為，整體而言，姑不論形式上五權五院制度仍存在，若以實質上之權力分配及其間之關係而言，似乎較接近總統制，此乃賦予總統相當大之權力，例如解散立法院之權力（增修條文第2條第5項）、對行政院院長之任命權（第3條第1項）、對司法院院長、副院長、大法官之提名權（第5條）、對考試院院長、副院長、考試委員之提名權（第6條）、對監察院院長、副院長、監察委員之提名權（第7條）、緊急處置權（第2條第3項）、國安組織設置權（第2條第4項）等。但是，仍有議會內閣制之色彩，例如立法院對行政院院長之不信任提出權（第3條第2項第3款）、行政院向立法院提出施政報告及接受質詢之責任與義務（第3條第2項第1款）。

　　而地方自治團體之政治制度如何？首先，檢視憲法規定。憲法第124條縣設縣議會及第126條縣設縣政府之規定，明顯採用立法機關與執行機關分離體制，且議會議員及縣長均由住民選舉產生，已有首長制之雛形，再加上地方制度法第39條賦予行政對立法之覆議權規定，且與日本地方公共團體不同，我國地方制度法上，並無賦予議會對行政首長之不信任議決權及行政首長對議會之解散權，更具首長制色彩。不過，也有少許內閣制色彩，例如地方行政首長對地方議會之議案提出權（第35條第6款、第26條

第 8 款、第 37 條第 8 款)、行政對立法之施政報告、說明及接受質詢之責任與義務(第 48 條、第 49 條)。因此,整體而言,係首長制但有些微內閣制色彩,與中央政治體制之差異很小。

第三節
地方議會

一、地方議會之地位

㈠地方自治團體之意思決定機關及住民代表機關

雖然憲法第 122 條規定:「縣得召開縣民代表大會,依據省縣自治通則,制定縣自治法。」可知憲法預設有「縣民代表大會」,具有縣之意思決定機關及住民代表機關性質,但此代表大會之角色,僅限定於縣自治之基本法之縣自治法的制定而已,而無其他一般性立法權及其他議決事項,因此屬於抽象性的意思決定機關及住民代表機關,何況該條已因增修條文第 9 條第 1 項暫停適用。

而憲法第 124 條及增修條文第 9 條第 1 項第 3 款規定,縣設縣議會,縣議會由縣民選舉之,可知縣議會具有縣之意思決定機關及住民代表機關的性質及地位。直轄市議會,亦復如此。再者,鄉(鎮、市),雖然不是憲法上之地方自治團體,但為地方制度法上之地方自治團體,鄉(鎮、市)代表會,仍為議會,具有鄉(鎮、市)之意思決定機關及住民代表機關之性質及地位。至於臺灣省,已非地方自治團體,省議會已改制為省諮議會,已非意思決定機關及住民代表機關之性質及地位,勿庸贅述。

㈡憲法及法律上必要設置機關

由於憲法第 124 條、增修條文第 9 條第 1 項第 3 款及第 118 條規定,

縣設縣議會，直轄市自治亦受保障，因此，縣議會及直轄市議會，為憲法上明定必須設置之機關。至於鄉（鎮、市），並非憲法上之地方自治團體，乃無相同之規定，但為地方制度法上之地方自治團體，成為法律上必須設置之機關。

㈢具有立法權及其他重要權限之機關

憲法上明定地方議會之權限，只有憲法第 124 條第 2 項、增修條文第 9 條第 1 項第 4 款及第 118 條之立法權而已。其他之權限，並無明文規定。但本於地方自治團體自治權之意旨，既為地方自治團體之意思決定機關及住民代表機關之性質及地位，地方制度法上乃並有明定地方議會之其他職權（第 35 條至第 37 條），詳後述。

㈣與行政機關係對等，並非優越地位之關係

地方議會雖係地方自治團體之意思決定機關及住民代表機關，但並非地方自治團體之「最高」機關，憲法上亦無明文規範地方議會之最高機關性，而地方自治團體之政治體制，既然採取首長制，地方行政首長與議會議員一樣，皆係住民選舉產生，具民主正當性基礎，亦有規則訂定權。因此，地方議會對地方行政機關，並非優越的地位，兩者為對等關係。

二、地方議會之權限

地方議會之權限，在各國實定法下，並不相同。如果以日本地方自治法上之議會之權限為基礎，予以分類者，大概可以分為議決權、監督權（或統制權）及自律權三種。

㈠議決權

議決權係地方自治團體之團體意思決定權限。地方議會係地方自治團體之意思決定機關，係議事機關，在法令賦予之權限內予以決定之權限，

屬於地方議會最重要之權限。而議決權，通常都是在中央法令明定，議決權內容，通常有抽象性、概括性及個別性之規定方式。

地方制度法第 35 條至第 37 條規定了直轄市議會、縣（市）議會及鄉（鎮、市）代表會之職權，包括法規議決權、預算議決權、財產處分議決權等，整體而言，似可以再擴增，尤其是與財務活動有關之事項，例如與財務有關之契約締結及其他法律行為，似可加入。

㈡監督權（統制權）

此乃地方議會對地方行政機關之事務處理等的監督權限或統制權限。雖然地方行政首長亦係住民選舉產生，但是畢竟其為一人代表，與議會議員全體係住民選舉產生，在民主之廣度及周延度，並不相同。為使行政更具民主基礎，乃賦予地方議會對地方行政機關之事務處理等監督權（統制權）。

我國現行地方制度法上，賦予地方議會之監督權（統制權）規定，只有第 48 條行政首長對議會之施政報告、一級主管單位主管之業務報告、地方議會之質詢權，以及第 49 條行政首長及單位主管之列席說明。但此僅為一般性、概括性之監督而已，對於個別具體事務之監督權，或是對個別具體之人事案監督權等，均無規定。為使地方行政更具民主基礎，似可更賦予地方議會對地方行政機關之事務處理等監督權，例如對於重要財務活動之監督權、調查權、對於重要財務人員甚至是重要行政人員之同意權等。

㈢自律權

此乃為擔保前述地方議會的權限得以民主方式為之，而賦予議會本身之議事活動自我規範權，此種自律，本來是一種近似於倫理規範，但為擔保其實效性，通常亦將其明文化。常見者，有議會議長之選舉等、議會之規則訂定、議員之倫理規範等。

我國現行地方制度法及地方立法機關組織準則上，關於議會自律之規定，有地方制度法第 45 條議長（主席）之選舉、第 46 條議長（主席）之

罷免、第31條自律規則之訂定，以及地方立法機關組織準則第四章會議、
第五章紀律。

 ## 三、地方議會之組織

㈠議員之人數

地方議會之議員人數，係依地方制度法第33條及地方立法機關組織準
則第5條至第7條計算之。基本上係以人口比例計算，並有原住民及婦女
名額。

㈡會　議

地方議會之會議，除了正式會議為最終意思決定會議外，並有程序委
員會及各種委員會，審查各種議案（地方立法機關組織準則第19條及第
21條）。

 ## 四、議會之會議及其營運

㈠議會之召開等

1. 定期會

地方制度法第34條及地方立法機關組織準則第19條規定，地方議會，
除每屆成立大會外，定期會每6個月開會一次，由議長、主席召集之。議
長、主席未依法召集時，由副議長、副主席召集之；副議長、副主席亦不
依法召集時，由總額減除出缺人數後過半數之議員、代表互推1人召集之。

2. 定期會之會期

定期會之會期，地方制度法第 34 條第 1 項定有明文，但得延長（同條第 2 項）。

3. 臨時會

地方制度法第 39 條第 3 項，並預設了得召集臨時會之三種情形，包括地方行政首長之請求，議長（主席）之請求或議員（代表）三分之一以上之請求，地方行政機關請求覆議。

㈡會議之原則

1. 開議人數‧議決通過人數

地方議會之開議，必須議員總額減去出缺人數後過半出席，才可為之；議案之表決，除有特別規定者外，出席議員（代表）過半數之同意為通過，未過半數之同意為否決。如差 1 票即達過半數時，會議主席得參加 1 票使其通過，或不參加使其否決（地方立法機關組織準則第 22 條）。

2. 會議公開原則

地方議會，原則上應公開，但會議主席或議員（代表）3 人以上提議，或依地方制度法第 49 條列席人員之請求，得為秘密會議（地方立法機關組織準則第 24 條）。

第四節
地方行政機關

 ### 一、地方行政首長之地位

地方制度法第 55 條至第 57 條規定，地方行政首長對外代表該地方自治團體，綜理該地方自治團體事務，並經住民選舉產生。具有法律上意義及政治上意義之地位。

 ### 二、地方行政首長之權限

地方制度法關於地方行政首長之權限，除了綜理該地方自治團體事務、向議會提案權外，尚有規則訂定權等之一般性規定。但尚無如同議會般列舉之權限規定。

第五節
地方議會與地方行政機關之關係

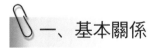 ### 一、基本關係

地方自治團體之政治制度採首長制，地方議會及地方行政首長皆有其民主正當性基礎，兩者之關係應為互相尊重的對等關係。議員不得兼任行政機關職務（地方制度法第 53 條），議會對特定事項有明瞭必要時才邀請行政首長或單位主管列席說明（同法第 49 條），皆是互相尊重之適例。但兩者亦有互相牽制制衡之關係，例如後述行政首長對議會之覆議，以及行政首長對議會之施政報告、說明及接受質詢之責任與義務。

二、行政首長對議會之覆議

地方制度法第 39 條規定覆議制度，重點如下：

(一)覆議事項

覆議事項，基本上限於法規、預算、特別稅課、臨時稅課及附加稅課、財產處分、行政組織自治條例、行政機關提案。

(二)覆議期間

必須在議決案送達後 30 日內為之。

(三)覆議之決定期間

覆議案必須在送達後 15 日內決議。如為休會期間，應於 7 日內召開臨時會，並於 3 日內決議。覆議案逾期未決議者，原決議失效。

(四)覆議之決議

覆議時，如有出席議員、代表三分之二維持原決議案，行政機關應即接受該決議。但有第 40 條第 5 項或第 43 條第 1 項至第 3 項（議決違法）之情形者，不在此限。

(五)預算案覆議決議之效力

預算案之覆議案，如原決議失效，議會應就行政機關原提案重新議決，並不得再為相同之決議，各該行政機關亦不得再提覆議。

三、行政首長對議會之施政報告、說明及接受質詢之責任與義務

地方制度法第 48 條規定，議會定期會開會時，行政首長應提出施政報告，各級行政機關首長，得應邀就主管業務提出報告。議員於定期會開會時有向各行政機關首長質詢之權。同法第 49 條規定，大會開會時，議會對特定事項有明瞭必要者，得邀請各行政機關首長列席說明。各小組開會時，議會對特定事項有明瞭必要者，得邀請各行政機關首長以外之有關業務機關首長列席說明。

第十章 ■□

中央與地方及地方間之關係

第一節
概　說

在第五章已提及，以尊重地方自治為前提，地方自治團體具有統治團體、獨立組織主體以及國政參與主體的地位，則中央與地方自治團體及地方自治團體間之關係，應係統治團體間之關係，且可以再分為中央對地方自治團體、地方自治團體對中央，以及地方自治團體間之關係。而統治團體間之關係，會具體反映在中央對地方自治團體及地方自治團體間的干預，且依其性質，可分為立法干預、行政干預及司法干預（及準司法干預）。其中立法干預，為統治團體間之法規關係（例如地方自治團體法規與中央法令之關係）；行政干預，為統治團體透過種種行政手法，包括權力性及非權力性行政手法對其他統治團體所為之干預（例如中央對地方自治團體之事務處理具有許可權）；至於司法干預（及準司法干預），為因行政干預及立法干預所生之適法性及合憲性爭議，由司法（及準司法）判斷所為之干預，固然在單一國家，司法權通常屬於中央，但對於行政干預、立法干預所生之適法性及合憲性爭議，交由中央之司法權判斷，其中央本身即是對地方自治團體之自治干預。

據此，中央與地方自治團體及地方自治團體間之關係，既為統治團體間之關係，其具體內容，即為統治團體間之立法干預、行政干預及司法干預（及準司法干預）。而其中關於立法干預，係統治團體間之法規關係，最重要者為地方自治團體法規與中央法令之關係，亦為地方自治團體之自治立法權問題，已在本書第八章說明，本章即不再贅述。本章之內容，即以統治團體間之行政干預及司法干預（及準司法干預）為中心。

然而，統治團體間之關係為何？若仍以尊重及深化地方自治為前提者，其應係對等關係，而非上下優劣關係。但是我國現行法制，如同後述，將其定位為上下優劣之不對等關係，無助於地方自治之深化，本書不表贊同。因此，本章以對等關係為前提，說明統治團體間之立法干預、行政干預及司法干預（及準司法干預）。而在法理論及法制度上，我國法甚少討論，法

制度亦諸多問題，無法以我國法為重心，僅能先介紹日本法後，再檢討我國法制的問題。

　　另外，附帶說明者，國內公法學者，尤其是留學德國的學者，在中央對地方之關係上皆稱之為「自治監督」，而且似將重點置於行政監督，至於立法監督及司法監督，似較不重視。此乃以德國法為前提之用語、概念及討論方式，可以理解。以團體自治型態發展出來的德國地方自治團體之定位並非統治團體，而係接近中央行政機關之下級機關，甚至有無立法權，尚未有共識，中央對地方之關係，係上下不對等關係，以此為前提，以「監督」之立場說明，自屬合宜。

　　但是，本書認為，從尊重地方自治及期待地方自治深化之觀點，宜改為「自治干預」較妥。其理由如下：

　　「監督」一語，含有「上」對「下」關係或是統制者對被統制者之意，從權利論而言，亦有權利者對義務者統制之意義，難以充分及適切表達中央與地方及地方間之對等、協力關係，亦與自治之理念有違。以「自治干預」稱之，係指從地方自治團體立場觀之，其他統治團體（包括中央及其他地方自治團體）對該地方自治團體所介入之意，不但和中央與地方及地方間之對等、協力之關係相互配合，亦反映出尊重地方自治之意。固然用語僅具形式意義，但我國在地方自治論理上尚屬形成期，用語之選擇，往往會直接影響其概念之意涵，難謂不重要。

　　此外，從日本地方自治法制及理論上用語之變化，亦可獲得啟示。地方自治法施行之初，受明治憲法及自治監督法制之影響，實際上國家對於地方公共團體之關係，仍停留在一般的監督關係，因此，地方自治法上關於國家與地方公共團體關係之規範，即以國家權力的監督制度為內容，專章章名亦定為「監督」（第十一章）。惟學界認其有違憲法保障地方自治意旨之虞，乃於 1952 年修正，以國家與地方公共團體間為對等、協力之關係為前提，增列國家對地方公共團體之協力，及事務共同處理制度等規定，章名亦改為「國家與普通地方公共團體之關係及普通地方公共團體相互間之關係」。其後相關文獻亦類皆改為干預。從此用語上之變化，應該可以說

明前述之意旨，不是單純形式上之用語問題而已。

第二節

日本法

　　首先介紹日本法在中央與地方及地方間關係之演變，可見其地方自治發展之軌跡，亦足供我國省思。

一、舊地方自治法制下中央與地方間之關係

　　1947 年 5 月 3 日施行之日本憲法上，對於地方自治之保障，已有專章（第八章第 92 條至第 95 條）規定，於第 92 條規定，關於地方公共團體之組織及營運事項，基於地方自治之本旨，以法律制定之。據此，同年月日施行之地方自治法，自應以確保及強化地方公共團體之自主性及自律性，並以國家與地方公共團體間為對等、協力之關係為內容，方符合憲法保障地方自治之本旨。惟受明治憲法及自治監督法制之影響，實際上國家對於地方公共團體，仍停留在一般的監督關係，因此，地方自治法上關於國家與地方公共團體關係之規範，即以國家之權力監督制度為內容，專章章名亦定為「監督」（第十一章）。惟學界認其有違憲法保障地方自治本旨之虞，乃於 1952 年修正，以國家與地方公共團體間為對等、協力之關係為前提下，增列國家對地方公共團體之協助，以及事務共同處理制度等規定，章名亦改為「國家與普通地方公共團體之關係及普通地方公共團體相互間之關係」。

　　以下簡單介紹「地方分權包裹法」2000 年 4 月 1 日施行前之舊地方自治法（以下簡稱「舊自治法」）下中央與地方之關係。可分為中央對地方及地方間之關係、地方對中央之關係。

㈠中央對地方及地方間之關係（以行政干預為中心）

中央與地方及地方間之關係論，最重要者莫過於所謂「自治干預」論，而所謂「自治干預」，以統治團體來區分者，有中央對地方自治團體及地方自治團體間之自治干預；以自治干預之性質來區分者，有立法干預、行政干預及司法干預。而關於立法干預，主要核心問題為地方自治團體法規與中央法令之關係，已在本書第九章討論說明，因此，此處在舊自治法制方面，僅檢討行政干預，在後述之新自治法制方面，除行政干預外，並檢討司法干預（及準司法干預）。

首先，關於舊自治法制下之行政干預，可以分為舊自治法及個別法律之行政干預。

1. 舊自治法上中央對地方及地方間之行政干預❶

⑴一般行政干預（舊自治法第 245 條至第 252 條）

原則上，以非權力手法為之。例如自治大臣或都道府縣對於地方公共團體組織與營運合理化之技術上建議或勸告（舊自治法第 245 條第 1 項）。至於權力手法之干預，以法律有特別規定者為限，例如自治大臣、主管大臣或都道府縣知事、都道府縣委員會、委員之資料提出要求（舊自治法第 245 條第 3、4 項）；自治大臣或都道府縣知事對於地方公共團體之財務監視（財務報告之要求、書類帳簿之提出等，舊自治法第 246 條）；內閣總理大臣之改善措施要求（舊自治法第 246 條之 2 第 1 項）；內閣總理大臣指定都道府縣知事調查市町村行政（舊自治法第 246 條之 3）；主管大臣或都道府縣知事之檢查（舊自治法第 246 條之 4）；地方公共團體首長之臨時代理者及臨時選舉管理委員（舊自治法第 247 條及第 248 條）；地方公共團體發行地方債時，必須經自治大臣或都道府縣知事之許可（舊自治法第 250 條）；自治紛爭之調停（舊自治法第 251 條）；條例制定・修廢之報告義務（舊自

---

❶　關於舊自治法下中央與地方及地方間之關係，請參考室井力・原野翹編，《現代地方自治法入門》，法律文化社，1995 年第三版，pp. 268 以下。

治法第 252 條)。

⑵特別行政干預

除了上述一般行政干預以外，地方自治法上尚有特別行政干預，包括非權力行政手法與權力行政手法之干預。前者例如市町村併廢或界線變更時，都道府縣知事應向自治大臣報備（舊自治法第 7 條第 1 項）；關於市之併廢，都道府縣知事與自治大臣之事前協議（舊自治法第 7 條第 2 項）；地方公共團體議會解散後，選舉管理委員會應將投票結果向自治大臣或都道府縣知事報告（舊自治法第 77 條）；依都道府縣議會議員及都道府縣知事之解職請求付諸投票後，選舉管理委員會應將投票結果向自治大臣或都道府縣知事報告（舊自治法第 82 條）；對於都道府縣副知事、出納長、選舉管理委員、監查委員、公安委員會委員之解職請求付諸議會議決後，地方公共團體首長應向自治大臣或都道府縣知事報告（舊自治法第 86 條第 3 項）；都道府縣之局部設置超過法定局部時，都道府縣知事應事前與自治大臣協議（舊自治法第 158 條第 3 項）；都道府縣局部名稱變更時，都道府縣知事應向自治大臣報備（舊自治法第 158 條第 4 項）等等。

後者，例如都道府縣以外之地方公共團體之名稱變更時，應以條例定之，且經都道府縣知事之許可（舊自治法第 3 條第 3 項）；都道府縣或其他地方公共團體加入地方公共團體協會時，協會規約應得自治大臣或都道府縣知事之許可，變更規約時亦同（舊自治法第 284 條及第 286 條）；都道府縣或都道府縣與市町村、或其他地方公共團體設置地方開發事業團時，設置規約應得自治大臣或都道府縣知事之認可，變更規約時亦同（舊自治法第 298 條第 2 項）等等。

2.地方自治法以外個別法律上中央對地方或地方間之行政干預

關於地方自治法以外個別法律上國家對地方公共團體或地方公共團體間之行政干預，不論權力干預與非權力干預，為數甚多，不勝枚舉。依其性質，可分為⑴報告・報備・通知（例如水質污濁防止法第 3 條第 5 項、空氣污染防止法第 4 條第 3 項、國土利用計畫法第 12 條第 5 項）。⑵技術

上建議‧勸告（例如地方公務員法第 59 條、地方公營企業法第 40 條之 3、地方教育行政組織及營運法第 48 條第 1 項）。⑶協議（例如都市計畫法第 23 條第 1 項）。⑷指示（例如都市計畫法第 24 條第 1 項、國土利用計畫法第 13 條第 1 項、地方教育行政組織及營運法第 43 條第 4 項）。⑸代行（例如國土利用計畫法第 13 條第 1 項、都市計畫法第 24 條第 4 項）。⑹財務監視‧調查‧檢查（例如生活保護法第 23 條、兒童福祉法第 53 條之 2）。⑺許可‧認可‧承認‧命令（例如河川法第 47 條、第 79 條第 1 項及第 2 項、傳染病預防法第 19 條之 2、國土利用計畫法第 9 條第 10 項、都市計畫法第 5 條第 3 項、第 18 條第 3 項、都市再開發法第 51 條第 1 項、地方稅法第 259 條、第 669 條、地方公營企業法第 44 條第 1 項、都市再開發法第 126 條、公營住宅法第 20 條）等等。

㈡地方對中央之關係──地方公共團體之國政參加

地方公共團體對國家之關係，主要論點為地方公共團體之「國政參加」。

1.地方公共團體之國政參加之意義

地方公共團體之「國政參加」，係指在中央政府行政過程及立法過程中，地方公共團體透過反映意見等所為之參與、參加。亦即，中央政府與地方政府為共同處理事務，特別是對於與地方公共團體及其住民利益相關之法律制定、修廢，及中央政府之計畫決定、實施等事項，地方公共團體所為之參加。

地方公共團體之「國政參加」觀念，並非自古即有。在國家與地方公共團體間為上下關係、支配服從關係、一般監督關係時，處於服從、被監督地位之地方公共團體，與參加國政之觀念，難有論理上的聯結。此觀念能被承認，必須以國家與地方公共團體間有共通事務之存在，或國家與特定地方公共團體間有利害關係，且兩團體共同、統一處理等觀念之存在為基礎。因此，意味地方公共團體對於國家之干預，不是僅止於被動的、消極的接受而已，而應站在與國家對等關係之立場，主動的參加國家行政、

立法過程。

2.地方公共團體之國政參加之法制度

實務上，地方公共團體之「國政參加」實例，並不罕見。例如國家在行政決定過程中，與地方公共團體相互協議而為決定；地方公共團體參加國家之審議會；或透過請願‧陳情等陳述意見等皆是。

不過，法制度上，實定法上有關地方公共團體之「國政參加」的具體規定，並不多見，而且大多限定於計畫決定或地域指定事項。

現行法令上有關「國政參加」之規定，依地方公共團體參加之型態屬消極性或積極性，可分為消極的、被動的參加與積極的、主動的參加。

⑴消極的、被動的參加

此種參加來自於國家之行為，地方公共團體接受國家之行為所為之參加，包括「聽取意見型」、「協議型」、「同意型」。

所謂「聽取意見型」，包括「聽證型」（國家在意思決定前舉行聽證，例如國土利用計畫法第5條第3項及第4項）、「意見提出型」（國家在意思決定前，地方公共團體得提出意見，例如文化財保護法第104條之2）、「不服意見書提出型」（國家之意思決定後如有不服者，對之提出不服意見書，例如地方財政法第13條第2項、第17條之2）。所謂「協議型」，指國家在意思決定過程中，與地方公共團體協調之程序（例如都市公園法第23條第5項）。所謂「同意型」，乃比「協議」更具強烈之合意。（例如憲法第95條、地方自治法第9條之3、土地改良法第87條之3第7項、國土綜合開發法第10條第2項）。

⑵積極的、主動的參加

此種參加為地方公共團體本於主動之地位所為之參加。包括「請求型」、「申請型」。所謂「請求型」，是指符合法令要件之地方公共團體，向國家請求一定措施（例如空氣污染防止法第5條之2第5項規定，都道府縣知事得向內閣總理大臣請求訂定總量規管基準；地方行政聯絡會議法第7條第1項規定，地方行政聯絡會議對於會議之協議事項，得向關係大臣提出

意見）。至於「申請型」，例如自然公園法第 12 條第 2 項規定，關於國家公園之一定公園計畫，環境廳長依關係都道府縣之申請而決定。

此外，尚有基於國家行政組織法第 8 條對於審議會等之參加。實務上地方公共團體得以關係人之資格，參加公務員制度審議會、地方制度調查會、地方財政審議會等。

甚者，地方自治法 1993 年修正時，新增列「地方公共團體聯合組織之意見提出權」（舊自治法第 263 條之 3 第 2 項），因此實際上存在之所謂「六地方團體」（全國知事會、全國都道府縣議會議長會、全國市長會、全國市議會議長會、全國町村長會、全國町村議會議長會），得依該條規定，經自治大臣，向內閣提出意見，或向國會提出意見書。至於意見提出之事項為「對地方自治有影響之法律、政令或其他事項」。

整體而言，舊自治法制上之國政參加，有諸多問題點。例如參加之對象，幾乎只限定於計畫決定、變更或地域指定，太過狹隘；參加方法，以消極的、被動的「聽取意見型」為最多，積極的、主動的參加型態，非常罕見；且關於「意見」之處理，幾乎皆無規定，對於國政之反映「意見」程度亦不明確，不能稱為完善之國政參加制度。

二、新地方自治法制下中央與地方及地方間之關係——行政干預

2000 年 4 月「地方分權包裹法」施行以後，中央對地方及地方間之關係，作大幅度修正，以下僅介紹行政干預及準司法干預、司法干預，但不討論立法干預：

㈠行政干預之意義與類型

1.一般性行政干預

所謂一般性行政干預，係指新地方自治法（以下簡稱「新自治法」）第

245 條所定國家機關或都道府縣機關對地方公共團體所為下列之行為：

⑴基本類型之干預

包括 A.建議或勸告。B.請求提出資料。C.要求改善。D.同意。E.許可、認可或承認。F.指示。G.代執行(第 1 款)。H.與地方公共團體協議(第 2 款)。

⑵非基本類型之干預

前兩款以外，為實現一定行政目的而對地方公共團體所為具體、個別之行為，例如檢查、監查、確認（第 3 款）。

2. 特別行政干預

新自治法上之特別干預如下：

⑴組織營運合理化之相關建議及勸告

總務大臣或都道府縣知事,於地方公共團體組織及營運合理化之必要,得對地方公共團體為技術性之建議、勸告及請求提出資料（第 252 條之 17 之 5）。

⑵關於財務之實地檢查

總務大臣或都道府縣知事，於必要時，得對都道府縣或市町村，為財務之實地檢查（第 252 條 17 之 6）。

⑶關於市町村調查之指示

總務大臣為組織營運合理化之相關建議及勸告，或為財務之實地檢查時，或為確保市町村事務處理之妥當性，得命都道府縣知事，向市町村為一定事項之調查（第 252 條之 17 之 7）。

3. 個別法上之特別干預

為配合機關委任事務之廢除,個別法上之干預規定亦同時廢除或縮小。例如廢除干預者,有教育行政組織營運法第 16 條對於教育長任命之文部科學大臣及都道府縣教育委員會之承認;生活保護法第 16 條關於生活保護事項，勞動厚生大臣對都道府縣及市町村之指揮監督。至於縮小干預者，有地方稅法第 259 條法定外普通稅之新設、變更總務大臣的許可規定，改為

須經總務大臣同意之協議。

㈡干預之法定主義與原則

1. 干預之法定主義

自治法第 245 條之 2 規定，地方公共團體，非依法律或基於法律之政令，無接受國家或都道府縣干預之必要，此為干預法定主義之明文化規定。在舊自治法時期，機關委任事務之處理，係在包括性指揮監督下為之，且對舊自治事務，即使無任何法律根據，僅以通達等命令，亦可輕易地為干預。干預之法定主義，主要係排除通達命令等之干預，否定地方公共團體對此等干預之服從義務，進而廢除通達行政之意旨。

而所稱法律，當然包括地方自治法，因此地方自治法上定有干預之一般授權規定：包括大臣對地方公共團體之技術性的建議及勸告、要求提出資料（第 245 條之 4）、改善之要求（第 245 條之 5）、請求改善（第 245 條之 7）、代執行（第 245 條之 8）。都道府縣執行機關對市町村自治事務之處理，亦得為改善之勸告（第 245 條之 6）。

2. 干預之基本原則

⑴必要原則
即國家或都道府縣對地方公共團體處理事務之干預，以達其行政目的所必要之最低限度範圍內為之（第 245 條之 3 第 1 項）。

⑵尊重地方公共團體自主性及自立性原則
即國家或都道府縣對地方公共團體處理事務之干預，必須尊重地方公共團體之自主性及自立性（第 245 條之 3 第 1 項）。

⑶對自治事務與法定受託事務之干預區別
即對自治事務與法定受託事務，分別訂立原則性的干預手法：依新自治法第 245 條之 3 及第 245 條規定，對自治事務之干預原則性手法為：A.建議或勸告。B.請求提出資料。C.要求改善。至於協議、同意、許可、認

可或承認、指示及代執行，原則上不予使用（新自治法第 245 條之 3 第 2 項至第 6 項）。對法定受託事務之干預之原則性手法為：A.建議或勸告。B. 請求提出資料。C.要求改善。D.協議。E.同意。F.許可、認可或承認。G. 指示。H.代執行。

㈢干預之程序

國家或都道府縣為干預時，應遵循以下正當程序：

1.書面主義原則

國家或都道府縣對地方公共團體提出建議、勸告、請求提出資料、請求改善時，除有例外情事外，應以書面為之；且當地方公共團體請求交付書面時，國家或都道府縣有交付書面之義務（第 247 條至第 249 條）。國家或都道府縣提出建議、勸告時，即使地方公共團體不遵循，不得對地方公共團體為不利益處置（第 247 條第 3 項）。

2.協議努力義務

當地方公共團體向國家或都道府縣請求協議時，國家或都道府縣及地方公共團體，應秉持誠信原則，且在相當期間內致力於協議；國家或都道府縣陳述意見時，地方公共團體並有書面交付請求權（第 250 條）。

3.許認可基準

國家或都道府縣對地方公共團體之申請或協議請求，應訂立許認可基準及其撤銷許認可等行為基準，並公告之（第 250 條之 2）。

4.許認可之標準處理期間

國家或都道府縣對地方公共團體之申請，應訂立標準處理期間，並公告之（第 250 條之 3）。

5.許認可撤銷之方式

國家或都道府縣對地方公共團體所申請之許認可為撤銷或拒絕時，應將記載理由及內容之書面交付之（第 250 條之 4 ）。

6.登記之法效果

地方公共團體向國家或都道府縣執行機關為登記時，登記之收受機關收受時，登記之義務視為履行終了（第 250 條之 5 ）。

7.國家對自治事務為直接執行時之通知

當地方公共團體與國家間因事務競合時，為使行政之有效營運，避免混亂，課以國家對地方公共團體之通知義務（第 250 條之 6 ）。

三、新地方自治法制下中央與地方之關係——國家與地方公共團體間爭議處理制度

(一)國家與地方公共團體間爭議處理制度建立之意義及必要性

國家與地方公共團體間爭議處理制度建立之必要性，已在地方分權推進委員會第四次勸告中提及，即廢除機關委任事務制度，建立國家與地方之對等、協力關係後，國家與地方公共團體間難免有紛爭產生，當產生爭議時，自難以國家優越地位之方法來解決，應有必要建立以國家與地方公共團體間之對等、協力關係為前提之爭議解決制度。由於爭議解決制度，具有擔保國家對地方干預之程序適正化的意義，同時亦具有在地方公共團體處理事務上確定與國家間權限分配之意義，因此，爭議解決機關之設計，自應以立於國家與地方間公平、中立地位之第三者機關為理想，且審判機關必須得到國家及地方公共團體雙方之信賴。再者，在行政內部，經過審判機關審查仍無法解決爭議時，自有必要循法律上爭訟之途徑而由司法為最終判斷。

因此，地方分權推進委員會建議，爭議處理制度應具備以下三要件：第一、以國家與地方公共團體之對等、協力關係為前提，資以確立及充實地方自治之制度保障。第二、國家與地方公共團體間之紛爭處理，應由立於公平、中立立場之第三者機關擔當。第三、在行政內部，儘可能使用簡單迅速之解決方法，而行政內部無法解決時，最終應由司法判斷❷。

從而，國家與地方公共團體間爭議處理制度創設之目的，在於期待國家對都道府縣之干預及都道府縣對市町村之干預的慎重，且得以制度保障國家及都道府縣干預之適正性❸。亦即擔保國家及都道府縣遵守之法定干預，若違反法定干預時，以爭議處理制度解決❹。

仁爭議處理制度創設過程

在形成具體爭議處理制度過程中，地方分權推進委員會從第三者機關在國家機關之定位、組織架構、在行政內部爭議處理制度之角色、行政內部之爭議處理制度與法院裁判制度間之關係等方面，加以檢討後，曾提出三個「試案」，但最後所提之制度，則以對現行法制度及執行予以最大尊重為前提。至於條例之違法審查制度，雖在「試案」中提及，且條例之違法審查制度，雖可調整國家與地方公共團體間之立法權限衝突，具重大意義，但由於與一般干預之情形不同，在法制度上宜另行建立，且立法關係者尚未有共識，乃作為以後中長期檢討課題，不在勸告內容之列❺。

最後，國家與地方公共團體間爭議處理制度之具體架構，則分成兩階段。第一階段為準司法機關（國家地方紛爭處理委員會）之爭議處理程序，第二階段為法院之司法訴訟程序（機關訴訟）。

---

❷ 地方分權推進委員会事務局編，《地方分権推進委員会第 3 次・第 4 次勧告》，ぎょうせい，1997 年，pp. 48〜49。

❸ 松本英昭，《新地方自治制度詳解》，ぎょうせい，2000 年，p. 225。

❹ 小早川光郎，《国地方関係の新たなルール》，西尾勝編，《地方分権と地方自治》，p. 128。

❺ 地方分權推進委員会事務局編，前揭註❷，p. 50。

(三)第一階段──第三者機關（國家地方紛爭處理委員會）之爭議處理程序

地方自治法規定，在總務省下設置國家地方紛爭處理委員會，處理國家或都道府縣對普通地方公共團體之干預審查請求事件（第250條之7）。因此，國家地方紛爭處理委員會即為國家與地方間爭議之行政內部之「第三者機關」。

1. 國家地方紛爭處理委員會

(1)定　位

若僅從原理而言，國家地方紛爭處理委員會為以公平、中立之第三者機關為前提者，委員會以置於國家及地方公共團體之外的組織（例如依國家與地方公共團體間之契約而成立之第三者機關，或是依法律設立共同監督之法人）為最理想；即使是置於國家行政組織內者，亦以置於內閣所轄下之獨立行政委員會型態（如人事院）為妥適。但是由於中央行政機關之強力反對，第四次勸告時，認難以採用上述理想的定位型態，乃建議置於府省之直屬機關。

其理由說明如下：

「從在國家與地方公共團體間以中立、公平之立場，對國家之干預予以審查及勸告等之角色及性質以觀，以置於內閣之外部獨立機關為妥，但現行憲法下，此種機關尚未存在；而內閣所轄之『獨立行政機關』之人事院，亦僅為限制勞動基本權之補償措施擔當機關，屬例外情形。因此，第三者機關置於內閣之直屬機關，雖為理想型，但只要確保其組織構成之中立性、公平性及一定職權行使之獨立性，即使仍屬國家行政組織法上之機關，置於府或省下，亦無不妥❻。」

但是此種置於國家行政機關內部之設計，為何可稱為「第三者機關」？則不無疑問。且委員會為國家行政機關者，其判斷只不過為行政統制之手

---

❻　地方分権推進委員会事務局編，前揭註❷，pp. 50～51。

段而已；更有問題者，為在國家干預之紛爭之解決方法中，將委員會解為第一階段行政內部之行政責任，區分各行政領域問題及干預手段之差異，交由委員會擔當，實有使委員會過度負擔之情形❼。甚者，本來國家與地方公共團體為對等、協力關係者，必須兩者以獨立行政體發生權利義務關係時，才具有法的意義，亦即必須將過去認為國家與地方間之關係為行政內部關係，轉為權利義務主體間之外部關係，始具有法的意義。然而，設計成型之委員會，仍置於行政內部，使其擔當紛爭處理機能，則將使已實定法化（外部關係化）之法定干預，於紛爭處理上再度成為行政內部關係化❽。

(2)性質——非「裁決機關型」，而係「勸告機關型」

國家地方紛爭處理委員會，在性質上應為如何型態之機關？曾有二見解對立存在。一為「裁決機關」型，即為確保處理委員會之實效性，應將委員會定性為「裁決機關」，其決定有拘束雙方當事者之國家與地方公共團體之效力；另一則為「勸告機關」型，委員會之勸告，不具法拘束力。最後，地方分權推進委員會之結論建議採「勸告機關」型。地方自治法乃僅規定委員會審查後，認國家干預係違法時，得對國家行政機關為採取必要措施之勸告（第 250 條之 14）。

其不採「裁決機關」型而採「勸告機關」型之主要理由，來自於各省之強力反對，認為各省大臣就其分擔管理事務權限內，有實質最終決定權，連內閣總理大臣都沒有推翻權限，若對內閣統轄之委員會，賦予拘束其他行政機關之強大決定權限者，在國家行政組織體系上並不妥適❾。

不過，雖採「勸告機關」型，但對於委員會之勸告，受勸告之行政機關，負有接受勸告而採取必要措施的義務，並將處置情形向委員會報告；

---

❼ 小早川光郎，前揭註❹，p. 130。

❽ 室井力・兼子仁編，《基本法コンメンタール——地方自治法》，日本評論社，2001 年 4 月第四版，p. 349（白藤博行執筆）。

❾ 西尾勝編著，《分権型社会を創る—その歴史と理念と制度》，ぎょうせい，2001 年，p. 188。

委員會應通知審查請求之地方公共團體首長及其他執行機關，並公告之；委員會並得向該國家行政機關請求說明處置情形（第250條之18）。實質上亦有一定之拘束力。

⑶組　織

委員會之組織，由5人組成，委員由社會學識經驗者擔任，經兩議院同意，總務大臣任命之（第250條之8、第250條之9第1項）。

國家地方紛爭處理委員會之組織構成，在第四次勸告以前之「試案」階段，曾提出「利益代表制」構想：國家地方紛爭處理委員會設「管理委員」3名及「審查委員」3名（必要時再增2名），「管理委員」3名係由代表國家立場者、地方立場者及中立立場者組成，並由其中一位中立且對行政有豐富見識者擔任會長，3位管理委員均由內閣總理大臣提名，兩議院同意任命之；而「審查委員」係於每一事件形成時，由管理委員3名一致指名，總理大臣任命之。審查委員，雖與公平交易委員會等之審判官（擔任違反獨占禁止法事件的審查人員）相似，但公平交易委員會的審查官只有決定革擬的權限而已，而此審查委員則有裁定權 ❿。

但此種利益代表制，於第四次勸告提出時，由於國家地方紛爭處理委員會勸告等已確定係具勸告性質而不具拘束力，自亦被否定。

⑷委員之政治中立性

委員成員中，同一政黨或政治團體者之比例不得超過半數（第250條之9第2項）。若超過者，成為罷免事由（同條第9項、第10項）。

⑸委員之身分保障

委員除有符合法定罷免事由予以罷免者外，享有身分保障（第250條之9第12項），法定罷免事由包括：任命未得兩議院之同意（第250條之9第4項）、受破產宣告或受處拘役以上之刑（同條第8項）、3名以上委員同屬一政黨時（同條第9項）、身心障礙而難以執行職務者或違反職務上義務而不適任者（同條第11項）。

---

❿　地方分権推進委員会事務局編，前揭註❷，pp. 92～93。

⑹委員之義務

委員負有保密義務、政治運動禁止、營利行為禁止義務、對利害關係事件之迴避義務（第250條之9第13項〜第16項）。

2.國家地方紛爭處理委員會之審查程序要件及審查範圍等

⑴審查請求權者

得對國家地方紛爭處理委員會請求審查者，為國家干預事務之擔任者，即地方公共團體首長及其他執行機關（第250條之13第1至3項），因此，包括都道府縣知事、市町村長、教育委員會、選舉管理委員會等委員會及監察委員，均得以國家干預違法，向委員會請求審查。

地方公共團體之執行機關可以成為審查請求權人，其理由為該等執行機關為擔任干預對象之事務及負有管理執行的責任者。不過，由於審查請求標的為國家行政機關之干預，因此地方公共團體執行機關可以對國家行政機關干預請求審查者，則形成「國家行政機關 vs. 地方公共團體執行機關」之奇異構造，且既然審查請求權人界定為干預對象事務之擔任及管理執行責任者，則在地方公共團體行政首長委任給其所屬機關執行事務之情形，有可能已喪失管理執行責任，卻使其為審查請求權人，似有不妥，在立法論上，似規定「對國家干預對象事務之管理執行權限機關」即可❶。

此外，地方公共團體得提起審查請求者，係以其為國家干預之相對人為前提，倘若地方公共團體並非國家干預之相對人，以其固有資格，如對於國家干預有不服者，則得依行政不服審查法規定提起不服審查請求❷。因此，究竟循一般行政不服審查程序，抑或循向國家地方紛爭處理委員會審查請求程序之判斷標準，在於國家干預為地方公共團體的關係，若地方公共團體本於其固有資格而非干預之相對人者，依一般行政不服審查程序；若為干預之相對人者，則依國家地方紛爭處理委員會審查請求程序。

---

❶　室井力・兼子仁編，前揭註❽，p. 356（白藤博行執筆）。
❷　地方分権推進委員会事務局編，前揭註❷，p. 53。

(2)審查對象

並非所有干預皆得為審查請求之對象，得請求審查之對象，限定在以下三種干預：

A.改善請求、不予許可及其他處分及其他相當於公權力行使之行為

國家干預中，改善請求、不予許可及其他處分及其他相當於公權力行使之行為，始得為審查請求之對象（第250條13第1項）。

所稱「改善請求、不予許可及其他處分及其他相當於公權力行使之行為」，包括：

a.國家對地方公共團體依法令所為改善請求及其他相當之類似干預。

b.國家對地方公共團體依法令所為許可、認可、同意等之請求給予答覆。

c.國家依法令或指示特定地方公共團體，對其課以義務之干預或依法令直接限制其權限行使之干預。

d.關於地方公共團體之權限，國家亦有直接執行權限者，國家對於地方公共團體之行為效果予以撤銷或撤回的干預，或停止其效力的干預❸。

e.公權力的事實行為，亦包括在內，如監查、檢察等。

至於不在審查請求範疇之干預如下：

a.地方公共團體以其固有資格而非干預之直接相對人者（第245條本文括號）。此乃地方公共團體與一般人民一樣接受處分時，依行政不服審查法提起審查請求或適用行政手續法即可，此非國家對其之干預，自不在審查請求範疇之列❹。

b.國家對地方公共團體支付金之交付及返還等（第245條本文括號）。被排除干預範圍之理由，在於已有補助金等健全化法、要綱、規則等規定，且此種情形應與一般私人之情形相同處理，無適用地方自治法之干預必要，自不在審查請求之列❺。

---

❸　成田賴明監修・川崎政司編集代表，《地方自治法改正のポイント―地方分権に向けた地方自治法技本改正》，第一法規，1999 年，p. 69。

❹　地方自治制度研究会編，《Q&A 改正地方自治法のポイント》，ぎょうせい，1999 年，p. 97。

　　c.國家對地方公共團體之審查請求之裁決等（即所謂「裁定干預❻」，第 245 條第 3 款括號）。其排除於審查請求範圍外之理由，為此等裁定干預係紛爭解決之行為，通常以另立程序為宜；從地方公共團體以外當事者之權利救濟等以觀，干預之基本原則未必妥適；若除紛爭解決之手續外，再列為紛爭處理之對象，則當事人間的法律關係將陷於不安定，無助於紛爭早期解決❼。

　　d.國家對地方公共團體之法定受託事務的處理，得訂立處理基準，此種處理基準，包括嚴格意義之法令解釋，及裁量基準，但並非對特定之地方公共團體課以特定具體的拘束，自非干預，亦無法拘束力，則地方公共團體自無服從義務❽。

　　e.國家對地方公共團體之法定受託事務代執行及其過程中之指示。此乃已有代執行程序規定，無須適用審查請求。

　　f.國家對地方公共團體之技術性建議、勸告及請求提出資料等（第 245 條之 4）。此種干預，係非權力干預，並未對地方公共團體發生具體明確的法效果，自非「公權力行使」，亦不在審查請求之範疇。

　　B.國家之不作為

　　國家行政機關對於地方公共團體之申請，應於相當期間內為公權力行使之干預而為，例如關於許認可、同意之不作為，得為審查請求之對象（第 250 條之 13 第 2 項）。

---

❺　地方自治制度研究会編，前揭註❹，pp. 98～99。

❻　係指關於地方公共團體之處分等之不服審查請求事件，以國家行政機關為審查機關，國家行政機關就該事件予以審查裁決而達到實質上的干預目的。我國訴願法第 4 條第 3 款及第 5 款規定，即為裁定干預規定，因該規定係將縣（市）政府及直轄市政府之處分的訴願管轄機關設計成中央行政機關，因此中央行政機關可透過訴願事件對該縣（市）、直轄市為實質上的干預。

❼　地方自治制度研究会編，前揭註❹，p. 101。

❽　室井力・兼子仁編，前揭註❽，p. 339（白藤博行執筆）。

C.協　議

地方公共團體與國家行政機關間之協議,地方公共團體已履行誠信協議義務（第250條第1項）,但無法達成協議時,地方公共團體得向國家地方紛爭處理委員會請求國家行政機關履行誠信協議義務（第250條之13第3項）。

⑶審查相對人

國家地方紛爭處理委員會之審查相對人,若為對干預請求審查者,即為干預之國家行政機關；若對不作為請求審查者,審查相對人為不作為之國家行政機關；若為對國家與地方公共團體之協議請求審查者,審查相對人為協議相對人之國家行政機關（第250條之13第1項至第3項）。

⑷審查請求之方式、期間

審查請求之方式,必須以書面為之,並記載審查請求人、相對人、時間、審查請求理由、內容等。關於審查請求之期間,自干預之日起30日內為之（第250條之13第4項）。此外,在審查請求時,審查請求人應通知相對人（第250條之13第7項）。

⑸審查請求與審查中國家干預效力之關係

在行政不服審查法上,對於處分效力、處分執行與程序續行設有執行停止制度,但對於國家干預提出審查請求時,並未設有類似之制度。從地方分權推進委員會第四次勸告中,曾提及審查請求,並不影響干預效力,似乎可解為排除執行停止之意,不過,對於自治事務之干預（指示）,地方公共團體不遵循時,國家行政機關得自為執行,此種情形可能會有緊急必要之情況,則停止執行制度,實屬必要。因此,法解釋上,無必要解為一律排除停止執行,即使解為排除停止執行,地方公共團體暫且亦得服從該干預,同時請求審查❿。

⑹委員會審查權之範圍

關於國家地方紛爭處理委員會審查權之範圍,就自治事務之審查範圍,包括干預之違法性及不當性（不當性並非指一般不當性,而是從地方公共團體之自主性及自立性之觀點之不當性而言）；至於法定受託事務之審查範

---

❿　室井力・兼子仁編,前揭註❽,p. 359～360（白藤博行執筆）。

圍，只限定在適法性❷。關於自治事務與法定受託事務之審查範圍相異的理由，雖然政府曾說明，對自治事務審查範圍包括干預之違法性及不當性，係為確保地方公共團體自主性、自立性之執行，委員會之審查範圍，除干預之適法性外，亦包括干預之妥當與否❹。但學者認為從地方公共團體自主性、自立性之觀點，認為對於法定受託事務之干預，應及於適法性及合目的性之統制，對於自治事務之干預，應僅止於適法性，而不及於合目的性之統制。干預範圍之廣狹，並非直接左右審查範圍之廣狹（干預之違法與否、適當與否），因此，不論自治事務或法定受託事務，並無必要在審查範圍上予以區別，僅從裁量濫用與否之觀點審查即可❷。

　本書認為，於此，有兩個問題必須討論。一為所謂「妥當性」監督之意義為何？如果是政府意見所稱從地方公共團體之自主性及自立性之觀點之不當性予以界定兩者之不同者，法定受託事務之干預仍應尊重地方公共團體之自主性及自立性，但為何法定受託事務可以不受此妥當性監督？難以理解。如果是中央政策合目的性監督者，因法定受託事務之干預仍應尊重地方公共團體之自主性及自立性，而中央政策合目的性監督，與此原則矛盾，自不應為之。因此，不論妥當性監督之意義屬於何者，自治事務與法定受託事務之審查範圍，似乎無區別之必要。

---

❷　此種審查範圍之區別，正與我國訴願法規定相反。我國訴願法第 79 條第 3 項規定，訴願事件涉及地方自治團體之地方自治事務者，其受理訴願之上級機關僅就原行政處分之合法性進行審查決定。其相反解釋，若對委辦事務進行審查者，則與一般行政處分一樣，得就其適法性及妥當性進行審查。但應注意者，為我國訴願法上對審查範圍採二分化，主要係基於審查機關為直接上級機關，並非如同日本之第三者機關（國家地方紛爭處理委員會），審查範圍自有區別之必要，且從尊重自治之觀點，亦應界定審查範圍之不同。

❹　松本英昭，前揭註❸，p. 253。

❷　室井力・兼子仁編，前揭註❽，p. 360（白藤博行執筆）。

3.國家地方紛爭處理委員會之審查程序等

⑴審查期間

國家地方紛爭處理委員會之審查期間，為自審查請求日起 90 日內審查終結，並將審查結果通知或為勸告（第 250 條之 14 第 5 項）。

⑵相關行政機關之參加

國家地方紛爭處理委員會，認有相關行政機關參加審查程序之必要者，得依職權或依當事者或該相關行政機關之申請，命相關行政機關參加審查程序；並事先聽取當事者及該相關行政機關之意見（第 250 條之 15、國家地方紛爭處理委員會審查程序規則第 9 條）。

⑶調查證據

國家地方紛爭處理委員會為審查之必要，得依職權或申請，調查一定事項之證據（第 250 條之 16、國家地方紛爭處理委員會審查程序規則第 16 條以下）。

⑷審查後委員會之處置

國家地方紛爭處理委員會審查結果之處置，可分為以下各種干預情形：

A.對自治事務之干預，國家地方紛爭處理委員會若認系爭干預並無違法，亦無不當而無勸告之必要者，應將審查結果附記理由，通知該地方公共團體及該國家行政機關；國家地方紛爭處理委員會若認系爭干預違法或不當而有為勸告之必要者，應對該國家行政機關提出勸告，並載明理由、期間及必要措施，同時將勸告內容通知該地方公共團體，並應將審查結果公告之。

B.對法定受託事務之干預，國家地方紛爭處理委員會若認系爭干預並無違法而無勸告之必要者，應將審查結果附記理由，通知該地方公共團體及該國家行政機關；國家地方紛爭處理委員會若認系爭干預違法而有為勸告之必要者，應對該國家行政機關提出勸告，並載明理由、期間及必要措施，同時將勸告內容通知該地方公共團體，並應將審查結果公告之。

C.對國家之不作為，國家地方紛爭處理委員會若認系爭干預並無理由

而無勸告之必要者，應將審查結果附記理由，通知該地方公共團體及該國家行政機關；國家地方紛爭處理委員會若認系爭干預有理由而有為勸告之必要者，應對該國家行政機關提出勸告，並載明理由、期間及必要措施，同時將勸告內容通知該地方公共團體，並應將審查結果公告之。

　　D.對協議之情形，國家地方紛爭處理委員會應審查該地方公共團體有無履行協議義務，並將審查結果附記理由，通知該地方公共團體及該國家行政機關，且將審查結果公告之（第 250 條之 14）。

　　⑸國家行政機關之處置

　　即國家地方紛爭處理委員會為勸告後之法效果。此勸告雖無法定拘束力，但有一定之事實上的拘束力。關於國家行政機關之干預及國家之不作為，國家地方紛爭處理委事實上的員會對之為勸告後，該國家行政機關，應於勸告指定之期間內，依勸告意旨為必要之處置，並將處置情形向國家地方紛爭處理委員會報告；國家地方紛爭處理委員會應通知審查請求之地方公共團體首長及其他執行機關，並公告之；國家地方紛爭處理委員會並得向該國家行政機關請求說明處置情形（第 250 條之 18）。

　　⑹調　停

　　此乃以調停案為承諾勸告之解決方式。國家地方紛爭處理委員會認有相當理由者，得依職權作成調停案，提示於系爭地方公共團體首長及其他執行機關及國家行政機關，並為命其承諾之勸告，且附理由公告之。系爭地方公共團體首長及其他執行機關及國家行政機關，承諾該調停案，並向國家地方紛爭處理委員會提出承諾書時，調停案視為成立。國家地方紛爭處理委員會應即將調停意旨公告之，並通知系爭地方公共團體首長及其他執行機關及國家行政機關（第 250 條之 19）。

㈣第二階段──法院之司法訴訟程序（機關訴訟）

1.地方公共團體訴訟之可能性

　　地方公共團體以其固有地位，對於國家干預所生之紛爭，得否主張干

預違法而提起訴訟，向來有不同見解。肯定見解者，認為國家對地方公共團體所為監督行為若係違法，相當於對自治權之侵害，從憲法保障地方自治本旨以觀，應允許地方公共團體向法院提起訴訟；新地方自治法明定干預之意旨，在於國家干預之依據及其態樣應有法律保留，地方公共團體只有在其範圍內才有服從國家干預之義務，超越其界限者，自有改善制度之必要。因此，在「違法的國家干預係侵害個別地方公共團體之自治權」範圍內，具體的權義關係訴訟，自應予以承認❷❸。

相反地，否定見解者，以「行政主體與私人二元論」及「行政內部關係與外部關係二元論」為思考前提，認為行政主體相互間之法律關係，原則上為「行政內部關係」，例外才有與私人相互間、行政主體與私人間關係相同之可能。因此，關於地方公共團體以固有資格提起抗告訴訟之可能性問題，認為抗告訴訟基本上係基於憲法上接受裁判權而設之保障私人權益制度，至於行政體間之公權力行使，不在此保障範圍內。因此，即使以基於憲法之地方自治權保障為理由而使用抗告訴訟，究竟憲法保障之自治權得否稱為實體權利？本有疑問。縱認為有實體法上之權利，是否有提起抗告訴訟程序上之權利保障，亦有問題。其結論認為，抗告訴訟既為保護私人主觀權利而設，以地方公共團體行使公權力而侵害人民權益時，國家行使監督權而使地方公共團體改善為例者，倘若承認地方公共團體對國家干預提起抗告訴訟者，反而侵害人民權益❷❹。

---

❷❸ 最具代表者為塩野宏教授。塩野宏，《行政法 III》，有斐閣，1995 年，p. 177；塩野宏，〈地方公共団体の法的地位論覚書〉、〈地方公共団体に対する国家関与の法律問題〉，《国と地方公共団体》，有斐閣，1990 年，pp. 1 以下；其他有曽和俊文，〈地方公共団体の訴訟〉，杉村敏正編，《行政救済法 2》，有斐閣，1991 年，pp. 265 以下；木佐茂男，〈国と地方公共団体の関係〉，《現代行政法大系 8》，有斐閣，1984 年，pp. 411 以下。

❷❹ 最具代表者為藤田宙靖教授。藤田宙靖，〈行政主体相互間の法関係について一覚書〉，《成田頼明先生古希記念・政策実現と行政法》，有斐閣，1998 年，pp. 85 以下。

2.對國家干預等訴訟之明文化及其性質

新地方自治法承認了在一定條件下對國家干預等（包括都道府縣對市町村干預）之訴訟。即關於國家與地方公共團體及都道府縣與市町村間之紛爭，創設了撤銷干預訴訟及不作為干預之違法確認訴訟。此等訴訟，性質上屬於機關訴訟（行政事件訴訟法第 6 條），但是否屬於法院法上之「法律上之爭訟」的概念範圍？仍有爭議。肯定見解者，認為此種訴訟並非因不屬於法院法上之法律上之爭訟而特別設立，並非謂不屬於法院法上之法律上之爭訟❷⑤；相反地，否定見解者，認為此種訴訟並非法院法上之法律上之爭訟的概念範圍，乃係特別創設❷⑥。

不過，應注意者，在此種訴訟以外，另以獨立之法主體之國家與地方公共團體間之一般抗告訴訟等，亦屬可能❷⑦；而且自治法上不承認之訴訟型態——干預無效確認訴訟及事前禁制訴訟(請求不作為訴訟)，亦屬可能；關於撤銷干預訴訟之停止執行，亦得為撤銷訴訟之標的；此外，非訴訟對象之干預，對之提起一般之撤銷訴訟，例如對補助金交付及返還之行為，所謂裁定干預，提起撤銷訴訟，亦屬可能❷⑧。

3.訴訟要件

⑴當事者

關於對國家干預提起訴訟者，原告為向國家地方紛爭處理委員會審查請求之地方公共團體首長及其他執行機關；被告為審查相對人之為干預或不作為的國家行政機關。至於協議不成之審查請求，不得以國家行政機關

❷⑤ 村上裕章，〈国地方係争処理・自治紛争処理〉，小早川光郎・小幡純子編，《あたらしい地方自治・地方分権》，有斐閣，2000 年，p. 84。

❷⑥ 成田頼明監修・川崎政司編集代表，前揭註❶⑬，p. 75。

❷⑦ 白藤博行，〈国と地方公共団体との紛争処理の仕組み〉，《公法研究》，62 号，p. 208。

❷⑧ 室井力・兼子仁編，前揭註❽，p. 373 （人見剛執筆）。

為被告提起訴訟（第 251 條之 5 第 1 項、第 252 條第 1 項）。

值得一提者，為國家行政機關首長本身，得否以地方公共團體行政首長等不服從其干預係違法，而提起無效確認訴訟？

對此，在地方分權推動委員會第四次勸告時，曾採肯定見解而建議以國家行政機關為原告，地方公共團體行政首長等為被告之無效確認訴訟制度 ❷。但最後法律仍未創設國家行政機關首長之無效確認訴訟制度，其理由為即使確認地方公共團體不服從其干預係違法，並不影響其干預之法效果，自無特設程序規定予以確認之必要 ❸。

⑵審查請求前置主義

提起訴訟前，原則上必須先向國家地方紛爭處理委員會提出審查請求，審查請求後，若有以下情形之一者，得提起訴訟：A.對委員會之審查結果有不服者。B.對委員會之勸告有不服者。C.對依委員會勸告所為處置有不服者。D.不依委員會勸告所定期間內為處置者。E.審查請求後逾 90 日仍未收到審查結果或勸告通知（第 251 條之 5 第 1 項、第 252 條第 1 項）。

⑶訴訟對象

在國家地方紛爭處理委員會審查對象之中，A.改善請求、不予許認可及其他處分及其他相當於公權力行使之行為之違法性。B.國家行政機關之不作為之違法性，此兩種事項始得為訴訟審理之對象。至於自治事務之不當性及協調不成之審查，則排除在外，此乃司法審查係限定於適法性之審查所致。不過關於協議，若為須同意之協議者，不同意或不作為時，亦得成為訴訟對象。

又，由於採審查請求前置主義，在國家地方紛爭處理委員會審查對象之干預，與訴訟對象之干預，應具同一性，若為經審查請求之干預，仍須審查請求後始得提起訴訟。

⑷起訴期間及管轄法院

關於起訴期間，依不同之結果分別認定之：A.有審查結果或勸告者，

---

❷　地方分権推進委員会事務局編，前揭註❷，pp. 57～58。

❸　成田頼明監修・川崎政司編集代表，前揭註❸，p. 75。

自審查結果或勸告通知到達之日起 30 日內。B.有命為必要處置之勸告情形者，自依勸告之通知到達之日起 30 日內。C.有勸告之情形但不依勸告意旨為處置者，勸告所定期間屆滿日起 30 日內。D.審查請求後於 90 日尚未為審查或勸告者，自該日起 30 日內（第 251 條之 5 第 2 項）。至於管轄法院，為地方公共團體所在區域管轄之高等法院（第 251 條之 5 第 3 項）。

4.訴訟程序

關於訴訟程序，分別於行政事件訴訟法、新自治法及最高法院規則，設有規定；其相互關係為新自治法為行政事件訴訟法之特別法，因此除有準用行政事件訴訟法之部分外，亦有排除行政事件訴訟法適用之特別規定；同樣地，最高法院規則為新自治法之特別規定。

⑴行政事件訴訟法規定

原則上，關於干預之撤銷訴訟，行政事件訴訟法第 43 條第 1 項有其適用，關於不作為之違法確認訴訟，同法第 43 條第 3 項有其適用。不過，由於自治法第 251 條之 5 第 8 至 10 項有除外準用之規定，因此，得準用之規定如下：A.被告適格（行政事件訴訟法第 11 條第 1 項但書及第 2 項）。B.行政機關之參加（同法第 23 條）。C.職權調查證據（同法第 24 條）。D.裁量逾越處分之撤銷（同法第 30 條）。E.訴訟費用（同法第 35 條）。

⑵新自治法規定

為促使訴訟程序迅速化，新自治法上有下列特別規定：A.原告通知被告之義務及向法院通知該通知之日期、場所、方法（第 251 條之 5 第 4 項）。B.自起訴日起 15 日內，法院應舉行第一次言詞辯論（第 251 條之 5 第 5 項）。C.上訴期間為 1 週（第 251 條之 5 第 6 項）。

⑶最高法院規則規定

依自治法第 251 條之 5 第 11 項規定，關於主張及證據提出時間之限制及其他促進審理之必要事項，以最高法院規則定之，據此，最高法院訂立「關於地方公共團體對國家干預等之訴訟規則」。依該規則第 2 條規定，主張及證據提出時間，除經法院許可者外，必須在最初言詞辯論日前提出，

此規定較一般民事訴訟隨時得提出之情形，受到相當之限制；依該規則第 3 條規定，上訴理由提出期間為 10 日，此規定較一般民事訴訟為 50 日之情形，縮短甚多**❸❶**。

5.判決效力

關於判決效力，由於準用行政事件訴訟法第 33 條規定，乃有拘束力，但關於第三者效力規定，並無準用，因此，判決效力僅及於當事者及相關機關。此外，情況判決規定亦無準用**❸❷**。

四、新地方自治法制下地方間之關係──地方公共團體間爭議處理制度

如前所述，國家與地方公共團體間爭議處理制度，有二階段。第一階段為準司法機關（國家地方紛爭處理委員會）之爭議處理程序，第二階段為法院之司法訴訟程序（機關訴訟）。而地方公共團體間爭議處理制度，同樣地，亦分為二階段：第一階段為自治紛爭處理委員處理制度，第二階段仍為法院之司法訴訟程序（機關訴訟）。由於第二階段訴訟程序，前已敘述，於此以說明第一階段處理制度為主，至於第二階段程序，僅在必要範圍內敘述之，其餘請見國家與地方間爭議處理制度。

㈠第一階段──「自治紛爭處理委員」處理制度

新地方自治法將舊法之「自治紛爭調停委員制度」，修正為「自治紛爭處理委員制度」，作為都道府縣與市町村間爭議之第一階段處理制度。

---

❸❶ 古田孝夫，〈地方自治法の一部改正（国の関与に関する係争処理制度）について〉，《地方自治》，628 号，2000 年 3 月 15 日，pp. 32～33。

❸❷ 室井力・兼子仁編，前揭註**❽**，p. 375 （人見剛執筆）。

1. 「自治紛爭處理委員」

⑴任命及性質

自治紛爭處理委員之產生，係依個別事件，由總務大臣或都道府縣知事指定 3 名任命之，而紛爭調停程序，或關於都道府縣干預之審查或審查請求等程序終了時，即卸任（第 251 條第 2 項及第 3 項）。因此，自治紛爭處理委員，係臨時且兼任之附屬機關。更進一步而言，自治紛爭處理委員，若為都道府縣或其機關為紛爭當事者時之調停委員、都道府縣對市町村干預之審查、勸告委員、依自治法審查請求且總務大臣為審查機關時之審查委員者，皆為總務大臣之附屬機關；若為市町村間或其機關間紛爭之調停委員及依自治法審查請求且都道府縣知事為審查機關時之審查委員者，則為都道府縣知事之附屬機關。

自治紛爭處理委員，與國家地方紛爭處理委員不同，和監察委員相同，並非合議機關委員，而係獨任機關，不過，調停案之作成及公告之決定、審查結果之決定及勸告之決定等重要事項，均依委員合議定之，因此實際上接近合議機關。

⑵權　限

自治紛爭處理委員有以下三種權限：A.地方公共團體間及地方公共團體機關間紛爭之調停（第 251 條之 2）。B.都道府縣機關對地方公共團體所為干預之審查（第 251 條之 3）。C.依自治法之審查請求、再審查請求或審決申請之審理（第 255 條之 5）。此三種權限中，A 與 C 之權限，係舊自治法下「自治紛爭調停委員」之權限，B 之權限，係新自治法增列之權限，且將委員名稱改為「自治紛爭處理委員」。

⑶義務及身分保障

為確保自治紛爭處理委員職務之獨立性及中立性，與國家地方紛爭處理委員會委員一樣，除有法定罷免事由外，不得任意罷免之（第 251 條第 5 項準用第 250 條之 9 第 12 項）。不過，國家地方紛爭處理委員會委員之罷免，在一定之情形下須經兩院同意始得為之，而自治紛爭處理委員之罷

免並無類此規定，在身分保障程序上，則不如國家地方紛爭處理委員會委員。此外，委員成員中，同一政黨或政治團體者之比例不得超過半數（第251 條第 5 項準用第 250 條之 9 第 2 項），亦有守密義務（第 251 條第 5 項準用第 250 條之 9 第 13 項）及政治活動禁止義務（第 251 條第 5 項準用第 250 條之 9 第 13 項）。

2. 自治紛爭處理委員之調停程序

⑴調停之對象紛爭範圍

關於調停制度，大致維持舊法規定，凡是地方公共團體相互間或地方公共團體機關相互間之爭議者，在新法無特別規定之下，均適用調停程序（第 251 條之 2）。都道府縣對市町村之干預的不服審查及訴訟，即屬於新法特別規定（第 251 條之 3、第 252 條），應適用審查勸告程序，而不適用調停程序。

⑵調停之開始

地方公共團體間或地方公共團體機關間產生紛爭時，當都道府縣或其機關為當事者，由總務大臣依當事者申請或依職權任命自治紛爭處理委員，處理調停事宜；當市町村或其機關間之紛爭時，由都道府縣知事依當事者申請或依職權任命自治紛爭處理委員，處理調停事宜（第 251 條之 2 第 1 項）。

⑶調停程序

自治紛爭處理委員認有調停之必要者，得請求當事者及相關人到場陳述意見，或請求提出相關紀錄（第 207 條）。自治紛爭處理委員作成調停案，提示於當事人，並為命其承諾之勸告且公告之（第 251 條之 2 第 3 項）。調停案之作成及其要旨公告之決定、對當事人或相關人到場陳述意見之請求及紀錄提出之決定，均須自治紛爭處理委員以合議為之（第 251 條之 2 第 10 項）。

又，都道府縣知事任命之自治紛爭處理委員之調停程序，其事務之屬性，在新法已改為自治事務，因此，都道府縣就該調停事務，由於尚非限制人民權益之事務，自得訂定規則。

⑷調停終了

調停程序因申請之撤回、調停之終止或調停之成立而終了：A.當事人申請調停卻又撤回申請，並經總務大臣或知事之同意者，調停程序終了。B.自治紛爭處理委員認無因調停而解決之可能性者，得終止調停，並公告及通知當事人；調停終止之決定及公告之決定，應由自治紛爭處理委員以合議為之（第 251 條之 2 第 5 項、第 6 項及第 10 項）。C.調停因當事者承諾並將承諾書向總務大臣或知事提出時，調停成立；總務大臣或知事應即公告及通知當事人（第 251 條之 2 第 7 項及第 8 項）。

3.自治紛爭處理委員之審查勸告程序

⑴處理都道府縣干預爭議之第三者機關──自治紛爭處理委員

都道府縣對市町村干預之爭議審查，不由國家地方紛爭處理委員會處理，而由自治紛爭處理委員處理審查，其理由為，其紛爭事務之性質有濃厚地域色彩，為適度反映地域實情，以總務大臣或都道府縣指名之自治紛爭處理委員來判斷，較為妥適；且從實際情形而言，都道府縣對市町村之干預，遠較國家對都道府縣之干預為多，紛爭自可能較多，為適時處理其紛爭，以總務大臣或都道府縣指名之自治紛爭處理委員來擔當，較能機動性因應。

關於此點，都道府縣依國家之指示而對市町村干預，若有爭議者，由何機關處理？曾有討論。雖有認為應由國家地方紛爭處理委員會處理者，但都道府縣接受國家指示，如有不服者，自得以國家為相對人，向國家地方紛爭處理委員會請求審查，爭執該指示之不當及違法。因此，都道府縣自非以國家之手足而干預市町村，而應判斷該指示妥當與否，若為正當合法者，自得以主體意思決定而對市町村干預，從而，即使是都道府縣依國家之指示而對市町村干預之情形，亦由自治紛爭處理委員來審查❸。

⑵審查對象

自治紛爭處理委員之審查對象，與國家地方紛爭處理委員會一樣，限

---

❸　西尾勝編著，《都道府県を変える！国・都道府県・市町村の新しい関係》，ぎょうせい，2000 年，pp. 204～205。

定在以下三種干預:

A.對市町村執行機關為改善請求、不予許可及其他處分及其他相當於
公權力行使之行為

都道府縣之干預中,只有改善請求、不予許可及其他處分及其他相當
於公權力行使之行為,始得為審查請求之對象(第 251 條之 3 第 1 項)。公
權力的事實行為,亦包括在內。其詳細內容可參考前述國家地方紛爭處理
委員會之審查對象。

至於下列干預,不在審查範圍之列,其理由請見前述國家地方紛爭處
理委員會之審查對象:

a.市町村以其固有資格而非干預之直接相對人者(第 245 條本文括號)。

b.都道府縣對市町村之支付金的交付及返還等 (第 245 條本文括號)。

c.都道府縣對市町村之審查請求裁決等 (所謂「裁定干預」) (第 245 條
第 3 款括號)。

d.都道府縣對市町村之處理基準。

e.都道府縣對市町村之法定受託事務之代執行及其過程中之指示。

f.都道府縣對市町村之技術性建議、勸告及請求提出資料等(第 245 條
之 4)。

B.都道府縣之不作為

都道府縣機關對於市町村機關之申請,應於相當期間內為公權力行使
之干預而不作為,例如關於許認可、同意之不作為,得為審查請求之對象
(第 251 條之 3 第 2 項)。

C.協　議

市町村與都道府縣機關間之協議,市町村已履行誠信協議義務,但無
法達成協議時,市町村得向自治紛爭處理委員請求履行誠信協議義務 (第
251 條之 3 第 3 項)。

⑶審查之當事人

審查請求權者為市町村長及其他執行機關;審查相對人為都道府縣機關。

⑷審查程序

關於審查請求期間、審查請求時向相對人都道府縣機關之通知義務、審查期間、相關機關之參加、調查證據、審查請求之撤會，均與國家地方紛爭處理委員會一樣（第 251 條之 3 第 5 項至第 7 項準用第 250 條之 13 第 4 項至第 7 項、第 250 條之 14 至第 250 條之 17 ）。

⑸審查範圍

自治紛爭處理委員之審查範圍，與國家地方紛爭處理委員會一樣： A.關於作為之干預者，對自治事務之干預，干預之違法性及不當性（從尊重地方公共團體之自主性及自立性觀點之不當性）；對法定受託事務之干預者，該干預之違法性。B.不作為之干預者，有無不作為狀態。C.協議不成者，有無履行協議義務（第 251 條之 3 第 5 項至第 7 項準用第 250 條之 14 第 1 項至第 4 項）。

⑹審查結果

A.關於作為之干預者，自治紛爭處理委員認並無違法及不當者，應附記理由，通知當事人及公告；認違法或不當者，附記理由並命於指定期間內為必要之處置，並通知當事人及公告。B.不作為之干預者，無理由者，應附記理由，通知當事人及公告；有理由者，附記理由並命於指定期間內為必要之處置，並通知當事人及公告。C.協議不成者，將審查結果附記理由，通知當事人及公告。自治紛爭處理委員為以上之通知、勸告時，應即向總務大臣報告（第 251 條之 3 第 8 項）。

⑺勸告後之處置

都道府縣機關接受勸告後，應於勸告指定期間內依勸告意旨為必要之處置（第 251 條之 3 第 9 項）。此勸告雖無法定拘束力，但近似強制的義務。都道府縣機關為必要處置後，應通知總務大臣，總務大臣並通知市町村執行機關並公告之（第 251 條之 3 第 9 項），總務大臣並得就處置情形請求都道府縣機關提出說明（第 251 條之 3 第 10 項）。審查結果之決定、勸告之決定等，均由自治紛爭處理委員合議決定之（第 251 條之 3 第 15 項）。

㈡第二階段──司法訴訟程序（機關訴訟）

1.訴訟要件

⑴當事者

對於都道府縣干預提起訴訟，原告為向自治紛爭處理委員審查請求之市町村長及其他執行機關；被告為審查之相對人之為干預或不作為之都道府縣機關（第 251 條之 5 第 1 項、第 252 條第 1 項）。

至於都道府縣機關本身，得否以市町村行政首長等不服從其干預係違法，而提起無效確認訴訟？

對此，如同前述，在地方分權推動委員會第四次勸告時，曾建議以國家行政機關為原告，地方公共團體行政首長等為被告之無效確認訴訟制度。但最後法律仍未創設國家行政機關首長之無效確認訴訟制度，亦因此，都道府縣機關本身之無效確認訴訟制度，亦被否定。其理由亦為即使確認市町村不服從其干預係違法，並無影響其干預之法效果，自無特設程序規定予以確認之必要❸❹。

⑵審查請求前置主義

提起訴訟前，原則上必須先向自治紛爭處理委員提出審查請求，審查請求後，若有以下情形之一者，得提起訴訟： A.對委員之審查結果有不服者。 B.對委員之勸告有不服者。 C.對依委員勸告所為處置有不服者。 D.不依委員勸告所定期間內為處置者。E.審查請求後逾 90 日仍未收到審查結果或勸告通知（第 251 條之 5 第 1 項、第 252 條第 1 項）。

⑶訴訟對象

在自治紛爭處理委員審查對象之中， A.改善請求、不予許認可及其他處分及其他相當於公權力行使行為之違法性。 B.都道府縣機關不作為之違法性，此兩種事項始得為訴訟審理之對象。至於自治事務不當性及協調不成之審查，則排除在外，此乃司法審查係限定於適法性之審查所致。不過

---

❸❹　西尾勝編著，前揭註❸❷，p. 198。

關於協議，若為須同意之協議者，不同意或不作為時，亦得成為訴訟對象。

又，由於採審查請求前置主義，在自治紛爭處理委員審查對象之干預，與訴訟對象之干預，應具同一性，若為經審查請求之干預，仍須審查請求後始得提起訴訟。

⑷起訴期間及管轄法院

關於起訴期間，依不同之結果分別認定之：A.有審查結果或勸告者，自審查結果或勸告通知到達之日起 30 日內。B.有命為必要處置之勸告之情形者，自依勸告通知到達之日起 30 日內。C.有勸告之情形但不依勸告意旨為處置者，勸告所定期間屆滿日起 30 日內。D.審查請求後於 90 日尚未為審查或勸告者，自該日起 30 日內（第 251 條之 5 第 2 項）。至於管轄法院，為地方公共團體所在區域管轄之高等法院（第 251 條之 5 第 3 項）。

2. 訴訟程序及判決效力

請見前述國家地方間爭議處理制度，不再贅述。

第三節
我國法

一、現行法制之基本問題

由於地方制度法整體架構下，並未承認地方自治團體為統治團體，更將中央與地方自治團體間定位為上下優劣之不對等關係，因此，產生以下問題：

1. 將中央對地方之關係定位為監督關係，此種定位顯然是漠視自治，不利於自治深化。從尊重及深化地方自治團體之自治觀點以觀，中央對於地方之關係，應為干預，而非監督，中央機關應為干預自治機關，並非監督自治機關。同時，地方自治團體間之關係，亦非監督關係，而係干預關

係。從此觀點出發，才有利於自治深化。

　　2.關於中央對地方之行政干預關係，現行地方制度法第 75 條規定辦理自治事務及委辦事務違背中央法令者，由干預機關予以撤銷、變更、廢止或停止執行。但此行政干預之範圍，係以抽象概念來界定，當然非常廣泛，且容易濫用，自有損自治之深化。

　　在行政干預手段及程度上，第 75 條不論自治事項或委辦事項，均採用最強權的權力性干預手段（撤銷、變更、廢止、停止執行），甚至有第 76 條代執行手段，均是最強烈的行政干預手段，其限制自治深化及發展，並不合理。

　　3.關於中央對地方或地方間行政干預，目前並無限制之規範，行政上之一般原理原則，例如比例原則等是否適用在統治團體間，應值討論。

　　4.對於中央對地方之行政干預及立法干預所生爭議解決機制，尚未建立。目前地方制度法第 75 條第 8 項規定及第 29 條第 5 項規定，僅為粗糙之規範，對於爭議標的並不明確，爭議解決機關亦不明確。

二、中央對地方自治團體立法干預所生爭議解決法制的現況與問題

㈠權限爭議（事務爭議）

1. 現　　況

現行法制關於權限爭議之解決，出現多元解決體制之亂象：

⑴憲法規定由立法院解決

憲法第 111 條規定，事務爭議，由立法院解決。

⑵大法官釋字第 527 號解釋

大法官釋字第 527 號解釋明示「無關地方自治團體決議事項或自治法規效力問題，而純為中央與地方自治團體間或上下級地方自治團體間之權

限爭議，則應循地方制度法第 77 條規定解決之，尚不得逕向本院聲請解釋。」得知排除權限爭議得聲請大法官解釋之可能性。

⑶地方制度法之多層級多元解決體制

地方制度法第 77 條，是目前關於權限爭議解決機關歸屬最為詳細的規定，該條規定「中央與直轄市、縣（市）間，權限遇有爭議時，由立法院院會議決之；縣與鄉（鎮、市）間，自治事項遇有爭議時，由內政部會同中央各該主管機關解決之。」「直轄市間、直轄市與縣（市）間，事權發生爭議時，由行政院解決之；縣（市）間，事權發生爭議時，由內政部解決之；鄉（鎮、市）間，事權發生爭議時，由縣政府解決之。」本條規定之重點有二：其一為區分「權限」與「事權」概念，其二為爭議解決機關依其事務所涉統治團體而分別定為立法院、行政院、內政部、縣政府，採「多層級多元解決機關」之設計。

2. 問題所在

以上現行法制關於權限爭議解決體制之設計，有以下問題：

⑴區分「權限」與「事權」之問題性

地方制度法第 77 條區分「權限」與「事權」概念，其立法意旨並不明確。本書認為，「權限」或「事務」本屬抽象且廣義概念，權限劃分之意義在於自治干預方式、干預程度之強弱等統治團體間之關係差異，與對事務立法權、執行權之賦與，理論上係不同層次問題，即權限之歸屬，可能有立法權及執行權、有立法權而無執行權、無立法權而有執行權之情形。且權限劃分爭議與統治團體層級並無關聯，從而，地方制度法第 77 條區別「權限」與「事權」概念，並無法規範意義，自無必要。

⑵「多層級多元解決機關」之問題性

地方制度法第 77 條係依事務所涉統治團體而採「多層級多元解決機關」之設計，亦屬不適當。本書基本上贊成憲法第 111 條事務爭議由立法院解決之規定。蓋權限之歸屬不明確所生之爭議，基本上係統治權力分配之爭議問題，理論上均涉及所有統治團體之爭議，並非僅涉及兩統治團體

間爭議，無法依事務所涉統治團體而採「多層級多元解決機關」之設計，宜循政治過程解決，應屬立法政策問題，不論係中央與地方、地方間之權限爭議，均無例外，宜由具民主正當性之代表機關依民主程序解決。且為避免多元機關不一致之處理結果，或是為解決涉及三個統治團體以上之爭議情形，解決機關自應以單一機關解決為宜。反觀地方制度法第 77 條僅規定兩統治團體間之權限爭議，至於三統治團體或四統治團體間之權限爭議者，則未明定，顯係對權限爭議之本質狹隘化。

　　而且，地方制度法「多層級多元解決機關」之設計，將行政院、內政部及縣政府亦列為爭議解決機關，亦有問題。權限爭議既均涉及所有統治團體，嚴格來說，行政院、內政部及縣政府本身亦均為權限爭議之當事者，為確保爭議處理結果之公正性，自不宜以爭議當事者作為爭議解決機關。

　　更嚴重者，地方制度法「多層級多元解決機關」之設計，有無牴觸憲法第 111 條規定事務爭議由立法院單一機關解決？似有檢討之餘地。本書認為，憲法第 111 條規定事務爭議由立法院單一機關解決之意旨，在於前述權限歸屬不明確所生之爭議，基本上係統治權力分配之爭議問題，理論上均涉及所有統治團體之爭議，宜循政治過程解決，屬立法政策問題。從而地方制度法「多層級多元解決機關」之設計，即已違背此等意旨，甚至以爭議當事者為爭議解決機關之設計，更屬不當。

　　⑶立法院處理權限爭議之問題

　　關於立法院處理權限爭議之組織、程序、議決方式等，目前立法院職權行使法均無規定，自為今後之立法課題。

　　⑷大法官釋字第 527 號解釋之問題點

　　該號解釋雖然明示「無關地方自治團體決議事項或自治法規效力問題，而純為中央與地方自治團體間或上下級地方自治團體間之權限爭議，則應循地方制度法第 77 條規定解決之，尚不得逕向本院聲請解釋。」因而排除權限爭議得聲請大法官解釋之可能性。但仍有以下問題：　A.該號解釋僅明示應循地方制度法第 77 條規定解決，卻未對該條之合憲性予以判斷，係殘留課題。亦即憲法第 111 條由立法院解決之意旨為何？地方制度法第 77 條

規定有無牴觸之虞？均未判斷。B.即使是認為地方制度法第 77 條規定並無牴觸憲法第 111 條，權限爭議若涉及第 107 條至第 110 條列舉事項之涵義時，究由何機關解決？並不明確。

⑸如何區分權限爭議上立法院與大法官之角色

本書認為，權限爭議，原則上由立法院解決，但值得注意者，為我國憲法上畢竟有權限劃分之明文列舉規定（第 107 條至第 110 條），因此，若涉及有無違反該條款之權限劃分規定，屬憲法疑義，大法官對此自有解釋之權限，亦即若已涉及有無違反憲法第 107 條至第 110 條之解釋問題者，已非單純統治權力分配之爭議，而屬憲法意旨之確認問題，自應由大法官解釋確定之。因此如何區分權限爭議上立法院與大法官之角色，則屬必要。

但是理論上，如何區分權限爭議上立法院與大法官之角色，實非易事。雖然憲法第 111 條規定由立法院解決事務爭議，可解為此係指第 107 條至第 110 條列舉事項以外者所生之爭議而言，其相反解釋結果，若屬第 107 條至第 110 條列舉事項之涵義不明確者，可解為應屬大法官解釋之範疇。不過問題是：理論上，第 107 條至第 110 條列舉事項之涵義不明確者，是否屬於第 107 條至第 110 條列舉事項，即有爭議，而無法判斷究屬立法院或大法官之角色？本書認為，此乃我國憲法上有權限明文規定且憲法解釋權專屬於大法官之現行法制下的當然結果，因此，只有期待今後大法官明示之。本書並認為，倘立法院職權行使法依憲法第 111 條明定關於立法院處理權限爭議之組織、程序、決議方式等，則權限爭議解決機關予以一元化，對於是否屬於第 107 條至第 110 條列舉事項之爭議，亦由立法院而非大法官解決之，排除大法官對權限爭議之解釋權，似屬最為理想之設計。

㈡地方法規（條例、規則）之違法、違憲性之爭議

中央法規與地方法規之立法權衝突時，即地方法規有無牴觸中央法規之爭議，地方制度法第 30 條定有明文。該條規定自治條例及自治規則發生牴觸無效者，分別由行政院、中央各該主管機關、縣政府予以函告無效，委辦規則發生牴觸無效者，由委辦機關函告無效。自治法規有無牴觸發生

疑義時，得聲請司法院解釋之。本條規定之結構特徵及問題點如下：

1.法規位階體系

地方制度法對中央與地方自治團體之關係，原則上係以上下、支配服從、優劣之不對等關係為基本架構，以此等關係為基礎，直接反映在法規體系上，乃將自治法規與中央法規之位階體系，以憲法、中央法令、自治條例、自治規則、委辦規則為優劣上下順序，劣位、下位法規不得牴觸優位、上位法規。此外，在現行地方制度法下，地方自治團體就委辦事務並無條例制定權，法規體系上自無「委辦條例」❸❺，沒有位階問題。本書認為，從單一國家主權之法規體系而言，此種法位階之規範，固屬必要，但常成為問題者為「牴觸」之涵義。從尊重地方自治之觀點以觀，「牴觸」之涵義，不宜作嚴格解釋，凡有助於自治理念及住民權益之自治法規，宜從寬肯定其效力。例如，參酌日本條例與法律之關係理論，在所謂「橫枝條例」之情形時，中央法令未明定而地方條例補充規定者，或是中央法令與地方條例之規範事項同一，但規範目的不同者，或是中央法令與地方條例規範目的相同，但地方條例就中央法令未規範之事項加以規範者，均應解為地方條例無牴觸中央法令而適法。再如在所謂「上蓋條例」之情形，例如中央法令與地方條例在同一規範目的、同一規範事項下，地方條例之管制基準較中央法令為嚴格或強烈者，或是中央法令與地方條例在同一規範目的、同一規範事項下，地方條例之管制態樣較中央法令為強烈者，均應解為地方條例無牴觸中央法令而適法❸❻。

2.函告無效之意義

本來，法規位階體系規範的意義即在於劣位、下位法規不得牴觸優位、上位法規，牴觸者為無效，此種無效，論理上，應解為當然無效、絕對無效、自始無效，亦即不待任何機關宣告無效即沒有效力。因此地方制度法

---

❸❺　詳細請參考本書第七章。

❸❻　詳細請參考本書第八章。

第 77 條第 4 項規定由自治監督機關或自治干預機關函告無效之規定，充其量僅為「確認」性質的規定，並非「創設」性質規定，即使未經自治監督或自治干預機關宣告無效，亦不影響其牴觸無效之結果。也因此，自治監督機關或自治干預機關所為之函告無效，並非對該自治法規效力之最終認定，地方自治團體對該自治法規認定無效有爭執時，自應由司法機關作最終判定，並非以自治監督機關或自治干預機關所為之效力認定為依據，第 77 條第 5 項規定自治法規有無牴觸發生疑義時，得聲請司法院解釋之，其規定意旨即在此。

3.函告無效機關之多元化

由於地方制度法對中央與地方自治團體之關係，原則上係以上下、支配服從、優劣之不對等關係為基本架構，因此，所謂自治監督或自治干預機關，即以此等關係設計成多元的函告無效機關，並規定直轄市自治條例及自治規則發生牴觸無效者，由行政院函告無效；縣（市）自治條例及自治規則發生牴觸無效者，由中央各該主管機關函告無效；鄉（鎮、市）自治條例及自治規則發生牴觸無效者，由縣政府函告無效。至於委辦規則發生牴觸無效者，由委辦機關函告無效。此種多元的函告無效機關，在自治干預上，固有意義，但前已提及，自治監督機關或自治干預機關所為之函告無效，並非對該自治法規效力之最終認定，地方自治團體對該自治法規認定無效有爭執時，應由司法機關作最終判定，並非以自治監督機關或自治干預機關所為之效力認定為依據，因此，多元的函告無效機關之設計，應解為純為自治干預體制及有爭議時司法救濟體制而設，絕非賦予多元的自治監督機關或自治干預機關之最終效力判定權。

4.司法院解釋

目前地方法規（條例、規則）之違法、違憲性之爭議，地方制度法第 77 條第 5 項明定得聲請司法院解釋，大法官釋字第 527 號解釋亦明示「地方自治團體對函告無效之內容持不同意見時，應視受函告無效者為自治條

例抑自治規則，分別由該地方自治團體之立法機關或行政機關，就事件之性質聲請本院解釋憲法或統一解釋法令。有關聲請程序分別適用司法院大法官審理案件法第8條第1項、第2項之規定，於此情形，無同法第9條規定之適用。」此處所稱無司法院大法官審理案件法第9條層轉聲請程序規定之適用，該號解釋理由亦謂「蓋聲請解釋之標的既係中央主管機關或上級政府函告無效，內容且涉及地方自治團體之自治權限，該中央主管機關或上級政府已為爭議之一造，自無更由其層轉之理。」據此，大法官係自治法規之違法及違憲性的最終認定機關。

　　較有問題者為「委辦規則」之無效爭議，大法官釋字第527號解釋中，並未將「委辦規則」之無效爭議列入聲請解釋之範圍，其理由謂「如受函告之法規為委辦規則，依地方制度法第29條規定，原須經上級委辦機關核定後始生效力，受函告無效之地方行政機關應即接受，尚不得聲請本院解釋。」此種見解，有待斟酌。蓋從尊重自治之觀點，對統治團體之地方自治團體之行政機關之立法監督，是否應與中央行政體系間之上下指揮監督體系一樣採嚴格的事前監督？即委辦規則是否適合採事前監督之核定制？本屬有待檢討之爭點，即使是依現行地方制度法第29條規定應經委辦機關核定後始生效，但此乃生效之認定機關，並非對效力爭議之最終認定機關，特別是當委辦機關認為該委辦規則牴觸中央法令❸❼而受委辦機關卻不認為如此，地方行政機關對委辦規則之效力與委辦機關之認定有出入，委辦機關對該委辦規則不予核定時，應賦予受委辦機關之地方行政機關爭議權，對該委辦規則之效力提出爭執，此種爭議產生時，自不應以爭議之一造的委辦機關作為最終效力認定機關，仍應與自治條例及自治規則一樣，賦與受委辦機關之解釋聲請權，始稱合理。大法官該號解釋理由，顯然係將核

---

❸❼　地方制度法第30條第3項規定，係將委辦機關限定在中央行政機關，而未包括地方自治團體之委託辦理情形。此乃誤解委辦之意義。理論上，不同統治團體間，皆有可能有委辦之情形，即不同地方自治團體間亦有委辦之情形，如地方自治團體委託其他地方自治團體辦理，包括同層級及不同層級之地方自治團體間的委託辦理在內，甚至理論上亦有可能地方自治團體委託中央辦理之情形。

定生效與最終效力認定混同，扼殺了受委辦機關之爭議權，自非妥適。

㈢地方議會決議之違法、違憲性爭議

1.地方議會權限之範圍

地方議會權限範圍之廣狹，直接攸關地方自治程度之強弱，理論上，地方議會權限之內容，至少應包括立法權、財政權、對執行機關之監督權、對中央之立法及行政過程參與權及自律營運的自我規範權限。我國現行地方制度法下，整體而言，地方議會之權限非常微薄，關於地方議會之財政權，付諸闕如，而關於立法權、對執行機關之監督權及自律權限，雖享有，但非常限定，尤其是對執行機關之監督權，僅限定在預算案、決算案之審議（地方制度法第40條至第42條）、施政報告與質詢、請求執行機關代表列席說明(同法第48條及第49條)，此等監督權原則上僅限定在會議期間，至於平時期間對執行機關處理自治事務與委辦事務之監督權,均付諸闕如，地方議會之權限相當微弱，地方自治之程度，亦非常低微。

2.地方議會決議之種類

理論上，地方議會決議之種類，至少可分為：⑴團體意思決定（或議會之議決權）。⑵機關意思決定（或議會之自律權）。⑶執行機關權限行使之前提要件決定（或議會之監督權或統制權）。關於團體意思決定，為議會代表地方自治團體意思所為之決定，最典型者即為自治法規之制定、修正、廢止，及預算、決算之審議決議。關於機關意思決定，係議會以地方自治團體之機關所為之決定，例如會議規則之訂定、對中央立法或行政過程之參與行為、對議員之懲戒處分等。關於執行機關權限行使之前提要件決定，例如議會對執行機關之重要人事同意權的行使等。我國現行地方制度法下，地方議會決議之內容，都集中在團體意思決定，至於機關意思決定及執行機關權限行使之前提要件決定，非常稀少甚至可謂付諸闕如 ❸。

---

❸ 請參考本書第九章。

　　具體而言，關於地方自治團體議會決議事項，依現行地方制度法第 35 條至第 37 條規定，有法規（各該條第 1 款）、該地方自治團體之預算（各該條第 2 款）、特別稅課、臨時課稅、附加稅課（各該條第 3 款）、財產之處分（各該條第 4 款）、組織自治條例及所屬事業機構組織自治條例（各該條第 5 款）、行政機關之提案（各該條第 6 款）、決算（各該條第 7 款）、議員提案（各該條第 8 款）、接受人民請願（各該條第 9 款）。其中法規，組織自治條例及所屬事業機構組織自治條例，預算與決算，均屬團體意思決定；特別稅課、臨時課稅、附加稅課，受租稅法定主義之拘束，均以法規之型態規範為原則，亦多屬團體意思決定；行政機關及議員之提案，以法規提案為原則，因此亦多為團體意思決定；至於財產之處分，須經議會決議，主要意旨在於執行機關之財務行為必須有民主監督，以維護該地方自治團體本身之權益，性質上近似於執行機關權限行使之前提要件的決定；而接受人民請願，係賦與人民參與立法活動之機會，由於人民請願對地方議會並無拘束力，地方議會亦非以作成意思決定為必要，理論上，並無列為決議事項之必要。

3. 地方議會決議之違法、違憲性之爭議

　　現行地方制度法第 35 條至第 37 條規定地方自治團體議會決議事項中屬於團體意思決定者，例如法規、組織自治條例及所屬事業機構組織自治條例、特別稅課、臨時課稅、附加稅課，執行機關及議員之提案，對此等決議事項有爭議者，由於皆屬對自治法規之爭議，自宜與前述地方法規之違法、違憲性之爭議作相同處理，不在此討論之列。又，關於預算與決算之爭議，由於預算與決算之性質與法規及一般之決議並不相同，且其程序又有特別規定（地方制度法第 40 條至第 42 條），其爭議體制宜另行設計，不在此討論之列。因此，此處檢討之決議，係指法規及預算決算以外之議會決議而言。依前述現行地方制度下地方議會決議種類之整理，嚴格來說，只有對財產處分之決議之爭議，屬於此處之爭議。

　　關於地方議會決議之違法、違憲性爭議，地方制度法第 43 條定有明文。

該條規定地方自治團體議會（或代表會議）議決事項無效者，直轄市議會議決事項由行政院予以函告無效；縣（市）議會議決事項由中央各該主管機關予以函告無效；鄉（鎮、市）民代表會議議決事項由縣政府予以函告無效；有無牴觸發生疑義時，得聲請司法院解釋之。本條規定之結構特徵及問題如下：

⑴自治干預機關函告無效之意義

對於地方議會應決議事項而未經決議所為之行為，或是地方議會決議牴觸中央法令或自治條例者，理論上應屬無效。而此種無效，論理上，應解為當然無效、絕對無效、自始無效，亦即不待任何機關宣告無效即沒有效力。因此地方制度法第43條第5項規定由自治監督機關或自治干預機關函告無效之規定，充其量僅為「確認」性質的規定，並非「創設」性質規定，即使未經自治監督或自治干預機關宣告無效，亦不影響其牴觸而無效之結果。也因此，自治監督機關或自治干預機關所為之函告無效，並非對該議會決議效力之最終認定，地方議會對該決議認定無效有爭執時，自應由司法機關作最終判定，並非以自治監督機關或自治干預機關所為之效力認定為依據，第43條第5項規定決議有無牴觸發生疑義時，得聲請司法院解釋之，其規定意旨即在此。

⑵函告無效機關之多元化

前已提及，由於現行地方制度法對中央與地方自治團體之關係，原則上係以上下、支配服從、優劣之不對等關係為基本架構，因此，自治監督或自治干預機關，亦以此等關係設計而成多元的函告無效機關，乃規定直轄市議會議決事項由行政院予以函告無效，縣（市）議會議決事項由中央各該主管機關予以函告無效，鄉（鎮、市）民代表會議議決事項由縣政府予以函告無效。此種多元的函告無效機關，在自治干預上，固有意義，但前已提及，自治監督機關或自治干預機關所為之函告無效，並非對議會決議效力之最終認定，地方議會對該決議認定無效有爭執時，應由司法機關作最終判定，並非以自治監督機關或自治干預機關所為之效力認定為依據，因此，多元的函告無效機關之設計，應解為純屬為自治干預體制及有爭議

時司法救濟體制而設，絕非賦與多元的自治監督機關或自治干預機關之最終效力判定權。

⑶司法院解釋

目前地方議會決議之違法、違憲性之爭議，地方制度法第 43 條第 5 項明定得聲請司法院解釋，大法官釋字第 527 號解釋亦明示地方立法機關得聲請本院解釋憲法或統一解釋法令。不過應注意者，若屬地方行政機關對同級立法機關決議事項發生執行爭議時，依該號解釋認為，應依地方制度法第 38 條、第 39 條等相關規定處理，尚不得逕向司法院聲請解釋，且原通過決議事項之地方立法機關，本身亦不得通過決議案又同時認該決議有牴觸憲法、法律、中央法規或上級地方自治團體自治法規疑義而聲請解釋。此乃由於「地方制度法既無與司法院大法官審理案件法第 5 條第 1 項第 3 款之類似規定，允許地方立法機關部分議員或代表行使職權適用憲法發生疑義或發生法律牴觸憲法之疑義，得聲請本院解釋，各級地方立法機關自不得通過決議案，一面又以決議案有牴觸憲法、法律，或其他上位規範而聲請解釋，致違禁反言 (estoppel) 之法律原則。」據此，大法官係地方議會決議之違法及違憲性的最終認定機關。

三、中央對地方自治團體行政干預所生爭議解決法制的現況與問題

㈠中央與地方關係之現況與問題點

目前我國地方制度法下，中央對地方因行政干預所生爭議之解決法制的根本問題，最嚴重者莫過於中央與地方之不對等關係及自治干預體制未建立兩點。

1. 不對等關係

由於目前地方制度法對中央與地方自治團體之關係,原則上係以上下、

支配服從、優劣之不對等關係為基本架構，所謂上級自治干預機關或自治監督機關，對自治體有強大的指揮監督權，尤其是反映在對自治體之行政干預上。

2.自治干預體制未建立（方式、程序）

從尊重自治及落實自治之觀點，中央與地方之關係應以對等及協力關係為妥，中央對地方之干預或監督手段，理論上應分為對自治事務及委辦事務之干預，對自治事務之干預，應以非權力性手段為原則，不得以權力性手段為之，對委辦事務之干預，雖得以權力性手段為之，但仍應兼顧自治體之自主性而盡量避免之。且從限定自治干預之觀點，中央對地方之干預，應有法律明文規定者為限，即採干預法定主義，且干預之內容不應抽象概括，而應具體明確限定。

反觀我國地方制度法，不但中央與地方係上下、支配服從、優劣之不對等關係，且中央對地方之自治干預體制尚未建立，目前僅有的規定只有地方制度法第 75 條及第 76 條。而第 75 條規定係自治干預機關或自治監督機關對自治體辦理自治事項及委辦事項違法‧違憲時之干預、監督手段，為「撤銷、變更、廢止及停止執行」，第 76 條規定係自治干預或自治監督機關之代行處理，兩條所定監督手段，均係最為強烈的權力性監督手段，更印證出中央與地方自治團體之上下關係及中央對自治體有強大的指揮監督權。且此等規定，不分自治事務與委辦事務，只有最強烈的權力性監督手段，監督之內容又係概括抽象，均大大破壞自治之理念，嚴格來說，有無違反憲法保障自治之意旨，誠值檢討❸❾。

---

❸❾ 在臺北市里長延選釋憲案中，釋憲聲請人原有對此規定之違憲性提出解釋聲請，但大法官對此部分，並無解釋，誠屬遺憾。請參考蔡秀卿，〈台北市里長延選事件與地方自治〉，《地方自治法理論》，學林文化事業，2003 年，pp. 331 以下。

(二)爭訟法規定及大法官解釋之意義與問題

關於地方自治團體對行政干預之爭訟權或司法救濟權保障規定，目前只有爭訟法（尤其是訴願法）及大法官釋字第 527 號解釋及第 553 號解釋。

訴願法第 1 條第 2 項規定：「各級地方自治團體或其他公法人對上級監督機關之行政處分，認為違法或不當，致損害其權利或利益者……。」亦得提起訴願。本項係針對地方自治團體處理事務時，受自治干預機關（自治監督機關）為種種干預，其中自治干預機關為達行政目的所為之行政處分，侵害其自治權者，得對之提起訴願之設計。此項增設之「自治干預（監督）手段之訴願制度」之意旨，係賦與地方自治團體對於自治干預（監督）手段之救濟機會，固無可厚非，但此種設計，仍有諸多問題：

1.地方自治團體固可依本項提起訴願，但在行政訴訟法上卻無明文規定

大法官釋字第 527 號及第 553 號解釋，固然承認對該處分等之行政訴訟，但在爭訟法體系上仍未完整。

2.地方自治團體循一般訴願程序之問題點

由於地方自治團體之自治干預或監督機關為行政院、中央主管行政機關及縣政府，自治體對該等自治干預機關所為之處分不服而提起訴願時，訴願管轄機關即為該等自治干預機關，成為訴願爭議事件之一造的自治干預機關亦同時為審判機關的不公正不合理現象。

3.得提起訴願之事務為何？

得提起訴願之事務，是否包括自治事務及委辦事務？並不明確。理論上似應包括對自治事務及委辦事務所為之處分均可提起訴願。

4.爭訟之標的（處分性）過於限定

前已提及，由於地方制度法規定之監督手段只有「撤銷、變更、廢止及停止執行」及「代行處理」，理論上此等手段應符合處分性概念，但前亦已提及，自治干預或監督手段之種類繁多，屬於權力性質者，尚有許可、認可、同意、指示等；屬於非權力性質者，有勸告、請求提出資料、請求改進、協議等。此等干預手段所為之決定，是否符合處分性概念？尤其是非權力性之干預手段所為決定，是否符合處分性概念？得否對非權力性干預提起爭訟？自有疑義。

5.私人與行政間爭議與統治團體間爭議之異質性

訴願制度，基本上係以私人與行政機關間爭議為前提，以行政自我監督而保障私人權益為最終目的；而地方自治團體對自治干預機關所為決定之爭議，係因干預而侵害其自治權所生，即統治團體間，或機關間或團體與機關間之爭議，其爭議性質及保障權益性質，並不完全相同。因此，理論上，地方自治團體對自治干預機關所為決定之爭議體制，或統治團體間之爭議體制，不宜規定在以私人與行政機關間爭議為前提之一般訴願制度上，而應另在地方制度法或將來的地方自治法上予以規定。

附錄一 參考書目

一、中文

1. 李惠宗主持，《中央與地方權限劃分之研究》，內政部 86 年度研究報告，1997 年。

2. 黃錦堂主持，《中央與地方權限劃分暨相關法制調整之研究》，行政院經建會亞太營運協調服務中心委託研究案，1999 年。

3. 許宗力，〈地方立法權相關問題之研究〉，《憲法與法治國行政》，元照出版，1999 年。

4. 張正修，《地方制度法理論與實用 2 本論》，學林文化事業有限公司，2000 年 9 月初版。

5. 蔡秀卿，《地方自治法理論》，學林文化事業有限公司，2003 年 6 月初版。

6. 蔡秀卿，《現代國家與行政法》，學林文化事業有限公司，2003 年 6 月初版。

7. 蔡茂寅，《地方自治之理論與地方制度法》，新學林出版，2006 年。

二、外文

1. 杉原泰雄，《憲法から地方自治を考える―地方自治こそ民主主義のかなめ》，自治体研究社，1993 年 10 月初版。

2. 鳴海正泰，《地方分権の思想》，学陽書房，1994 年。

3. 広田全男・糠塚康江，〈「ヨーロッパ地方自治憲章」「世界地方自治宣言」の意義〉，《法律時報》，66 巻 12 号，1994 年 11 月。

4. 大森彌，《現代日本の地方自治》，放送大学教育振興会，1995 年 3 月初版。

5. 阿部照哉等編，《地方自治大系 1》，嵯峨野書院，1989 年初版。

6. 下山瑛二・田村悦一編，《地方自治法を学ぶ》，有斐閣，1982 年 7 月初版。

7. 室井力，《現代行政法の展開》，有斐閣，1978 年初版。

8. 室井力・原野翹編，《新現代地方自治法入門》，法律文化社，2000 年 9 月初版。

9. 南博方・原田尚彦・田村悦一編，《行政法(3)地方自治法》，有斐閣双書，1996 年第 3 版。

10. 芝池義一，〈団体自治と住民自治〉，《法学教室》，165 号，1994 年 6 月。

11. 塩野宏，《行政法 III 行政組織法》，有斐閣，2006 年 4 月第 3 版。

12. 斉藤慎，〈行政規模と経済効率性〉，《都市問題》，90 巻 3 号，1999 年 3 月。

13. 岩崎美紀子，《市町村の規模と能力》，ぎょうせい，2000 年 7 月初版。

14. 碓井光明，《要説住民訴訟と自治体財務》，学陽書房，2000 年 2 月改訂版。

15. 曽和俊文，〈住民訴訟制度改革論〉，《法と政治》，51 巻 2 号，2000 年。

16. 佐藤英善，〈住民訴訟の請求〉，園部逸夫編，《住民訴訟・自治体争訟》，ぎょうせい，1996 年。

17. 藤岡純一・自治体問題研究所編，《海外の地方分権事情》，自治体研究社，1995 年。

18. 大山礼子，〈フランスの地方自治制度〉，《法律時報》，66 巻 12 号，1994 年 11 月。

19. 竹下譲，《世界の地方自治制度》，イマンジ出版，1999 年。

20. 室井力・兼子仁編，《基本法コンメンタール地方自治法》，日本評論社，1995 年第 3 版。

21. 室井力・兼子仁編，《基本法コンメンタール地方自治法》，日本評論社，2001 年第 4 版。

22. 白藤博行，〈「機関委任事務」法論と地方自治〉，日本地方自治学会編，《機関委任事務と地方自治》，敬文堂，1997 年。

23. 成田頼明監修・川崎政司編集代表，《地方自治法改正のポイント—地方分権に向けた地方自治法抜本改正》，第一法規，1999 年。

24. 小早川光郎等，〈座談会　分権改革の現段階――地方分権推進委員会第 1 次～第 4 次勧告をめぐって〉，《ジュリスト》，1127 号，1998 年 2 月。

25. 地方自治制度研究会編，《Q&A 改正地方自治法のポイント》，ぎょうせい，1999 年。

26. 山内健生，〈グローバル化する「地方自治」㈠――「サブシディアリティの原理」・その理念と現実〉，《自治研究》，77 巻 6 号，2003 年 6 月。

27. 浅野一郎，《法律・条例　その理論と実際》，ぎょうせい，1984 年 9 月。

28. 田中二郎，〈国家法と自治立法㈠〉，《法学協会雑誌》，80 巻 4 号，1963 年。

29. 雄川一郎，〈財産権の規制と条例――奈良ため池保全条例に関する最高裁判決について―〉，《ジュリスト》，280 号，1963 年 8 月。

30. 山田幸男，《行政法の展開と市民法》，有斐閣，1961 年。

31. 猪野積，《新地方自治講座 2 条例と規則(1)》，ぎょうせい，1997 年 5 月。

32. 室井力編，《地方自治》，三省堂，1977 年。

33. 松本英昭，《要説地方自治法　第三次改訂版》，ぎょうせい，2004 年。

34. 兼子仁，《条例をめぐる法律問題》，学陽書房，1978 年。

35. 成田頼明編著，《都市づくり条例の諸問題》，第一法規，1992 年 1 月。

36. 長野士郎，《逐条地方自治法　第 12 次改訂新版》，学陽書房，1995 年。

37. 松本英昭，《新地方自治制度詳解》，ぎょうせい，2000 年。

38. 地方分権推進委員会事務局編，《地方分権推進委員会第 3 次・第 4 次勧告》，ぎょうせい，1997 年。

39. 白藤博行，〈国と地方公共団体との紛争処理の仕組み〉，《公法研究》，62 号。

40. 古田孝夫，〈地方自治の一部改正（国の関与に関する係争処理制度）について〉，《地方自治》，628 号，2000 年 3 月。

41. 西尾勝編著，《都道府県を変える! 国・都道府県・市町村の新しい関係》，ぎょうせい，2000 年。